천황제 코드

천황제 코드

조용래 지음

논형

천황제 코드

지은이 조용래

초판 1쇄 인쇄   2009년 7월 24일
초판 1쇄 발행   2009년 7월 30일

펴낸곳 논형
펴낸이 소재두
편 집 김현경, 김가영
디자인 김예나
홍 보 박은정

등록번호 제2003-000019호
등록일자 2003년 3월 5일
주   소 서울시 관악구 성현동 7-78 한림토이프라자 5층
전   화 02-887-3561
팩   스 02-887-6690

ISBN 978-89-6357-405-9 94910
값   16,000원

이 도서의 국립중앙도서관 출판시도서목록(CIP)은
  e-CIP 홈페이지(http://www.nl.go.kr/ecip)에서 이용하실 수 있습니다.(CIP제어번호: CIP2009002205)

'천황제 코드'

상투적인 일본론을 넘어서

천황天皇 vs 일왕日王

한국 미디어에서는 천황天皇을 보통 '일왕日王'이라고 쓴다. 천황이란 단어에 들어있는 '황皇'자에 대한 거부반응인 듯하다. 입헌군주국의 왕이면 그냥 왕이지 황제가 웬 말이냐는 것이다. 일본에서는 자칭 황제라고 하지만 엘리자베스 영국 여왕, 카를로스 스페인 국왕 등과 같이 일본 천황도 그저 '일왕' 정도로 표기하는 것이 마땅하지 않겠냐는 주장이다.

그런데 일본에서는 천황을 그렇게 바로 부르지 않는다. 학술적인 경우를 제외하면 언론매체들은 공식적으로 거의 예외 없이 '천황폐하'라고 부른다. 우리 사회에서는, 윗사람을 부를 때 예컨대 선생님, 사장님, 부장님 등과 같이 '님'자를 붙여 부르지만 일본에서는 '님'자를 빼고 그냥 선생, 사장, 부장으로 부른다는 점을 감안하면 '천황폐하'라는 호칭은 상당히 예외적이다. 극존칭으로 대응하는 것이다. 그것은 마치 초월적인 존재를 대하는 것 같은 태도다. 따라서 우리 사회에서 단지 천황이라고 칭하는 것만으로도 일본 입장에서는 결례로 이해될 수 있겠다. 미디어의 용어표기에도 과거의 앙금이 뿌리내려 있는 셈이다.

이러한 표기방식에는 한국 정부도 예외가 아니었다. 그러나 1998년 한·일 양국이 처음으로 미래의 동반자임을 선언하고 상호 문화교류 및 개방을 결의한 '21세기 한·일 신선언'을 계기로 정부의 공식 표기는 '일왕'에서 '천황'으로 바뀌었다. 당시 김대중 정부는 외교의전 차원에서 '일왕'이 아니라 '천황'을 공식 호칭으로 삼겠다고 밝혔다. 일반적으로 호칭은 부르는 쪽의 의도를 담기 마련이지만 호칭이 달라진다고 해서 대상의 실체나 본질이 달라지는 것은 물론 아니다.

문제는 호칭을 달리할 경우 부르는 쪽이 달라진 호칭 때문에 원래의 호칭에 내포된 의미나 역할, 또는 그 실체를 소홀히 인식하기 쉽다는 점이다. 지난 역사를 돌이켜볼 때 일본의 천황은 엘리자베스 영국 여왕이나 카를로스 스페인 국왕 등이 맡고 있는 사회적 역할이나 역사적 의미 이상의 무엇인가를 지니고 있기 때문이다. 그 자세한 내용에 대해서는 이 책 본문에 맡기겠지만 천황, 엘리자베스 여왕, 카를로스 국왕 등을 똑같은 왕으로 칭하는 것은 중요한 뭔가를 빠뜨린듯하다는 생각을 지울 수 없다. 이런 이유로 천황을 '일왕'으로 표기하는 것은 적확하지 않다고 본다.

물론 '일왕'으로 표기하면서 천황이 담당해온 사회적·역사적 실체에 대한 인식이 전제된다면 반대할 이유가 없다. 하지만 우리 사회의 일본·일본인·일본 사회 읽기는 지나칠 정도로 단순화 경향을 보이고 있기 때문에 '일왕'이라고 칭하는 순간 천황이 갖는 독특한 사회적·역사적 함의는 실종되기 쉽다. 사실 우리 사회의 일본 읽기는 무척 상투적stereo type이다. 과거사와 독도문제와 관련해서는 반일反日이 극도로 강조되고 있는 한편 첨단 제조기술을 비롯한 경제·경영·산업 측면에서는, 일본은 언제나 우리 사회가 벤치마킹해야 할 존재로 인식되어 왔다. 마치 일본은 마음에 안 들지만 일제日製는 선호하는 분위기와 다르지 않다. 일본에 대한 우리 사회의 극단적인 양면가치적인 태도ambivalence가 '일본은 없다'는 논리와 '일본은 있다'는 주장을 오랫동안 공존 가능하도록 했던 배경이다.

더구나 1990년대 들어와 일본 경제가 장기불황에 빠진 탓에 제조기술 대국, 고高 효율의 일본형 경영 등에 대한 찬사가 사라지면서 우리 사회의 반일과 찬일讚日의 기묘한 밸런스는 균열이 가기 시작했다. 이로써 우리 사회의 일본 읽기는 기존의 반일과 함께 일본 무시Japan passing의 태도로 치달았다. 이 때문에 '1998년 한·일 신선언' 이후 양국의 문화적·인적 교류는 급격하게 확장되었음에도 불구하고 우리 사회의 일본 인식은 피상적인 겉모습만을 관찰하는 수준에서 주저앉게 될 위험성을 내포하고 말았다.

양국 국민의 상호 방문이 늘어나고 일본의 한류 붐과 더불어 한국의 일본 마니아들이 늘어가는 것은 분명 바람직한 현상이다. 그렇지만 그 이면에 자리한 우리 사회의 일본 이해가 상투적인 모습을 못 벗고 있음을 감안하면 적어도 용어에서라도 달갑지는 않지만 실체가 확연히 드러나는 '천황'이란 칭호를 그대로 쓰는 게 낫겠다는 생각이다.

천황제 '코드'와 '디코드'

무엇보다 천황제·상징천황제가 차지하는 일본 사회의 위상이나 역할은 마치 암호code처럼 겉으로 바로 드러나 있지 않다는 점을 유념할 필요가 있다. 이 책의 제목으로 '천황제 코드'를 내걸고 있는 이유가 바로 그것이다. 코드화(암호화)된 내용은 디코드decode, 즉 암호를 풀어내지 않으면 그 실체가 바로 드러나지 않는다. 천황을 '일왕'으로 호칭하고 세계 어디에서나 관찰되고 있는 '왕'으로 일반화한다면 암호를 풀어낼 수 있는 최소한의 실마리조차도 잃는 것이 아닌가 하는 조바심마저 든다.

그럼에도 역시 문제의 핵심은 호칭에 있는 것은 아니다. 중요한 것은 '천황제 코드'의 실체이며 암호화된 내용을 우리가 어느 정도로 인식하고 있느냐 하는 문제다. 따라서 이 책의 일차적인 목표는 코드화된 천황제·상징천황제를 디코드하는 데 두고 있다. 아울러 디코드의 내용을 축으로 삼아 현대 일본 사회를 들여다보자는 것은 이차적인 목표가 될 것이다.

천황·천황제와 상징천황·상징천황제는 법적인 근거로 따진다면 전자는 메이지유신 이후 마련된 구 일본제국헌법에 입각한 것이며, 후자는 패전 이후 등장한 일본국헌법에 따른 명칭이다. 구 제국헌법상의 천황은 입헌군주로서 절대국가의 최고지존이었던 반면 일본국헌법에 규정된 상징천황은 전후 일본 민주정民主政의 심벌이라고만 기술되어 있을 뿐 그 실체는 분명하지 않다. 따라서 전자에 대해서는 군이 '천황제 코드'를 운위할 필요가 없으며 '천황제 코드'는 주로 후자인 상징천황을 대상으로 논하는 것으로 생각하기 쉽다. 하지만 전자의 경우에도 전전의 국가신도와 같은 천황의 신성화 문제를 내포하면서 코드화되어 있었기 때문에 디코드 작업을 거치지 않으면 그 실체를 정확히 들여다보기 어렵다.

이 뿐 아니라 천황과 상징천황은 어디까지나 헌법상의 법리적 규정일 뿐이다. 오늘날 일본에서 천황에 대해 지칭할 때 '상징'이란 수식어를 붙여 '상징천황'이라고 부르는 경우는 거의 없다. 천황제와 상징천황제는 마치 단절된 듯 보이면서도 연속적이며, 역할에 있어서도 그 실체가 코드화되어 있음을 감안하면 서로 크게 다르지 않다. 이것이 바로 '천황제 코드'를 거론하려고 하는 첫 번째 배경이다. 따라서 이 책 '천황제 코드'에서 제기하는 천황제는 전전의 천황제와 상징천황제를 모두 포함하는 것이다.

'천황제 코드'를 거론하려는 두 번째 배경은 한·일 관계 현안에 대한 정확한 인식 문제이다. 한·일 관계에서 언제나 논란이 되어왔던 일본의 역사왜곡, 지지부진한 과거사 반성, 일본 정치권 인사들이 기를 쓰고 벌이는 야스쿠니신사 공식참배, 재일교포에 대한 차별 등도 문제의 뿌리는 천황제와 깊이 연관되어 있기 때문이다. 이 뿐 아니라 전전戰前부터 지금까지 일본 주류사회에서 차별 받아온 오키나와, 피차별천민인 부라쿠민部落民, 아이누 등이 처한 문제의 본질도 역시 천황제를 정점으로 한 일본 사회의 보이지 않는 지배구조에서 비롯되고 있다. 천황제 코드를 풀어내는 작업은 결국 일본 근현대사를 관통하는 본질을 드러내는 일이다.

'천황제 코드'의 세 번째 배경은 전후 일본 사회에 대한 이해를 높이기 위해서이다. 일본의 총리The Prime Minister는 공식명칭이 '내각총리대신內閣總理大臣'이다. 또 내각의 각 부처장관을 칭하는 공식명칭은 'OO대신大臣(The Minister of~)'이기도 하다. 일본이 입헌군주제 국가라고 하지만 민주정民主政을 취하고 있는 만큼 전근대적인 이미지가 물씬 풍기는 '대신'이란 직함은 어울리지 않는다. 현행 일본국헌법상 상징에 불과한 천황에 충성하는 총리대신, 내각 각 부 대신들의 존재는 일본 민주주의가 거대한 암호에 둘러싸여 있음을 보여주는 단적인 예일 뿐이다.

이렇듯 일본의 천황제·상징천황제는 과거의 유물인 동시에 현대 일본 사회를 이해하는 주요 코드 중 하나다. 천황제는 패전 후 등장한 일본국헌법에 따라 그 위상이 상징천황제로 위축되었으나 여전히 일본 사회의 과거와 현재를 아우르는 존재다. 오늘날 상징천황제는 지배기구로서 직접 군림하는 것은 아니지만 일본의 각종 사회시스템 이면에 면면히 자리 잡고 있다고 해도 과언이 아니다. 법리적으로는 막연하고 분명치 않지만 천황제·상징천황제는 일본인들의 심리적·심정적 계급구조 인식을 유도하고 작동시키는 무형의 압력체계로 자리 잡고 있다고 해도 과언이 아니다. 따라서 천황제를 축으로 한 일본 사회 엿보기는 현대 일본을 이해하는 데 매우 의미 있는 작업이 될 것이다.

이러한 목표와 배경을 전제로 삼아 이 책에서는 일본, 일본인, 일본 사회에 대한 기초적 이해를 도모하면서 먼저 천황제의 탄생과 역사에 대해 살펴본다(1~3장). 다음으로 오늘날 일본 사회의 중심이슈로서 등장하고 있는 여러 문제들에 대해 천황제와 관련하여 하나씩 하나씩 구체적으로 거론한다(4~9장). 아울러 천황제와 연계되어 있는 일본 사회의 제반 특성이 앞으로 어떤 모습으로 전개될 것인지에 대해서도 거론한다(10장). 이는 곧 향후 일본 사회에 대한 전망이 될 것이다.

정교분리政敎分離와 천황제

필자의 천황·천황제에 대한 관심은 25년 전 일본 유학과 함께 시작되었다. 일본 사회에서 겪었던 최초의 낯선 기억들은 한국어와 유사한 일본어 표현을 익히면서 친화의 속도를 더해 갔지만 종종 예기치 못한 대목에서 이질감을 재확인하는 경우가 적지 않았다. 전후 일본 시민운동그룹이 금과옥조로 삼고 있는 정교분리 원칙도 그 중 하나였다.

그 즈음 필자는 한국기독교장로회 잠실희년교회(구 잠실중앙교회)에 출석하고 있었는데 이 교회는 일본기독교단 햐쿠닌초百人町교회와 1979년부터 자매관계를 맺고 매년 양국을 오가면서 공동수양회를 벌이는 등 활발한 한·일 민간교류를 펼치고 있었다(박성자 엮음, 『희년을 향한 작은 자들의 연대: 잠실중앙교회·햐쿠닌초교회 자매관계 20년』, 기독교서회, 1999 참조). 덕분에 일본에 유학해서는 햐쿠닌초교회에 자연스럽게 출석하게 되었다. 그런데 이 교회는 매우 독특한 신조를 표방하고 있었다. 그들은 일본의 과거 전쟁책임고백을 마치 자신들의 기독교신앙고백 이상으로 중시했으며 야스쿠니신사 공직자참배 반대운동, 재일한국 · 조선인 지문날인 반대투쟁, 정교분리 운동 등 온갖 반전 · 평화 · 인권 운동 등에 대단히 적극적이었다. 때문에 문제의 정교분리란 말을 자주 접할 수밖에 없는 상황이었다.

그러나 당시 필자에게는 정교분리란 말이 매우 낯설게 느껴졌다. '정교분리'란 문자 그대로 정치와 종교의 분리를 뜻한다. 우리나라 헌법 20조 2항에서는 "국교國敎는 인정되지 않으며 종교와 정치는 분리된다"고 규정하고 있다. 그럼에도 사실 정교분리는 그리 좋은 의미로 다가오지 않았다. 정교분리란 말이 1980년대에 이르기까지 사회 문제에 대해서는 눈을 감고 개인구원을 강조하면서 교세 확장에만 열심이었던 한국의 보수 기독교단을 옹호하는 듯한 느낌도 들었다. 그것은 서슬 퍼렇던 1970년대 군사독재정권의 유신체제와 1980년대 신군부독재정권 시대에도 사회구원을 강조했던 일부 진보적 기독교인들이 기독교의 사회적 책임을 내세워 민주화투쟁에 앞장서온 것을 보아왔기 때문이었다.

더구나 정교분리가 단순히 종교는 종교, 정치는 정치라는 식으로 구분하는 것이라면 신조信條에 입각한 신앙인들의 사회적 책임, 즉 당시로서는 민주화투쟁에 적극적으로 참여하는 것도 헌법상 원칙에 어긋나는 게 아닌가 하는 우려가 앞섰던 것 같다. 물론 정교분리의 핵심은 국가권력이 특정 종교단체를 원조 · 조장하거나 압박해서는 안 된다는 점에 있으며, 종교적 신조에 입각한 정의의 구현 영역은 성속聖俗을 뛰어넘는 것이기 때문에 신조에 입각한 기독교계의 민주화운동은 정교분리 원칙과 결코 상충되는 것이 아니라고 생각한다. 그렇지만 당시로서는 정교분리 원칙을 강조하는 일본인 친구들의 주장이 무척 귀에 거슬렸다.

어쨌든 그들은 시종 정교분리 원칙을 강조했다. 그런데 실은 일본국 헌법에는 정교분리라는 말이 등장하지는 않는다. 그 대신 '신교信敎의 자유'(헌법 20조), '공공의 재산을 특정종교를 위해 지출해서는 안 된다'(헌법 89조)는 조항이 있다. 일본에서는 보통 이 두 조항을 정교분리 원칙의 근거로 삼는다. 일본의 경우 정교분리 원칙의 타깃은 전전戰前 국가신도를 앞세우며 국민의 정신을 주물러 천황에 대한 경외심을 유도했던 천황제 지배체제에 있었다. 전전의 천황제는 국가권력이 국가신도를 원조·조장하고 이에 반대하는 타종교를 압박하는 등의 행태를 유지했을 만큼 정교분리 원칙에 정면으로 배치되는 것이었기 때문이다. 비록 천황제가 전후 상징천황제로 바뀌었지만 만에 하나 과거와 같은 행태가 재연되지 않도록 하자면 일본국 헌법상의 정교분리 원칙을 철저히 고수하는 수밖에 없다는 뜻이다.

그 친구들 덕분에 정교분리 원칙의 속뜻을 차츰 이해하게 되면서 일본·일본인·일본 사회를 관통하는 키워드는 바로 천황제가 아닌가 하는 생각에 이르렀다. 역사 왜곡과 과거사 문제를 비롯해 일본 사회의 뿌리 깊은 차별구조에 이르기까지 천황제와 연관되지 않은 것이 없는 것처럼 보였다. 그렇게 천황제에 대한 관심은 하나둘 늘어갔다.

천황제의 수혜자는 누군가

천황제는 일본 역사와 사회를 관통하는 키워드다. 이 책은 그러한 전제 위에서 제기하는 일본론이다. 천황제라는 프리즘을 통해서 들여다보려는 필자의 일본론에 대해 의문을 제기하는 독자들이 있을지 모르겠다. 동시대의 여러 사안들 사이에는 당연히 인과관계가 존재하겠지만 초점은 인과관계의 크기가 될 것이다. 그런데 일본 사회의 모든 것을 천황제로서 설명하고 판단하는 것은 오히려 실체를 정확히 인식하지 못하는 오류를 범할 수 있기 때문이다. 지금으로서는 이 문제에 대한 평가는 독자들의 판단에 맡기는 수밖에 없다.

사실 그보다 더 염려되는 것은 이 책이 천황제 코드를 주제로 삼아 논의를 전개하면서도 깔끔하게 정리하지 못한 부분이 있기 때문이다. 그것은 "천황제의 수혜자가 과연 누구냐?"는 문제다. 천황과 천황가가 최종 수혜자일까, 일본 국민인가? 보수우익의 엘리트집단인가? 천황제 지배구조 그 자체인가?

원고 작업 과정에서부터 끊임없이 자문해온 명제이지만 분명하게 답을 찾기가 만만치 않았다. 그렇지만 천황과 천황가가 수혜자가 아니라는 점은 어렵지 않게 짐작할 수 있다. 천황은 전전에는 신과 같은 존재로 떠받들어졌고 전후에도 '천황폐하'로서 국가 최고의 예우를 받고 있고 엄청난 권력이 그의 입에서 그의 존재 그 자체에서 나왔지만, 이 역시 전체 지배구조에서 보면 부분적인 역할에 불과한 것 아닌가 하는 생각을 지우기 어렵다. 메이지유신 이후 역사의 전면에 재부상한 천황의 위상은 당대의 지배엘리트들의 필요에 의해 떠받들어지고 근대국가의 통합을 상징하는 기재器材로서 정형화되어가는 모습이었다. 침략전쟁 시대와 전후 평화 시대를 연이어 재위했던 쇼와昭和 천황에 대해서는 그의 삶이 전전과 전후라는 상반된 일본의 현대사와 겹쳐지기 때문에 단지 침략전쟁의 수괴, 가증스러운 평화의 사도 정도로 이해하기 쉽다. 하지만 그렇게 간단히 이해해도 좋을 것인가에 대해서는 의문이 남는다. 게다가 그의 후계자인 지금의 아키히토明仁 헤이세이平成 천황의 존재는 천황제 지배시스템의 한 축을 연기演技하는, 즉 맡겨진 역할을 묵묵히 수행하는 듯한 느낌을 종종 받는다. 오랫동안 교도통신 궁내청 출입 기자를 하면서 근거리에서 천황과 그 주변을 관찰했던 이타가

키 쿄스케板垣恭助는 천황 내외에게 무대에서 내려와 개인 자격으로 평안하게 사는 것이 당사자들은 물론 일본 국민도 행복해질 것이라고 지적한다(板垣恭助, 『아키히토씨, 미치코씨 황족 그만두지 않을래요?(明仁さん, 美智子さん, 皇族やめませんか·)』, 大月書店, 2005). 천황은 무대 위에 올려진 한갓 배우에 지나지 않다는 것이 이타가키의 주장이다.

이렇게 보면 '천황제의 수혜자가 누구인가'라는 관점은 천황을 무대 위로 올려 그 혜택을 누린 자로 좁혀질 수 있을 것이다. 그러면 일본 국민인가? 보수우익 엘리트집단인가? 메이지유신 전후 과정에서 타도 막부를 외치면서 존왕양이尊王攘夷를 존왕애국尊王愛國으로 바꿔치기 하는 지혜를 보였던 사쓰마薩摩, 조슈長州 등 유력 번藩의 개명 사무라이들, 즉 메이지 정부의 초기 엘리트집단을 떠올리지 않을 수 없다. 이후 이 엘리트집단은 지속적으로 지배 권력을 주물러왔다는 점에서 '보수' 세력이요, 존황·애국을 앞세웠다는 점에서 '우익'의 성격을 띠게 되었다. 이른바 근대 일본의 보수우익 탄생이다. 이들은 큰 틀에서 보면 같은 가치체계와 이해관계에 속해 있음에도 조금씩 다른 정치적인 세력으로 분화하고 시대의 흐름과 더불어 합종연횡하면서 제국을 일궈 침략을 계속했고 마침내 패전을 맞았다. 무엇보다 중요한 것은 전후에도 전전의 보수우익 엘리트 지배그룹은 건재했다는 점이다. 분명히 이들이 천황제의 수혜자라는 점은 부인할 수 없을 것이다. 이른바 천황제의 정치 이용이다.

그런데 종종 제도는 제도를 만들어 낸 사람의 손을 떠나 홀로 걷기 시작하는 속성을 갖기 때문에 천황제의 최종 수혜자는 천황제 지배시스템 그 자체라고 볼 수도 있다. 제도의 존속과 계속 가능성을 스스로 확보하려고 하는 무형의 압력이 바로 그것이다.

그렇다면 일본 국민은 수혜자 문제에서 비켜나 있는 것인가? 일본 국민은 수혜를 얻었다기보다 천황제 지배시스템이 요구하는 온갖 압력을 견뎌야 했던 피해자라는 측면이 더 부각되어 나타난다. 그러나 문제는 피해자로서의 국민과 수혜자로서의 국민을 정확히 나누기가 매우 어렵다는 사실이다. 이 문제는 일본 국민들이 스스로를 돌아보며 하나씩 하나씩 정리해야 할 과제라고 본다. 아울러 천황제 문제의 실마리를 최종적으로 풀어갈 수 있는 것도 결국 일본 국민임은 말할 나위도 없다. 이 책에서 일본시민그룹에 대한 깊은 관심을 보이고 있는 것도 바로 그 때문이다. 결과적으로 천황제의 수혜자는 누구인가 하는 질문은 애매모호한 응답으로 마무리되고 말았지만 이 물음에 대한 판단 역시 본문을 접하는 독자들께 맡겨두고 싶다.

감사를 겸하여

이 책이 나오기까지 참 많은 시간이 걸렸다. 2003년 출판을 결심하고 원고작업을 시작했다. 한양대 국제학대학원 일본학과에서 1998년부터 '일본의 역사' '일본사상사' '일본경제사' 등의 과목을 맡아오면서 부분적으로, 경우에 따라서는 전면적으로 천황제란 주제를 다뤄왔기 때문에 그리 어렵지 않게 작업이 진행될 수 있으리라고 기대했다. 몇 년 동안의 강의노트도 마련되어 있었고 매년 대학원 학생들과 관련 문헌들을 꾸준히 읽어왔기 때문이었다. 하지만 현실은 전혀 달랐다. 천황제와 관련해 정보의 나열은 바로 가능하겠지만 누구에게나 쉽게 읽힐 수 있는 내용으로 만들지 않으면 출판 작업의 의미가 없다는 생각이 들어 고민에 빠지지 않을 수 없었다. 어려운 주제를 쉽게 접근한다는 것은 필자의 능력 밖의 일이기도 했지만 매일매일 일과에 치여 작업은 좀처럼 진전되지 못하고 초조한 마음만 쌓여 갔다.

그러던 중 일본국제교류기금(Japan Foundation) 일본연구펠로십에 선발되어 2008년 10개월 동안 게이오대학 방문연구원으로서 15년 만에 모교에 체류할 기회를 얻었다. 도서관과 연구실을 오가면서 이전에 미처 확인하지 못했던 관련 자료를 챙겨보면서 원고 작업은 다시 활기를 띠기 시작했다. 게이오대학 도서관에 신세를 많이 진 셈이다. 하지만 이미 썼던 원고들을 전면적으로 개보수할 수밖에 없었기 때문에 매일같이 원고와 씨름하지 않으면 안 되었다.

이 책은 주위의 많은 분들의 도움이 없었다면 나오기 어려웠을 것이다. 그 가운데서도 초고를 읽고 주제에 대한 깊은 공감과 더불어 용어 사용에 이르기까지 꼼꼼하게 의견을 제시해준 일본기독교단 하쿠닌초교회 가정순 목사를 가장 앞자리에 꼽지 않을 수 없다. 가 목사는 잠실희년교회 청년회 시절부터 필자의 오랜 친구로 2008년 도쿄에 체류하는 동안엔 같은 아파트의 위·아래층에 붙어 지내면서 '천황제 코드'를 비롯해 일본 사회 전반, 한·일 관계 등 폭넓은 주제에 대해 자주 의견을 나눴다. 또 초고를 읽고 격려성 논평을 아끼지 않았던 일본 게이오대학 오종현 박사, 숙명여대 박진우 교수, 한양대 김종걸 교수께도 감사드린다.

지난 10여 년 동안 한양대 국제학대학원 일본학과에 재학했던 학생들에게도 공을 돌리지 않을 수 없다. 필자의 강의에 참석한 학생들은 천황제라는 낯선 주제에 고민하지 않을 수 없었으며 익숙하지 않은 수많은 자료를 읽어내야 했으니 적지 않은 고역이었을 것이다. 그럼에도 학생들은 적극적으로 반응했고 그 덕분에 매 시간 활기 넘치는 토론이 이어질 수 있어 원고 작업에 많은 힘이 되었다. 특히 2009년 봄 학기 강좌 '일본의 역사'에 참여한 11명의 학생들은 초고를 꼼꼼히 읽고 제1차 독자로서 다양한 독후감을 전해주었다. 이 책의 필자로서 더 없이 행복한 시간이었음을 고백하지 않을 수 없다.

아울러 필자가 국민일보에 쓴 칼럼과 특집기사 등의 일부를 이 책 출판 과정에서 인용할 수 있도록 배려해준 신문사 측에도 감사한다. 본문에 들어 있는 23꼭지의 [읽을거리] 중에서 종종 등장하는 '한마당' '세상만사' '여의춘추' 등은 모두 국민일보의 칼럼 이름이다.

출판을 맡아준 논형 식구들께도 고마움을 전하지 않을 수 없다. 한국에서 천황제를 비롯해 일본사상사 관련 분야의 출판에 힘을 쏟아온 논형에서 이 책을 출판하게 되어 무척 자랑스럽다. 미흡하나마 이 책이 앞서 출판된 훌륭한 책들과 함께 어깨를 나란히 할 수 있게 되었기 때문이다. 그 과정에서 소재두 사장과 김현경 편집장께는 많은 빚을 졌다. 깊이 감사드린다. 마지막으로 일일이 거명하지는 못했으나 원고 작업과정에서 조언을 아끼지 않은 재일교포 지인들과 일본 친구들에게 감사의 마음을 전하고 싶다.

2009년 6월 23일 조용래

Contents

⸫ 읽을거리 소개

1장

일본·일본인·일본 사회

M·T·S·H

일본에서는 온갖 서류의 생년월일을 기입하는 칸에 어김없이 등장하는 M, T, S, H(이하 MTSH로 표기) 등의 영문자를 마주치게 된다. MTSH 옆에 괄호가 있거나 점 두 개가 간격을 두고 찍혀 있어 무엇인가를 쓰도록 유도하고 있는 듯 보이지만 처음 보면 도무지 무슨 뜻인지 알 수가 없다. 은행에 가서 통장을 개설할 때도, 관공서에서 뭔가 서류를 신청할 때도 예외가 아니다. 운전면허증, 건강보험증의 경우도 그렇고 재학증명서나 재직증명서를 신청할 때도 사정은 마찬가지다.

이쯤 되면 MTSH는 잘 알려지지 않은 일본의 상징이나 다름없다. 하지만 사실 MTSH는 그리 신기한 것이 아니다. MTSH는 메이지(Meiji·明治) - 다이쇼(Taishō·大正) - 쇼와(Shōwa·昭和) - 헤이세이(Heisei·平成)로 이어지는 연호의 영문 두음자이다. 좀 더 정확하게 말한다면 M은 메이지 천황 시대(1868~1912),[1]

. . . .

1 일본의 연호체계는 메이지 시대에 들어와 '1천황 1연호 제도(一世一元制)'가 뿌리내려 천황의

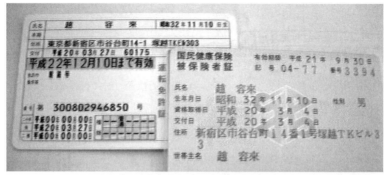

[사진 1] 필자가 일본 체류 중 교부받은 국민건강보험증과 운전면허증.
서력연도는 없고 쇼와(昭和), 헤이세이(平成)라고만 되어 있다.

T는 다이쇼 천황시대(1912~1926), S는 쇼와 천황시대(1925~1989), H는 헤이세이
천황 시대(1989~현재)를 지칭하는 것이다.

말하자면 MTSH는 각각 당대 천황의 연호다. 1868년 등극한 무쓰히토
(睦仁, 1851~1912)의 연호는 메이지, 그 뒤를 이은 요시히토(嘉仁, 1879~1926)의 연호
는 다이쇼, 그리고 히로히토(裕仁, 1901~1989)의 연호는 쇼와, 그리고 현재의
아키히토(明人, 1933~현재)의 연호는 헤이세이다.

이처럼 일본에서는 천황의 연호를 앞세워 때를 표기하고 있다. 실제로
일본인들에게는 서기 연도를 따지는 데 그리 익숙하지 않다. 한국에서처럼
초면에 몇 살이냐고 묻는 무례한 경우는 거의 없지만 그래도 몇 년 생이냐고
물으면 대부분은 MTSH 중 하나를 앞세우고 그 뒤에 숫자를 붙여서 대답을

• • •

죽음과 더불어 당대 사용되던 연호는 후대 천황의 연호로 바로 교체되었으며 바뀐 연호는 즉위한
천황이 죽음으로 물러날 때까지 사용되었다. 선대 천황과 그 뒤를 잇는 후대 천황의 재위연도는
중첩되는 것이 보통이지만 연호 구분상으로는 후대 천황의 연호를 우선한다. 예컨대 메이지
천황은 1912년(메이지 45년) 7월 29일 숨을 거뒀다. 엄밀히 따지자면 1912년 7월 29일까지는
메이지 45년인 셈이지만 1912년에 대한 공식 명칭은 다이쇼 원년(元年)이다. 메이지 천황의
죽음과 동시에 다이쇼천황의 시대가 열린 것으로 보기 때문이다.

한다. 예를 들어 1970년생인 경우는 '쇼와 45년'이라고 말하고 'S 45'로 쓴다. 거꾸로 이쪽에서 1960년대 운운하면 일본인들은 쇼와 30년대 후반부터 40년대 전반이라고 정정해서 말을 되받는 경우가 적지 않다(사진 1, 읽을거리 1 참조).

M을 앞세우는 사람은 2009년 현재 적어도 95세 이상이기 때문에 실제로 마주치는 경우는 별로 없겠지만 장수 사회인 일본에서는 아직도 T를 앞세우는 경우를 종종 볼 수 있다. 일본에서 '다이쇼 우마레大正生れ'라고 하면 원로 중의 원로를 칭하는 말이 되는 셈이다. 물론 요즘 태어난 갓난아기나 청소년들의 경우 모두 '헤이세이 우마레平成生れ'라고 불린다. 2009년은 헤이세이 21년에 해당하기 때문이다.

한국의 제3공화국 시대를 흔히 박정희 군사독재시대라고 부르지만 그때 태어났다고 해서 '박정희 생生'이라고 부르는 경우는 없다. 마찬가지로 제5공화국 초기의 신 군부시대에 태어난 아이들을 '전두환 생'이라고 부르지 않는다. 이렇게 보면 일본 천황의 이미지는 군사독재, 신 군부독재 이상의 권위를 지니고 있는 것처럼 보인다. 당대의 천황이 때를 지배하고 있으니 말이다.

한국도 건국 초기에 연도 구분법으로 단군 탄생을 기점으로 삼은 단기檀紀를 서기와 병용한 적이 있었다. 2009년은 단기 4342년에 해당한다. 또 북한의 경우는 지난 1997년부터 김일성 주석이 태어난 해인 1912년을 주체원년으로 삼고 주체연호를 사용하기 시작했다. 이에 따르면 2009년은 '주체 98년'이다.

단기 표기는 서기 표기와 공존되다가 슬그머니 사라졌는데 아마도 연도구분을 이중으로 하는 것에 대한 불편함과 무엇보다도 사용 강제가 적었던 것이 가장 큰 원인으로 보인다. 하지만 북한은 주체사상을 강조하고 무엇보다 김일성 사후의 북한 체제의 안정을 꾀하기 위한 상징물로서 주체연호가 등장한 만큼 알게 모르게 주체연호에 대한 사용 강제가 있을 것이다. 그렇다면 일본 사회가 천황의 연호에 입각해 때를 표기하는 점은 어떻게 해석해야 옳은가.

지금 전 세계가 사용하는 서력 표기는 예수의 탄생을 기점으로 삼고 있다. 현대인들은 알게 모르게 기독교인이든 아니든 상관없이 기독교적 연대기를 축으로 삼아 살고 있는 셈이다. 하지만 서력기원연도는 이미 국제 공통의 기준이 되었기 때문에 그 누구도 기독교의 시간 구분법에 의해 구속되고 있다고 생각하지 않는다. 일본인들 역시 이 점에서는 다를 바 없다. 일본인들이 MTSH 중 어느 하나를 쓴다고 해서 자신들이 태어난 당대의 천황을 각별히 기억하거나 존중하는 것은 아닐 것이다. 이로 미루어 전통이나 관습에 따른 것일 뿐 별다른 이유는 없다고 말할 수도 있을 것이다. 과연 그럴까.

국가공휴일의 주인은 누구인가?

자유민주주의 국가의 주인이 그 나라의 국민이라는 사실은 오늘날 상식에 속한다. 그렇다면 한 나라의 국가공휴일의 주인도 국민이라는 것은 어렵지 않게 유추할 수 있다. 예를 들어 우리나라의 경우 국가지정 공휴일은 크게 전통명절 기념일, 국가 건국과 관련된 기념일, 국민의 합의로 정한 공휴일 등 세 가지로 나뉘지만 이 모든 기념일은 국민의 삶과 직결되어 있을 뿐 아니라 국민을 위해 제정된 것들이다.

구체적으로 보자면 설, 추석 등은 전통명절을 기념하는 공휴일이고, 3·1절, 현충일, 제헌절, 광복절, 개천절 등은 국가 건국과 관련한 기념일이다. 그리고 2006년부터 공휴일에서 제외된 식목일과 어린이날, 석가탄신일, 한글날, 성탄절 등은 국민적 합의에 의해 법률로 정한 국가공휴일이다.

하지만 일본의 국가 지정 공휴일은 천황과 천황가의 행사를 중심으로 지정되어 있다고 해도 과언이 아니다. 일본의 경우는 국가공휴일을 '축일祝日'

"몇 년 생이에요?" 일본인들의 역사의식을 간단히 파악할 수 있는 질문이다. '쇼와 몇 년 생' 운운하지 않고 '천구백 몇 년 생'으로 답하는 사람은 대체로 상당한 역사의식을 갖춘 사람이다. 그러나 대부분은 '쇼와'로 답한다. '쇼와'는 1926~1989년에 재위했던 히로히토 천황의 연호다. 일본의 관공서 학교, 은행, 회사 등에서 서력기원연도는 거의 사용되지 않는다. 대신 연호가 사용된다.

이처럼 일본 천황은 '때'를 나타내는 기준이 되었을 정도로 일본인들에게 매우 일상적인 존재다. 물론 소수의 예외적인 사람들도 있다. 연호 사용을 거부하는 그들은 과거 일본의 침략행위는 천황의 이름으로 자행됐으며 그로 인해 수많은 민중이 희생당했다면서 천황제 폐지를 주장한다. '지문날인 반대', '역사교과서 비판' '일본군위안부 배상 문제' 등 한·일 양국 사이의 과거청산운동이 일본 내에서 지속적으로 이루어질 수 있었던 것은 그들의 노력에 힘입은 바가 컸다.

최근(1998년 9월) 김대중 대통령의 방일을 앞두고 호칭 문제로 격론이 일고 있다. 식민지시대의 기억이 아직 생생한데 아무리 외교적 수사(修辭)라지만 일왕을 '천황폐하'로 부를 수 있는가. 반대론자의 소리다. 반면 찬성론자들은 21세기의 한·일 관계를 모색하기 위해 그 호칭이 필요하다는 궁색한 당위론을 주장한다.

그러나 중요한 것은 호칭 문제가 아니다. 천황은 단순한 입헌군주제의 왕 이상의 기능을 해왔다. 천황은 전전에 '아라히토가미(現人神)'라 불리던 때나 패전 후 상징천황제로 바뀐 오늘에도 여전히 일본 사회를 지배하는 중심 개념이다. 전전 일본 사회의 지배구조는 천황을 정점으로 그 아래에 관료, 일반국민, 부락민(部落民·피차별 천민) 순으로 짜인 피라미드 구조였다. 부락민은 1871년 '천민폐지령'에 의해 법적으로 폐지됐으나 실제로는 철저하게 소외되고 차별 받는 존재로 일본 사회의 저변을 형성해왔다. 천황제 국가의 강권통치 아래서 일반 국민은 한편으로는 천황제에 순종하고 다른 한편으로는 부락민들을 학대하면서 체제에 순응했다.

그 차별구조는 지금도 남아 있다. 부락민 출신들은 취업, 결혼 등에서 여전히 차별 당하고 있다. 재일동포의 차별 문제도 바로 여기에 기인한다. 문제는 이러한 천황제에 의한 차별구조가 언제 어떤 계기를 통해 다시 전면에 부상할지 알 수 없다는 사실이다. 이렇게 볼 때 중요한 것은 호칭 문제가 아니라 차별구조의 천황제가 여전히 존재한다는 사실이며, 우리가 그 실체를 잊지 않고 기억하고 있느냐 하는 점이다.

('한마당' 1998년 9월 28일자)

로 통칭한다. 물론 축일은 다른 나라와 마찬가지로 법으로 규정하고 있다.2 하지만 기본 골간은 원단元旦(1월 1일), 성인의 날(1월 둘째 월요일),3 건국기념일 (2월 11일), 춘분의 날(3월 20일), 쇼와의 날(4월 29일), 헌법기념일(5월 3일), 국민의 휴일(5월 4일),4 어린이 날(5월 5일), 바다의 날(7월 셋째 월요일),5 경로의 날(9월 셋째 월요일),6 국민의 휴일2,7 추분의 날(보통 9월 23일), 체육의 날(10월 둘째 월요일),8 문화

• • •

2 '국민의 축일에 관한 법률(国民の祝日に関する法律)'이 1948년 법률 제178호로 마련된 이후 지금까지 여러 번에 걸쳐 이 법령은 개정되어왔다.

3 성인의 날은 1948년 제정 당시에는 1월 15일로 지정되었으나 1998년 법률 개정으로 1월 둘째주 월요일로 조정되었고 2000년부터 시행되었다.

4 5월 3일의 헌법기념일과 5월 5일의 어린이 날 사이에 낀 5월 4일에 대해서는 별다른 규정이 없었다. 하지만 기업들을 중심으로 관행적으로 이 날을 샌드위치 휴일로 정하는 경우가 적지 않아 일본 정부는 1985년부터 아예 법률로 바꿔 '국민의 휴일'이라는 축일로 삼았다. 이후 2005년 부터는 '녹색의 날'로 명칭을 바꾸고 2007년부터 시행하기로 했다. 원래 녹색의 날은 쇼와 천황의 생일(4월 29일)로 재위 중에는 '천황탄생일'이란 이름으로 축일로 지정되었으나, 1989년 쇼와 천황이 사망한 이후에는 '녹색의 날'로 명명되었다. 그리고 2005년 녹색의 날이 '쇼와의 날'로 개칭되면서 5월 4일 국민의 휴일이 '녹색의 날'로 개명되기에 이른 것이다. 물론 4월 29일을 '쇼와 의 날'로 바꾸어 부르는 것도 2007년부터다.

따라서 현행 국민의 휴일인 5월 4일은 2006년까지는 화요일~토요일에 해당될 때만 축일로 지정 되고, 그 외의 요일에 해당될 때는 축일에서 제외된다. 즉 5월 4일이 일요일일 경우는 일반 공휴일 로 바뀌며, 월요일인 경우에도 5월 3일 헌법의 날이 일요일에 해당되어 축일이 일요일일 경우 축일을 월요일로 순연하여 지킨다는 법 조항에 따라 5월 4일을 축일로 지정하지 않아도 되기 때문이다. 다만 2007년부터 5월 4일은 녹색의 날로 개칭하면서 요일에 상관없이 고정된 축일로 자리 잡았다.

5 바다의 날은 1995년 축일로 지정될 당시에는 7월 20일이었으나 2001년 법률 개정으로 7월 셋째주 월요일로 개정되었고 2003년부터 시행되었다.

6 경로의 날도 1966년 축일로 지정될 때에는 9월 15일이었으나 2001년 9월 셋째 주 월요일로 개정되어 2003년부터 시행되었다.

7 기존 국민의 휴일은 대개 일요일과 축일 사이에 낀 월요일 또는 축일과 축일 사이에 낀 날을 의미한다. 예컨대 추분의 날은 대체로 9월 23일이지만 화요일인 경우 22일(월)을 국민의 휴일로 지정하며, 또한 9월 셋째 월요일인 경로의 날과 그 주 수요일이 9월 23일 추분의 날로 이어질 경우 그 주 화요일을 국민의 휴일로 삼는다. 이는 5월 3일 헌법의 날과 5월 5일 어린이 날 사이의 5월 4일을 1985년부터 국민의 휴일로 정한 것과 같은 이치다. 추분의 날은 보통 직전 연도의 관보에 공시함으로써 정식으로 지정되기 때문에 국민의 휴일도 이 관보를 통해서 공식 지정된 다. 이 축일 역시 2001년 법 개정에 따라 2003년부터 시행되었다.

8 체육의 날은 1964년 도쿄올림픽을 기념하는 날로 1966년부터 지정되었다. 처음에는 10월 10일 이었으나 지난 1998년 10월 둘째 월요일로 개정되어 2000년부터 시행되었다.

의 날(11월 3일), 근로감사의 날(11월 23일), 천황생일(12월 23일) 등인데 이 모두는 천황과 천황가의 행사와 직·간접적으로 관련되어 있다.

우선 원단의 경우는 새해를 맞는다는 점에서는 우리의 설이나 다름없고 조상에게 제사를 드린다는 점을 강조하기 때문에 특별할 것도 없지만 문제는 제사의 대상이 천황가의 선조들이며 제사를 행하는 주체가 천황이라는 점이다. 이미 일본 사회에는 제사를 드리는 일 자체는 없어진 지 오래이기 때문에 한국 사회에서와 같은 제사 행위는 일반 가정에서 찾아보기 어렵다. 그럼에도 원단(설)을 조상께 드리는 제사일로서 기념한다는 것은 새해 첫날 천황가의 선조에게 제사를 드리는 행위에 대한 의의를 강조하는 것이나 다를 바 없다. 물론 여기에는 단일민족 신화를 강조하고 천황가를 정점으로 하는 일본의 가족국가론을 배경으로 하는 의도가 개입되어 있음을 부인하기 어렵다.

이와 비슷한 천황의 제사 행위를 기념하는 축일은 그 외에도 많이 있다. 춘분의 날(3월 20일)과 추분의 날(9월 20일)이 그렇다. 이 뿐 아니라 근로감사의 날(11월 23일)은 축일 제목으로만 보면 서양의 감사절과 유사하다. 하지만 본래 니나메사이新嘗祭라는 날을 근로감사라는 이름으로 둔갑시킨 것에 불과하다. 문제는 니나메사이인데, 이는 수확을 감사하여 농민 개개인이 드리는 행위가 아니라 고대 일본의 제사를 담당하는 최고책임자, 즉 천황이 백성을 대표해서 그 해 수확한 햇곡식으로 제사를 드리는 것을 말한다.

이 뿐 아니라 국가공휴일에는 천황의 생일을 기념해 마련된 날이 사흘이나 포함돼 있다. 쇼와 천황의 생일인 쇼와의 날(4월 29일), 메이지 천황의 생일인 문화의 날(11월 3일), 현재의 헤이세이 천황의 생일(12월 23일) 등이 바로 그것이다. 전전에는 천황의 생일을 천장절天長節로 불렀으나 전후에는 '천황생일'로 바꾸어 부른다. 천장절이란 '천황이 장수하기를 기원하는 날'이라는 의미에서 그렇게 불렀지만 메이지 제국헌법이 파기되고 평화헌법으로 다시 탄생한 전후 일본의 민주주의 체계하에서는 어울리지 않는 이름이었던 탓이었을 것이다.

보통 천황이 바뀌면 이전의 천황의 생일(천장절)은 축일이 아니라 보통의 날로 바뀌지만 일본 정부는 메이지 천황과 쇼와 천황에 대해 각별한 예우를 하고 있는 셈이다. 그것도 이름을 터무니없이 바꾸어 전혀 별개의 이미지로 포장까지 하는 것을 보면 국가의 축일이 천황 일색으로 채워지는 것을 일본 정부도 우려했던 것으로 짐작할 수 있다.

문화의 날을 제정한 일본 정부의 취지문에는 "자유와 평화를 사랑하고 문화를 증진한다"는 취지를 앞세우고 있으나 이 날이 메이지 천황 생일의 다른 이름이라니 참 어울리지 않는 이름이다. 메이지유신을 성사시켜 결과적으로 일본의 근대화에 혁혁한 공로를 세운 바 있지만, 청일전쟁과 러일전쟁을 통해 대만과 조선을 식민지로 얻어내며 제국 일본의 침략성을 유감없이 드러낸 메이지 천황과 문화의 날은 참으로 기묘한 대구對句가 아닐 수 없다.

마찬가지로 지난 1989년 1월 쇼와 천황이 병사하자마자 일본 정부는 쇼와 천황의 생일을 '녹색의 날緑の日'로 바꾸어 불렀다. 동북아시아에서 만주사변과 중일전쟁을 거쳐 태평양전쟁에 이르기까지 침략전쟁과 파괴를 일삼았던 일본제국군대의 최고원수인 히로히토 쇼와 천황에게 녹색의 날은 또 무엇이었는지. 가위 코미디와 거의 다를 바 없는 일본 정부의 상상력이었다. 한참 유행하는 녹색, 즉 평화와 환경을 중시하는 이미지를 덧칠하려는 의도가 엿보인다.

그런데 이 녹색의 날은 2005년 5월 20일 쇼와의 날로 개칭되었다. 실제 시행 시기는 2007년부터였지만 녹색의 날이 쇼와의 날로 바뀐 배경은 무엇일까. 주변 각국의 반응을 대수롭지 않게 생각하는 일본의 오만한 태도가 구체적으로 드러나고 있다는 증거가 아닐 수 없다. 이러한 추세로 가다가는 문화의 날은 메이지의 날, 나아가서는 전전戰前과 같은 메이지절明治節로 바뀔 날이 머지않았다.

여기에 한 가지 더 따져봐야 할 국가 축일은 '건국기념의 날'이다. 건국기념의 날은 전전 기원절紀元節의 다른 이름이다. 패전 직후 축일에 관한 법을 제정할 당시만 해도 일본 정부는 기원절을 감히 축일로 제정하지 못했다. 그러다가 1966년 법 개정을 통해 1964년 도쿄올림픽을 기념하는 '체육의 날', 노인 경로 차원에서 추진된 '경로의 날' 등과 함께 기원절을 '건국기념의 날'로 이름을 바꾸어 슬그머니 축일로 포함시켰다.

어느 나라든지 기원신화가 있기 마련이다. 신화의 범주를 벗어나지 못하더라도 민족의 개원, 민족국가의 시원을 자리 매김한다는 차원에서 이를 기념하는 것은 당연한 일이다. 우리나라의 경우만 보더라도 10월 3일 개천절은 단군신화를 그 배경으로 삼고 있다. 일본의 기원절도 출발은 그러했을 것이다. 메이지 정부는 1873년, '일본서기[9]'에서 초대천황으로 거명하고 있는 진무神武 천황의 즉위일 '신유년 춘정월辛酉年春正月 1일'을 양력으로 환산하여 2월 11일로 정했다. 여기까지는 흔히 있을 수 있는 자국민 중심주의의 발현이다.

문제는 기원절의 배경을 이루는 사상이다. 기원절을 관통하는 것은 천황중심주의적 사고이다. 이는 민주주의를 표방하고 있는 오늘날 일본의 정체政體와 부합되지 않는다. 진무神武 천황이 즉위하면서 일본의 역사가

• • •

9 『일본서기(日本書紀)』는 일본의 고대로부터 지토(持統) 천황까지의 전설과 사실을 연대순으로 기록한 책이다. 720년에 발간되었다. 전설을 사실과 구분 없이 기록했다는 점에 유의해야 한다. 특히 초대천황으로 기록되고 있는 진무(神武) 천황 등 초기 천황들은 오늘날 대부분의 일본 역사학자들 사이에서도 실존인물이 아니라고 본다. 오늘날은 역사서로서보다 주로 비교신화학, 국어학 등의 관점에서 연구가 진행되고 있다. 3장 참조.

축일명	날짜	천황 관련 유무	비고
원단(元旦)	1월 1일	○	천황가 제사
성인의 날	1월 둘째 월요일		
건국기념일	2월 11일	○	천황가 신화
춘분의 날	춘분일	○	천황가 제사
녹색의 날	4월 29일	○	2007년부터 '쇼와의 날'로 개칭 쇼와 천황 생일
헌법기념일	5월 3일		
국민의 휴일1	5월 4일		2007년 시행 명칭도 '녹색의 날'로 개칭
어린이 날	5월 5일		
바다의 날	7월 셋째 월요일		
경로의 날	9월 셋째 월요일		
국민의 휴일2	경로의 날과 추분의 날 사이에 낀 날		
추분의 날	추분일	○	천황가 제사
체육의 날	10월 둘째 월요일		
문화의 날	11월 3일	○	메이지 천황 생일
근로감사의날	11월 23일	○	천황가 제사
천황생일	12월 23일	○	헤이세이 천황 생일

* 2005년 5월 20일 공포된 일본의 '개정 축일법(祝日法)'에 의함.

시작되었으며, 그 자손에 의해 일본의 통치는 오늘날까지 변함없이 계속되고 있음을 은연중에 강조하는 것이 기원절의 의도이기 때문이다. 바로 이점 때문에 기원절은 전후 평화헌법의 주권재민 원칙에 반하는 것으로 지적되었으며 이에 폐지된 바 있다. 그러나 집권 자민당의 노력은 집요했고 마침내 기원절은 1967년 건국기념의 날로 부활하였다.

물론 일본에도 헌법기념일(5월 3일)과 같이 전후 국가재건과 관련된 공휴일이 없는 것은 아니다. 이와 더불어 어린이날(5월 5일), 경로의 날(9월 15일), 그리고 1964년 도쿄올림픽을 기념하여 지정된 체육의 날(10월 10일) 등과 같이 국민의 합의에 의해 지정된 공휴일도 있다. 하지만 대부분의 공휴일은 그

연원이 천황과 천황가에 직·간접적으로 관련되어 있음은 부인하기 어렵다. 이렇게 보면 민주주의 일본의 국가 축일의 주인이 과연 누구인지 분명하게 단언하기는 참 어려운 일이다.

일본의 축일 총 16일 중 천황 내지 천황가와 직·간접적으로 관련을 갖는 것은 8일이나 된다. 반면 최근 들어 축일을 가능한 한 연휴로 엮어서 국민의 휴식 시간을 늘리려는 차원에서 마련된 국민의 휴일이 2일, 성인의 날, 헌법기념일, 어린이 날, 바다의 날, 경로의 날, 체육의 날 등 국민의 합의에 의해 마련된 것이 6일이다(자료 1 참조).

일본 사회의 원형

앞에서 천황과 천황제가 일본인과 일본 사회의 시간을 구분하는 상징으로, 그리고 생활과 밀착하여 공휴일의 실질적이고 주된 근거를 이루고 있음을 보았다. 다만 그것은 일정한 형식을 띠거나 확실한 근거를 내세워 주장하기보다 마치 예로부터 내려오는 관행처럼 일본 사회와 일본인들을 소리 없이 포섭하는 모습을 취하고 있다.

이러한 포섭구조는 그 동안 잘 드러나지 않았다. 일본 내부의 관찰자들조차도 이 문제에 대해서는 그리 대수롭지 않게 생각하는 것처럼 보인다. 이는 전후 일본 사회의 주된 관심이 정치질서나 지배구조보다는 사회의 작동원리, 사회구성원의 특성 등에 집중되었기 때문일 것이다. 보기에 따라서는 천황의 존재는 단지 과거의 유물로 비쳐져 현재의 일본을 이해하는 데 그리 중요한 대상이 아니라고 평가했던 점도 작용했을 것이다. 특히 패전 이후 일본 사회는 미국을 비롯한 서구민주주의 국가에 대한 동경이 앞서면서 일본에 대한 자성론이 적지 않았기에 사회 전체의 구조적인 물음보다는 구성원 개개인의 특성,

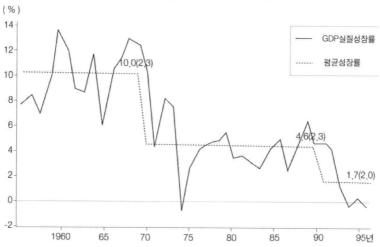

[자료 2] 전후 일본의 실질경제성장률 추이(괄호 안의 수치는 표준편차)

출처 : 宮隆太郎・佐瀬正敬・江藤勝,『21세기 다가오는일본경제(21世紀に向かう日本経済)』,
東洋經濟新報社, 1998, 25쪽.

그리고 그로 인해 형성되는 '일본 특수론'에 더욱 집착하였다.

일본 특수론은 보통 일본이 경제대국으로 부상한 이후인 1980년대 미・일 통상마찰 과정에서 나타난 일본식 논리로 잘 알려져 있다. 만성적인 대일 무역적자를 시정하기 위해 미국은 일본의 시장개방을 강력하게 요구하는 이른바 일본 때리기Japan Bashing를 펼쳤고 이에 일본은 일본 특수론으로 맞섰다. 일본적 경제 관행은 일본의 독특한 문화적・사회적・역사적 요인에서 비롯된 것이므로 서구식 시장개방에 쉽게 대응하기 어렵다는 게 당시 일본 특수론의 핵심이었다.[10] 하지만 이러한 일본 특수론은 이미 1960년대

• • •

10 일본 특수론에 대응하여 미국 내에서조차 미・일 통상마찰 해법도 두 가지로 갈렸다. 소위 구조협의론과 관리무역론이 그것이다. 우선 구조협의론은 일본의 경제구조가 서구와 다르다고 할지라도 지속적이고 반복적인 협의를 통하여 구조전환을 요청함으로써 일본적 특수성을 극복할 수 있다는 주장이다. 반면 관리무역론은 일본적 특수성은 본질적으로 역사・문화적 배경을 달리하기 때문에 협의를 반복한다고 해서 수정될 수 있는 성질의 것이 아니므로 양국 정부가

이후 일본인론·일본 사회론에서 활발하게 거론되었다.

　전후 서구에 대한 동경과 패전에 따른 자성론에서 출발한 일본·일본인·일본 사회론의 초점은 일본 경제가 재빠른 회복과 고도성장을 구가하면서부터 일본 경제의 고속성장의 배경을 따지는 쪽으로 급격하게 이동했다. 자연스럽게 관심은 자성론보다는 일본 사회 성공스토리를 설명할 수 있는 일본 사회 특수론으로 기울었다. 일본 사회 내의 보이지 않는 포섭구조보다는 구체적인 일본인과 일본 사회의 특성, 작동 원리, 더 나아가 일본 사회의 원형을 찾아내는 데 더 많은 관심이 쏟아진 셈이다. 실제로 흔히 거론되는 일본인과 일본 사회에 대한 선입관, 예를 들면 집단주의 성향이 강하다거나, 수직적인 사회라거나, 배타적이고 소극적이라거나 하는 식의 일본론은 기묘하게도 일본의 고도성장기에 쏟아져 나왔다.[11]

• • •

개입하여 구체적인 수치목표를 통하여 통상마찰을 피해가자는 것이다. 말하자면 구조협의론은 미국(서구)의 시스템을 우위에 놓고 열등한 일본의 시스템을 우등한 것으로 바꿔가야 한다는 주장인 데 반해 관리무역론은 문화상대주의의 입장에 서서 일본적 특성을 용인하는 것이다. 최종적으로는 미국(서구) 시스템의 우위성을 전제로 하고 수치 목표적 요구도 병행하는 쪽으로 기울었지만 일본 특수론은 통상마찰에 이르기까지 거론되는 주제로 부각되었다.

11 대표적인 것을 거론하자면 다음과 같다. 中根千枝, 『종적 사회의 인간관계: 단일 사회 이론(タテ社会の人間関係: 単一社会の理論)』, 講談社, 1967; 中根千枝, 『일본 사회의 역학(タテ社会の力学)』, 講談社, 1978(김난영 옮김, 소화, 1996); 土居健郎, 『아마에의 구조(甘えの構造)』, 弘文堂, 1971(이윤정 옮김, 한일문화교류센터, 2001); 米山俊直, 『일본인의 집단(나카마)의식(日本人の仲間意識)』, 講談社, 1976(김필동 옮김, 소화, 1997).

이러한 일본·일본인론에 대해서는 비판도 다양하다. 스기모토 요시오(杉本良夫)와 로스 마우어(Ross Mouer)는 "일본·일본인론은 집필자의 개인적 경험이나 일상의 에피소드 등의 편리한 사례만 모아서 만든 '이론'이기 때문에 학문적 가치가 없다"고 비판하며 "그런 예들은 일종의 이데올로기로서 이용하기 위한 수단에 불과하다"고 꼬집는다(『일본인은 '일본적'인가: 특수론을 넘어 다원적 분석으로[日本人は'日本的'か: 特殊論を越え多元的分析へ]』, 東洋経済新報社, 1982). 이는 일본인론이 결과적으로 지배층의 이익에 합치한 보수적인 이데올로기로 작용한다는 지적이다. 가와무라 노조무(河村望)도 일본·일본인론이 "일본 기업 내에서 노사 간의 계급적 연대보다 기업 내의 연대, 집단의 화합을 중시하는 경영·지배이데올로기로 작용할 수 있다"고 지적한다(『일본문화론의 주변[日本文化論の周辺]』, 人間の科学社, 1982). 그 외 베후 하루미(別府春海)(『이데올로기로서의 일본문화론[イデオロギーとしての日本文化論]』, 思想の科学社, 1980),

[자료 3] 주요 선진국의 실질경제성장률 평균치(%)

	1861~1913 (53년간)	1914~1938 (25년간)	1954~1963 (10년간)	1964~1973 (10년간)	1974~1983 (10년간)	1954~1983 (30년간)
미국	4.3	2.0	2.9	4.0	2.0	3.0
영국	2.4	1.0	3.0	3.1	1.0	2.4
프랑스	1.1	1.1	4.9	5.6	2.4	4.3
독일	3.0	1.3	7.0	4.7	1.6	4.4
일본	4.1	4.5	9.3	10.2	3.7	7.7

출처: 正村公宏, 『図説戦後史』, 1988, 234쪽.

[자료 2]와 [자료 3]에서 보는 바와 같이 일본은 1954년부터 1973년에 이르는 20년 동안 연평균 실질 경제성장률이 10%대에 육박할 정도였다. 이는 전후 세계경제를 리드해 온 미국의 실질 경제성장률 3%대는 물론 라인 강의 기적으로 유명한 전후 독일(옛 서독)의 높은 성장률을 훨씬 능가하는 것이다. 세계 각국은 다시 일본의 도약에 주목하기 시작했고 그것은 일본 내부에서도 예외가 아니었을 것이다. 일본 기업의 고용 형태, 기업의 지배 구조, 노사관계, 정부의 역할 등등이 서구와는 어떻게 다르며 그것이 각각 어떤 효과적인 역할을 수행하고 있는가에 대한 관심이 본격적으로 일기 시작했다. 이러한 인식은 이후 발전하여 1980년대 후반에 들어와서는 '일

• • •

아오키 다모쓰(青木保)(『일본문화론의 변용: 전후 일본의 문화와 아이덴티티[日本文化論の変容: 戦後日本の文化とアイデンティティー]』, 中公文庫, 1986) 등도 일본론·일본인론·일본사회론이 문화우월감을 토대로 한 내셔널리즘을 조장했다고 본다.

반면 요시노 고사쿠(吉野耕作)(『현대 일본의 문화 내셔널리즘: 현대 일본 아이덴티티의 행방[現代日本の文化ナショナリズム: 現代日本アイデンティティーの行方]』, 1992, 김태영 옮김, 일본어뱅크, 2001)는, 일반인들에게는 전후의 일본·일본인론이 자성론의 하나로 이해됐을 것이라고 주장한다. 그 이유로서 요시노는, 패전 이후 일본 사회에서 일본·일본인을 거론할 때는 자성론의 논조가 주를 이뤘다는 점을 든다. 다만 그는, 일본·일본인론의 문제점으로서 "비교시점이 결여되어 있다"는 점을 제기한다. 역사적 배경에 대한 인식이 결여된 채 자민족에 대한 독자성 운운 하는 것은 바람직하지 않다고 주장한다.

한편 일본인론에 대한 자성적 시각을 정면으로 비판하는 논조가 1990년대 본격적으로 등장한다. 예컨대 '새로운 역사교과서를 만드는 모임'에 속한 그룹들은 전후 일본역사관을 자조적 역사관이라고 지적하고 새로운 일본·일본인 우월론을 제기하기 시작했다.

본형 경영'이라는 독특한 영역을 구축하기에 이른다.

이 장의 당면 과제는 일본형 경영을 밝히자는 데 있는 것이 아니므로 이 문제에 대해 더 이상 거론할 필요는 없다. 다만 일본형 경영 역시 일본 사회의 특수성, 독자적인 대중 포섭구도, 일본의 원형 중시, 천황제 중심주의의 관행적 용인 등으로 거슬러 올라가는 한 계기가 되었다는 사실은 부인하기 어렵다.

그러나 한 가지 재미있는 것은, 1990년대 이후 장기불황이 계속되면서 일본적인 것, 소위 일본의 원형에 대한 무언의 비판이 적지 않았다. 그 직전까지도 일본형 경영이라는 이름으로 내세워 왔던 종신고용, 기업 내 노조, 연공서열 등이 일본 불황의 원인이라는 인식이 번지면서 제도 전환의 논의마저 끊이지 않았고, 실제로 기업 내에서 종신고용, 연공서열 등은 축소되기에 이르렀다. 그럼에도 2002년 이후 일본의 경기 회복세와 더불어 일본 사회는 또다시 일본형 경영에 주목하기 시작했다. 도요타로 대표되는 일본형 경영의 성공 사례에 사회적 관심이 높아지고 신자유주의적인 그간의 제도변화에 대해 일본적 가치에 입각한 제동이 조심스럽게 제기되었다. 마찬가지로 2008년 9월부터 본격화되기 시작한 미국발 글로벌 금융위기 여파로 일본 경제가 크게 흔들리면서 일본형 경영, 일본 사회 특수성 등을 다시 돌아봐야 한다는 주장이 나오고 있는 것도 주목되는 대목이다.

말하자면 일본의 장기불황이 진행되면서 주춤하기 시작했던 일본 특수론은 경기회복과 더불어 다시 고개를 들기 시작한 셈이다. 다만 그 과정에서 선두역을 자처하고 나선 것은 '새로운 역사교과서를 만드는 모임(새역모)'으로 대표되는 자유주의사관 그룹이었다는 점에 유의해볼 필요가 있다. 자유주의사관에 입각한 일본우월주의의 등장은 탈냉전 이후의 국제정치적 혼돈, 저출산·고령화로 인한 국내의 정치경제적 위기의식의 만연, 그리고 장기불황이라는 국내외적 압력을 일본의 원형 찾기라는 이름으로 돌파하려는 움직임이기 때문이다. 더구나 이때의 일본의 원형은 철저하게 일본 우월론에 입각하고 있다.

1990년대 이전에 등장했던 일본·일본인·일본 사회론은 고도성장의 결과 탄생한 것이라는 일본의 경제적 성공을 찬미하는 측면도 있으며 부분적으로 자성적인 차원에서 자국문화 다시 읽기라는 의미도 포함되어 있었다. 반면 1990년대 이후에 등장한 자유주의사관의 일본 사회 원형론은 장기불황과 탈냉전 직후의 혼돈이라는 극단적인 상황에서 탄생되었다는 점에서 대단히 특징적이다. 풍요가 낳은 일본인론과 미래에 대한 불확실성과 현실에 대한 불만에 편승하고 등장한 일본인론은 적지 않은 차이를 보인다.

무엇보다도 후자는 매우 공격적인 자세를 취하고 있다. 국기·국가법 제정(1999년), 반복되는 새역모의 검정역사교과서의 역사왜곡 강행(2001, 2005, 2009년), 일본 총리의 야스쿠니신사 참배 매년 강행(2001~2006년), 독도 영유권 제기(2005년), 평화헌법 개정 움직임(2005년, 자민당 신헌법 초안 발표) 등의 배경이 바로 그것이다.

보기에 따라서는 일본 사회의 이러한 일련의 대응이 위기 가운데서 살아갈 길을 찾고, 비전을 모색하려는 시도로 파악할 수 있지만 그 내용은 전향적인 노력이 아니라 퇴행적인 일본 사회 원형 찾기로 진행되고 있다는 점에서 안타까움을 금할 수 없다. 그리고 그 흐름 한 가운데에 천황제 중심주의가 깊이 뿌리내려 있다는 사실도 우려되는 대목이다. 그 내용에 대해서는 다음 장부터 각 사안별로 확인하게 될 것이다. 물론 우리는 그러한 퇴행적 흐름 가운데서도 이를 거부하려는 일본 안의 양심세력이 있다는 사실을 기억한다.

2장
천황제와 상징천황제 | 평화헌법의 아이러니

선거권도 피선거권도 없는 천황

민주주의 국가 일본에 장기 거주하면서 선거권이나 피선거권이 없는 사람
은 재일 조선·한국인 등을 비롯한 재주住住 외국인, 외국 국적자, 그리고
천황가의 사람들이다. 재주 외국인의 참정권은 최근 들어 문제 제기가 비교
적 활발한 편이지만 천황가 사람들에 대한 참정권 문제가 거론됐다는 얘기
는 들어본 적이 없다.

일본에서 참정권을 갖지 못한 유일한 일본인이 바로 천황 일가이다.
법적으로 보자면 천황가 사람들은 일본인이 아닌 셈이다. 그런데도 일본국
헌법 1조는 "천황은 일본국의 상징이자 일본 국민 통합의 상징이며 그 지위
는 주권이 있는 일본 국민의 총의에 근거한다"고 밝히고 있다. 일본국헌법은
2차 세계대전에서 패한 후 만들어진 것으로 '전쟁 포기와 교전권(군대) 보유불
가(헌법 9조)'를 천명하고 있다는 점에서 평화헌법이란 별명을 갖고 있지만
헌법 1조 내용만큼은 기묘하기 짝이 없다.

'천황은 일본국의 상징'이라는 구절의 애매모호함이 그렇고, 그 지위

가 '국민의 전체적인 뜻(總意)'에 따라 결정되었노라고 밝히는 대목은 더욱 이해하기 어렵다. '국민의 총의'라고 돼 있으나 평화헌법이 만들어지는 과정에서 국민투표로 찬반을 물었던 것도 아니었고 하다못해 헌법 내용을 논의하는 대국민 공청회가 펼쳐진 것도 아니었다. 이렇게 보면 천황의 지위는 구름 위에 다시 구름을 얹은 모양새라고 해도 과언이 아니다.

그럼에도 상징천황(상징천황제)은 헌법적 권위를 가지고 분명한 역할을 맡는다. 현재 천황은 국가원수로서 외국 국빈을 영접하기도 하고, 새로 선출된 내각 총리대신에 대한 임명권을 갖고 있기도 하다(헌법 6조). 한편 천황은 일본을 상징하는 지위로 자리매김 돼 있는 탓에 현실정치와는 무관한 입장을 취하고 나아가 국민의 기본권이라고 할 수 있는 참정권 행사에서도 천황가 사람들은 예외적인 존재가 돼 있는 것이다.

'상징'과 '실체(현실)'가 뒤죽박죽으로 섞여 있는 기묘한 구도는 1945년 8월 일본의 패전 직후 기능성을 중시한 연합국[1]의 대일본정책과 어떻게든 천황제를 계속 유지·보전하려는 천황의 신하들이 협력해 만들어낸 것이다. 연합국 측은 일본에서 차지하고 있는 천황의 영향력을 이용해 일본의 전후처리가 수월하게 진행될 수 있기를 바랐고, 천황의 신하들은 천황의 지배구조에 흠집이 나지 않도록 하면서 그 어떤 고육책이라도 만들어 내야 할 사명감으로 분주했다.

그 와중에 천황은 슬그머니 전쟁범죄자 대상에서 제외됐고 과거 일본

• • •

1 형식은 연합국(전승국)이지만 실제로는 미국이 중심이다. 패전 후 일본을 점령한 군대는 연합국군이란 이름이 붙은 미군뿐이었다. 더글러스 맥아더 장군의 연합국군 총사령관 임명도 연합국들의 의견 조정을 통해서가 아니라 트루먼 미국 대통령의 일방적인 명령에 의해 이루어졌다. 전승국 대표들로 구성된 극동위원회는 대일본 점령정책의 최고의사결정기구로서 1945년 9월(같은 해 12월 참여국은 총 11개국) 설치됐으나 본부가 워싱턴에 있었고 일본에 대한 실질적인 점령정책은 맥아더의 연합국군총사령부(GHQ/SCAP, 이하 GHQ로 씀)가 담당했다. 당시 미국은 이미 일본을 중심으로 한 전후 극동전략구상을 추진했던 것으로 보인다.

제국주의의 중심(Kokutai·国体)[2]인 천황은 '실체'가 아닌 '상징'으로 한 발 물러서는 모습으로 자리 매김 되기에 이르렀다. 그렇지만 분명히 존재하는 '실체'를 '상징'으로 포장해야 했던 까닭에 천황제의 유지·보존은 자기모순에 빠질 수밖에 없었다. '실체'를 강조하면 일본이 그 동안 벌여온 전쟁에서 천황의 전쟁책임을 스스로 고백하는 격이 될 수도 있었다. 그렇다고 '상징' 만을 강조하자면 과거의 전쟁에서 천황은 일본제국주의 지배구조에서 단지 허수아비에 불과한 존재임을 드러내는 것과 다를 바 없었다. 이는 그 이전 일본 사회에 만연했던 국체 이데올로기를 스스로 부정하는 모순에 빠지는 것이기도 했다.

자기부정에서 벗어나는 길은 천황의 역할을 재구성하는 것뿐이었다. 이에 새로운 천황 이미지가 강조되기 시작했다. 이른바 이미지 조작이다. 일본사학자 에구치 게이이치江口圭一(1932~2003)는 천황에 대한 새로운 이미지 조작이 크게 두 가지 측면에서 진행되었다고 지적한다.[3] 첫째로 쇼와(히로히토) 천황과 태평양전쟁을 포함한 15년 전쟁과 관련하여 "개전開戰은 천황의 의지에 반한 것이었지만 종전은 천황의 성스러운 결정에 따른 것"이라는 이미지, 둘째로는 천황의 성품에 대한 것으로 천황은 전쟁과는 무관하며

• • •

2 전전의 천황은 그 자체로 제국주의 일본을 뜻했다. 공문서를 비롯해 일반 대중들에게까지 강요된 당시 일본 사회의 시대적 키워드는 '국체호지(国体護持)'였다. 전쟁에 나가 싸우는 목적은 '국체호지'에 있으며, 나라를 지키는 것은 곧 천황에 충성하는 것이었다. 전장에서 적에게 항복하기보다 자결하는 것을 옥쇄(玉碎)라고 칭송, 권장했으며 그 이유는 옥쇄가 천황을 지키기 위해 기꺼이 목숨을 버린다는 것을 의미했기 때문이다. 천황이 곧 국가인 천황제가 바로 '국체(国体, Kokutai)'의 본뜻이다.

3 에구치 교수가 이노우에 기요시(井上清, 1913~2001)의 저서(『天皇の戦争責任』, 岩波同時代ライブラリー, 1991)의 '권말 해설'에서 밝히고 있는 내용이다. 에구치는 쇼와 천황 사후(1989년 1월 7일) 일본 매스컴들의 보도행태가 이 두 가지로 요약된다고 지적하면서 이는 그동안 천황제 보존·유지를 강조해온 그룹의 이미지 조작에 지나지 않는다고 본다. 한편 이노우에는 태평양전쟁은 말할 것도 없고 1931년부터 시작된 중국침략전쟁조차도 쇼와 천황의 주체적인 재가가 있었다고 밝히고 있다(4장 '천황 히로히토와 중국침략전쟁' 참조).

'자애로운 아버지를 연상하게 하는 성품의 소유자'요 '평화의 사도'라는 식의 이미지다.

요약하자면 천황은 평화를 사랑하는 인격자였지만 군부의 압력을 피할 수 없어 할 수 없이 전쟁을 시작했고, 그러나 마침내 군부에 대항해 영단을 내려 전쟁을 끝내도록 노력했다는 것이다. 일본 국민의 고통을 아파하는 군주였기에 그를 일본의 상징으로 자리 매겨도 부족함이 없다는 논리가 전후 일본을 지배해왔고, 알듯 모를 듯한 '국민의 총의'를 앞세워 천황은 역사의 어두운 '실체'에서 전후의 화려한 '상징'으로 다시 등극하게 된 셈이었다.

그럼에도 어두운 '실체'가 화려한 '상징'으로 재현되는 과정은 여전히 이해하기 어렵다. 그 과정이 논리적으로 설득력을 가지려면 몇 가지 단계적 계기가 전제되어야 마땅하다. 예컨대 천황이 그토록 원치 않았던 전쟁에 뛰어들었다면, 그래서 더 이상 국민이 고통 받는 것을 참을 수 없어 스스로 영단을 내려 종전을 이끌어낸 것이라면 먼저 전쟁으로 치달아가는 것을 방치한 잘못을 국민 앞에 시인했어야 한다. 그리고 그 다음 순서는 자신의 잘못에 책임을 지는 단계일 것이다. 천황이 '실체'에서 '상징'으로 물러나게 된 이유가 일본 국민에 대한 천황의 개전 방치 책임에 입각한 것이었다면, '실체'를 '상징'으로 풀어내는 기묘한 해법이 그나마 이해될 수도 있겠다.

그러나 패전 이후 지금까지 천황은 그 어떤 자리에서도 자신의 잘못을 시인한 적이 없다. 잘못을 시인한 적이 없었기 때문에 책임 운운하면서 '상징'으로 물러앉았을 것이라는 구도 또한 처음부터 성립되지 않는다. 더구나 전후 천황의 전쟁책임이 엄연하게 거론되고 있는 상황에서 일본의 '상징'이라든가 '평화의 사도'라든가 천황에 대한 그 어떠한 화려한 수사修辭도 전전 천황·천황제의 어두운 과거를 지워버릴 수 있는 것은 아니다.

어두운 역사의 '실체'가 화려한 '상징'으로

상징천황제가 등장하게 된 배경에는 우선 연합국, 특히 미국 내의 사정이 있었다. 1940년대 초 패전을 앞둔 일본을 바라보는 연합국의 관심은 일본의 전후처리, 특히 천황제에 대한 처리 문제가 초점이었다. 연합국 내부에서도 노골적으로 정부 차원에서 천황제 폐지를 주장하는 나라가 있는가 하면 정부의 공식 입장을 분명하게 밝히지 않은 연합국 중에서도 천황제 폐지를 둘러싼 강경·온건론이 들끓었다.

강경론은 오랫동안 일본의 침략에 고통을 받아왔던 당시 중국의 국민당 정부가 앞장섰다. 예를 들어 중국의 국부인 손문係文의 장남 손과係科는 '천황은 없어져야 한다'고 국제사회에 호소했다.[4] 또 미국의 극동문제 전문가 오웬 라티모어Owen Lattimore 존스 홉킨스대 교수는 "일본이 영국의 왕제와 같은 '민주적 군주제'를 만들어낼 수 있을 것이라는 생각은 잘못"이라며 천황제의 제도적 폐기를 주장했다.[5]

이 뿐 아니라 영국, 호주에서도 천황제 폐지를 요구하는 대중의 목소리가 적지 않았다. 2차 대전 중 영국의 관심은 유럽에 쏠려 있었기 때문에

• • •

[4] 당시 중화민국 입법원장을 맡고 있던 손과는 미국의 잡지 'Foreign Affairs'에 발표한 논문(Sun Fo, "The Mikado must go", Vol. 23, October, 1944, 17~25쪽)에서 "일본의 천황숭배 사상이 침략행동의 진수이기 때문에 미카도(Mikado·천황)는 마땅히 없어져야 한다"고 주장하고 천황제폐지론을 역설했다. 아울러 손과는 천황제를 폐지해야 할 이유로 천황제의 존속은 중국의 일본에 대한 불신과 위협론을 부추겨 결과적으로 중국의 대항체계를 강화시킬 수밖에 없을 것이라는 점도 거론했다. 이는 오늘날 중·일 양국 사이에 중국위협론과 일본위협론이 서로 대립하고 있는 현실을 마치 예고한 것처럼 읽힌다.

[5] Owen Lattimore, *Solution in Asia, an Atlantic Monthly Press Book*, Boston, 1945, 187~188쪽. 라티모어의 저서는 저자가 1944년 이후 미국 각지에서 강연한 내용을 바탕으로 당시 미 국무성을 중심으로 거론되기 시작하던 일본 점령 후 '천황활용론'(일본점령정책 수행과정에서 천황의 영향력을 이용하자는 주장)을 강하게 비판한 것이다.

일본의 전후 처리문제에 대해서는 상대적으로 소홀한 편이었다. 그렇지만 유럽 전선에서 독일의 항복이 현실로 다가오기 시작한 1945년 초부터는 (독일은 그해 5월 7일 연합군에 무조건 항복) 일본의 전후 처리에 관심이 모아지기 시작했다. 영국의 「타임즈The Times」는 그해 1월 12일자 "전후 일본 처리"란 제목의 기사에서 '천황제 폐지'를 첫 번째 조건으로 주장한다.6 타임즈를 비롯한 영국의 주요 언론들은 천황제 폐지의 이유로 "천황의 신비적 권위에 입각한 통치"(「타임즈」 1945년 8월 11일자)가 문제라고 밝히고, 천황제 폐지는 일본에 대한 징벌적 성격이 아니며, 천황제의 존속은 오히려 일본의 건전한 발전과 국제적인 안전보장에 도움이 안 된다고 강조했다(「타임즈」 1946년 1월 2일자).7

　　호주에서도 여론은 천황제 폐지론이 주류를 이뤘다. 여기에는 일본 태생으로 식민지 조선에서 30년 동안(1911~1941년) 의료선교사로 활약했던 찰스 맥라렌(Charles MacLaren, 한국명 마최수)의 현장 체험이 큰 영향을 미쳤다.8 맥라렌은 선교사 시절 일제의 신사참배 강요에 끝까지 저항했다는 이유로 진주만 공격 직후 특별고등경찰에 체포되어 70일간 옥살이를 당한 끝에 조선에서 추방되었다. 누구보다도 그는 일본제국주의 실체를 잘 알고 있었다. 이후 호주로 돌아온 맥라렌은 일본의 패전이 가까워지면서 각지에서 일본에 대한 강연을 요청받고 "'침략'을 행해온 일본인들의 정신적 병력은 천황제에서 비롯되었다"고 지적하고 천황제 폐지를 주장했다. 맥라렌의 일본론은 일본군과 태평양 전선에서 맞대응해야 했던 호주 국민들의 열띤

• • •

6 다케다 기요코(武田清子, 1917~2007)의 『천황관의 상극: 1945년 전후(天皇観の相剋: 1945年前後)』, 岩波書店, 1978에서 재인용(44쪽). 「타임즈」는 그 외에도 일본 군벌과 재벌 해체, 메이지 헌법(일본제국헌법) 혁파, 일본의 식민지 반환 등이 강조되었다. 다케다 교수는 타임지 외에도 「일간 익스프레스」「글래스고 해럴드」 등 영국의 주요 신문들의 논조도 「타임즈」와 크게 다르지 않았다고 소개한다(45쪽).
7 武田清子의 앞 책(61쪽)에서 재인용.
8 앞 책, 112~119쪽.

지지를 받았다.

한편 미국 국무성 내에서는 온건론과 강경론이 엇갈리고 있었다. 이른 바 친중국파 그룹과 친일본파 혹은 지일파 그룹의 대립이다. 친중국파는 대체로 라티모어 교수와 의견을 같이 했고, 친일본파 그룹은 일본 주재 미국대사를 역임했던 조셉 그루Joseph C. Grew 등을 중심으로 천황제 존속론을 폈다.[9]

중국 연구 그룹은 천황제 폐지를, 일본 연구자 및 일본 주재 외교관 출신들은 천황제 존속론을 각각 주장했다는 점이 주목되는 부분이다. 그럼에도 이 두 그룹이 인식하는 천황의 위상과 역할은 크게 다르지 않다. 두 그룹은 천황·천황제가 침략전쟁의 주축이었고, 군부를 포함한 전 일본 사회에서 '여왕벌'과 같은 실체로 기능했다고 보았다. 그러나 문제를 풀어가는 방법은 전혀 달랐다.

결국 미국의 선택은 천황제 존속론을 주장하는 친일본파 그룹의 현실론, 실용론으로 기울어갔다. 그 대표적인 것은 미국의 천황 활용론이다. 분명 잘못된 현실이지만 지금까지 천황을 의지하고 살아왔던 일본 국민이 만에 하나 천황제 폐지에 강하게 반발한다면 전후 일본의 민주주의적 변화를 유도하려는 연합국의 목표는 벽에 부딪힐 수밖에 없을 것이기 때문에 천황제는 폐지할 수 없다는 주장도 세를 얻기 시작했다. 미국은 민주주의화라는 전후 일본의 변화를 천황의 퇴위로서가 아니라 천황·천황제가 국민에 대한 영향력을 발휘해 이뤄낼 것을 요구한 셈이었다. 만약 이러한 변화에

• • •

9 그루 전 주일미국대사는, 미 상원외교위원회 진술에서 패전 후 인구 7000만 명이나 되는 일본을 연합군이 안정적으로 점령통치하기란 너무나도 무거운 짐이 될 것이기 때문에 실질적으로 '여왕벌'체제와 같은 천황제를 보전해서 이를 이용하면 일본 사회의 통일과 안정을 유지할 수 있을 것이라는 '천황제 유지론'을 폈다. 그는 천황으로부터 군국주의자들을 떼어내면 천황을 중심으로 하는 일본식 민주주의가 가능할 것이라고 보았다. 그루는 1944년 12월 5일 국무차관으로 승진해 사실상 자신의 대일본정책을 관철시켰다고 볼 수 있다. 앞 책, 23~24쪽.

역행하는 흐름이 나중에 발생한다고 해도 일본에 뿌리내리게 될 전후 민주
주의가 천황의 신화적 지배를 더 이상은 받아들이지 않을 것이라는 낙관적
인 예상도 있었다.10

　이러한 미국 정부의 현실적 인식에 대해 중국을 제외한 각 연합국 정부
들도 슬그머니 동조하는 쪽으로 의견이 모아지고 있었다. 강경론을 주장
해왔던 중국은 이미 내전상태에 이른 국내 문제에 발목이 잡혀 국제적인
영향력이 급속히 사라지고 있었으며 유럽의 연합국들 역시 자국의 전후 문
제가 최우선 과제였다. 각 연합국 정부는 일반 대중들의 대일본 강경론을
따르기보다 전후 자국의 재건을 먼저 고려하지 않을 수 없었다. 이러한 상황
에서 일본에 대한 미국의 입김은 곧 연합국 전체의 의견으로 자리 잡을 수밖
에 없었다. 최근 한 연구결과에 따르면 도쿄재판(극동국제군사재판, 1946~1948)에
서 천황 폐위, 천황의 전쟁책임론을 주장한 것으로 알려진 호주의 윌리엄
웹William Webb 재판장조차도 겉으로는 강경론을 편 것처럼 보이지만 실제로
는 미국의 기본입장에 동조한 것으로 나타나고 있다.11

　공은 일본으로 넘어갔다. 미국의 일본에 대한 전후 처리 입장이 천황에
게 전쟁책임을 묻지 않는다는 사실은 패전국 일본으로서는 대단히 만족할

• • •

10 다케다 교수가, 당시 미 국무성 대일정책에 깊이 개입했고 전후 주일 미국대사를 역임했던
에드윈 라이샤워(Edwin O. Reischauer)와 인터뷰를 통해 확인한 내용이다. 앞 책, 35쪽.
11 日暮吉延, 『東京裁判』, 講談社現代親書, 2008, 267~268쪽. 히구라시 요시노부(日暮吉延)는
웹 재판장이 개인적인 의견임을 앞세워 천황책임론을 거론했던 본래의 취지는 재판결과에 대한
호주 국민의 반발을 무마시키기 위한 의도가 있었던 것으로 평가하고 있다.
도쿄재판은 연합국이 전쟁범죄인으로서 지정한 일본 지도자 등을 판결한 1심제 재판이다. 미국,
영국, 프랑스, 중화민국, 소련, 캐나다, 화란, 인도, 호주, 뉴질랜드, 필리핀 등 전승국에서 각각
1명씩 판사와 검사가 참여했다. 그러나 도쿄재판은 재판에 참여한 연합국들 안에서부터 논란이
적지 않았다. 프랑스와 네덜란드는 재판 결과가 미흡하다며 부분적으로 반대 의견서를 제출했을
정도였다. 무엇보다 당사자인 일본은 1952년 중의원 본회의에서 '전쟁범죄에 의한 수형자의
석방 등에 대한 결의'를 통과시켜 사실상 도쿄재판을 뒤집어 버렸다.

만한 현실이었다. 국체(천황·천황제) 보전을 위해 패색이 짙은 전쟁을 질질 끌고 수많은 희생을 자초하면서까지 항복을 미뤄온 그들에게는 무엇에도 비길 수 없는 안도감이었을 터이다.

그러나 패전 직후 천황이 처한 현실은 천황 측근들이 안도감을 느낄 만큼 녹록한 것은 아니었다. 미국 정부가 1945년 8월 20일 맥아더 연합군총사령관에 보낸 '일본에 대한 미국의 점령정책'[12] 중 천황·천황제에 관한 내용은 점령정책 수행을 위한 천황의 기능에 초점을 뒀을 뿐 천황의 존립에는 그다지 관심이 없었다. 점령정책의 취지는 ① 천황 및 일본 정부의 권위는 맥아더 총사령관에 종속된다, ② 총사령관은 천황을 포함한 일본 정부기관을 통해 점령목적(일본의 자유민주주의화)을 수행한다, ③ 만일 천황과 일본 정부가 점령목적에 반할 경우 천황을 포함한 일본 정부를 교체하거나 점령군이 직접 지배할 수도 있다. ④ 일본 국민이 주체적으로 과거의 봉건적이고 권위주의적 지배구조를 청산하겠다고 나서더라도 총사령관은 점령목적이 달성될 수 있다고 판단되면 개입하지 않는다는 것으로 요약된다.

물론 미국이 일본 점령정책을 직접 펴겠다는 것은 인력과 비용을 감안할 때 하나의 가능성을 제시하는 것에 불과했다. 분명한 것은 미국의 의도가 천황·천황제를 이용해 점령정책의 목적을 달성하겠다는 것이며 천황제의 제도적 온존에 초점을 둔 것은 아니라는 사실이었다.

하지만 점령 하의 일본 정부는 이를 천황제의 보전으로 판단했다. 말하자면 미국식 실용주의와 일본식 형식주의의 차이라고 할 수 있겠다. 그

● ● ●

12 미국의 대일점령정책의 기본방향은 이미 1944년 5월 국무성 내의 '전후정책위원회(PWC)'가 초안을 마련해, 그해 12월 조직된 '국무성, 육·해군성 협력위원회(SWNCC)'를 통해 결정되었다. 맥아더에게 보내진 전문은 SWNCC의 권고안으로 그해 9월 트루먼 대통령에 의해 최종 승인되었다. 武田淸子의 앞 책, 235~239쪽.

와중에 일본 정부는 천황의 위상을 과거의 군국주의 대일본제국의 총수에서 전후 자유민주주의를 앞장서 도모하는 인물로 바꿔치기하는 데 성공했다. 이른바 상징천황제의 탄생이다.

일본국헌법의 탄생: 실용주의와 형식주의의 와중에서

일본의 패전과 전후처리를 둘러싼 미·일 양국의 인식 차이는 일본제국헌법(메이지헌법) 개정 과정에서 분명하게 드러난다. 당시 일본 정부를 비롯한 지배층은 일본의 패전이 포츠담선언(1945)[13]의 전면 수용을 의미하는 것이기 때문에 일본제국헌법의 개정은 불가피한 것으로 이해했다. 포츠담선언이 주창하는 패전 후 일본의 자유민주주의화는 신권神權주의에 바탕을 두고 천황제 절대국가를 강조했던 메이지헌법과 공존할 수 없는 것이기 때문이다. 다만 그들은 당장 전후 복구, 민생 문제 해결을 중시해 헌법 개정은 긴급 현안으로 판단하지 않았다.

그런데 점령군 총사령관 맥아더는 1945년 10월 4일 일본의 전후 과도내각 국무대신 고노에 후미마로近衛文麿에게 헌법 개정을 시사[14]함으로써

- - -

13 1945년 7월 미국, 영국, 소련의 정상들은 베를린 교외의 포츠담에서 회담을 열고 전후처리를 협의하면서 일본에 항복할 기회를 주기 위한 '항복조건'을 결정했다. 이 내용은 중국 국민당정부의 동의를 얻어 그해 7월 26일 미·영·중 3국 정상의 이름으로 발표됐다. 바로 '포츠담선언'이다. 포츠담선언의 항복조건은 ① 군국주의 배제, ② 민주주의 강화를 위해 모든 장애를 제거할 것, ③ 언론·종교·사상의 자유와 기본적 인권을 확립할 것 등이다.
14 맥아더가 고노에에게 헌법 개정을 '요구'했었는지에 대해서는 분명하지 않다. 최근엔 통역 과정에 문제가 있었다는 주장(小川卓也,『일본국헌법의 알려지지 않은 진실[日本国憲法の知られざる真実]』, 産経新聞出版, 2006, 19~20쪽)도 있지만 GHQ는 점령 직후부터 헌법 개정을 일본 재건의 기본조건으로 상정하고 있었다(塩田純,『일본국헌법 탄생: 알려지지 않은 무대 뒤[日本国憲法誕生: 知られざる舞台裏]』, 2008, 8~12쪽)는 점을 감안할 때 '시사'라는 표현이 적당하다고 본다. 한편 이후 고노에는 전전 총리 시절에 전시체제를 구축한 혐의로 A급 전범으로서 도쿄재판에 회부될 예정이었으나 스가모(巣鴨) 구치소 출두 직전인 1945년 12월 16일 자살했다.

메이지헌법의 개정은 일본 정부의 당면 과제로 떠올랐다. 내각 안에 헌법조사위원회가 설치되고 1946년 1~2월 사이에 헌법조사위원회 마쓰모토 조지 松本烝治 위원장의 사안私案을 비롯해 헌법조사위원회가 마련한 두 개의 안 등이 골격을 드러냈다. 마쓰모토 위원장은 그 과정에서 천황의 지위 변동 없음, 의회 권한 확대로 천황대권 어느 정도 제한, 국무대신은 의회에 책임을 짐, 인민의 자유·권리 보장 확대 등 개정 4원칙을 밝혔다. 마침내 수렴된 일본 정부안('마쓰모토 시안')은 그해 2월 8일 GHQ에 제출되었다.[15]

그러나 일본 정부안은 GHQ의 기대에 미치지 못했다. 무엇보다도 천황의 지위 불변원칙에 입각한 일본 정부안은 실용주의에 입각한 천황의 영향력 이용이라는 미국의 전후처리 노선과 거리가 멀었다. 당시 중국과 소련은 말할 나위도 없고 미국·호주 등의 여론조차도 천황제 폐지를 지지하는 상황이었지만 미국 정부와 GHQ가 국내외의 여론을 뿌리치면서까지 천황·천황제를 이용하겠다는 입장이었음을 감안하면 일본 정부의 안은 안이하기 짝이 없는 수준이었다.

사실 원만한 전후처리를 위한 천황의 이용 가능성이 아무리 중요하더라도 침략전쟁을 수행했던 과거의 천황제를 그대로 온존시키는 것은 있을 수 없는 일이었다. 천황제에 대한 근본적인 변혁이 요청됨은 말할 나위도 없었다. 이에 맥아더는 헌법 개정 3원칙('맥아더 노트'[16])을 1946년 2월 3일

• • •

15 GHQ의 초안이 나오기 직전까지 일본 정부안을 포함해 민간에서 공표된 헌법 개정 초안은 총 18개나 되지만 그 중에서 구 일본제국헌법에서 규정하고 있는 천황 지위를 그대로 유지한다는 내용을 담은 것은 12개이다. 그 외에 헌법학자들을 중심으로 한 헌법연구회의 '헌법 초안강령'은 상징천황제 안을 담고 있다. 천황제 폐지를 주장하고 있는 것은 GHQ안이 나온 뒤 내놓은 일본공산당의 초안이 유일하다. 憲法調査会, 『일본국헌법 개정제안(日本国憲法改正諸案)』, 1959.
16 '맥아더 노트'는 다음과 같다. ① 천황은 원수(元首)의 지위를 유지하고 세습하되 천황의 직무와 권한은 헌법에 제시된 국민의 기본적 의사에 따른다, ② 전쟁을 포기하고 교전권(군대)을 인정하지 않는다, ③ 천황제를 지탱하는 봉건적 지배질서를 폐지(지주제와 고등경찰제 폐지,

GHQ 민정국에 전달하고 이에 입각한 헌법 개정 초안 작업을 지시했다.

오늘날 일본국헌법(평화헌법)의 개정을 주장하는 개정론자들 가운데는 개정의 당위성을 거론할 때 일본국헌법이 패전 직후 미국(연합국)에 의해 일방적으로 주어진 것이라는 점을 든다. 하지만 이는 사실과 다르다. 일본국헌법이 GHQ에 의해 주도된 것은 사실이나 그 배경에는 일본의 민주주의화를 축으로 한 점령정책의 방향성 위에서 독자적으로 신헌법을 만들어내는 데 당시의 일본 정부가 실패한 측면을 무시할 수 없다.

또한 개정론자들의 당위론에는 일본국헌법이 GHQ에 의해 급조된 것이기 때문에 당연히 개정되어야 한다는 주장도 포함되어 있다. 이 주장 역시 사실과 다르다. 당시 구 제국헌법의 폐기와 신헌법의 제정 필요성은 이미 일본 국내외에서 거론되고 있는 공공연한 의제였고 실제로 일본 정부를 비롯해 각 정당 단체들이 신헌법 시안을 마련하고 있었음을 고려할 때 GHQ 역시 이 문제에 관심을 쏟고 있었을 것이었기 때문이다. GHQ의 헌법 개정 방향은 헌법 개정 논의가 시작되던 시기에 이미 자리 잡고 있었고 GHQ 민정국은 당시 일본 사회에 거론되던 다양한 종류의 헌법 개정 초안을 분석, 평가하고 있었다. 민주주의화라는 대명제를 관철한다고 하는 신헌법의 방향이 이미 마련된 마당에 평화헌법 제정과정에 대해 급조 운운하는 것은 옳지 않다. 일본 정부의 시안이 점령정책의 큰 틀에서 벗어나 있었다는 점이 마이니치신문의 기사를 통해(스쿠프)로 확인되면서 결과적으로 GHQ가 일본국헌법 제정에 깊숙이 개입하게 된 것이었다.

• • •

국가와 신도의 분리 등)한다. 八木秀次, 『일본헌법이란 무엇인가(日本国憲法とは何か)』, PHP 新書, 2003, 163~165쪽. 이 책에서 야기 히데쓰구(八木秀次)는 맥아더의 의사가 당초엔 천황의 지위에 대해 일본 정부안과 크게 다르지 않았지만 일본 정부안의 일부가 마이니치신문에 특종 보도(2월 1일자)되고 GHQ의 온건노선에 대한 연합국의 불만 등을 고려해 자체적으로 헌법 개정 초안을 마련하는 쪽으로 바뀌었을 것이라고 주장한다(161~162쪽).

실제로 변호사 출신인 GHQ 민정국장 코트니 휘트니Courtney Whitney 준장은 맥아더의 지시를 받아 총 92개조의 헌법 초안('맥아더 초안')을 마련해 2월 13일 일본 정부에 제시했다. 일본국헌법의 실질적인 원안이 된 '맥아더 초안'은 짧은 기간 동안 그것도 전문 헌법학자도 없이 GHQ 민정국 직원 25명이 마련했다. 그러나 오늘날 일본국헌법 개정론자들이 당시의 이런 내용을 거론하며 평화헌법을 폄하하는 것은 당시 상황의 전체적인 전후관계를 배제한 채 한 단면만을 들어 사실을 호도하는 주장에 불과하다.

'맥아더 초안'에 대해 일본 정부는 재고를 요청했으나 받아들여지지 않았다. 맥아더는 양보할 수 없었다. 점령정책의 필요성 차원에서 미국 내 여론에 역행하면서까지 천황제 온존을 용인했던 맥아더는 한편으로는 여론 무마 차원에서 일본의 전쟁 포기, 교전권 인정불가 등을 함께 담은 '맥아더 초안'을 되돌릴 수는 없었을 것이기 때문이다(읽을거리 2 참조). 결국 일본 정부는 원안대로 수용하고 그해 4월 17일 '헌법 개정 초안'을 발표했다. 반면 그 과정에서 일본 정부는 전쟁 포기, 교전권 인정 불가안까지 용인하면서까지 형식적이나마 천황의 지위 온존에 큰 의미를 부여하기 시작했다.[17]

이후 '헌법 개정 초안'은 개정 국회의 심의를 거쳐 11월 3일 일본국헌법은 공포되었고 그 이듬해 5월 3일 시행되었다. 다만 일본이 연합국군의 점령 치하에서 벗어난 것은 샌프란시스코 평화조약이 발효되기 시작한 1952년 4월 28일부터이기 때문에 일본국헌법의 실질적인 효력은 헌법 시행 이후로 몇 년을 더 기다려야 했다.

• • •

17 와타나베 오사무(渡辺治)는 맥아더가 점령정책의 성공을 위해 천황을 이용한 것과 마찬가지로 전후 보수세력 내에서는 천황을 국민통합에 이용해 왔다고 지적한다. 渡辺治, 「전후국민통합의 변용과 상징천황제(戰後国民統合の変容と象徴天皇制)」, 『일본사강좌10: 전후일본론(日本史講座10: 戰後日本論)』, 歷史学研究会・日本史研究会編, 東京大学出版会, 2005, 2쪽.

미국의 실용주의와 일본의 형식주의 사이에서 일본국헌법은 탄생했다. 그러나 일본의 자유민주주의화를 목표로 삼았던 미국의 실용주의는 천황제의 온존에 무게 중심을 두는 일본 보수지배계층의 형식주의를 용인하는 결과를 낳았다.[18] 이는 결과적으로 전후 일본의 자유민주주의가 천황이라는 혹을 달아맨 채 움직이는 기묘한 모습을 취할 수밖에 없게 되었으며 이 책 3장 이하에서 제기하는 일본 사회의 여러 모순적인 현실을 잉태하는 근거가 되었다.

이 뿐 아니라 미국의 실용주의 현실론은 일본의 평화헌법 탄생을 유도한 지 얼마 되지 않아 한계를 드러낸다. 소련의 원폭보유 선언(1949년 9월), 중화인민공화국의 탄생(10월) 등 냉전체제의 심화와 더불어 GHQ는 1948년부터 내부적으로 일본의 재무장을 적극적으로 고려하기 시작했다. 맥아더는 1950년과 1951년의 연두성명에서 각각 "일본국헌법의 전쟁포기 의미는 자위적인 전쟁마저 금하는 것이 아니다" "국제연합UN의 원칙 안에서 자유를 존중하는 국가들과 협력하는 것은 일본 헌법의 전쟁포기선언을 훼손하지 않는다"고 주장했다.[19] 1953년 11월 당시 미국의 리처드 닉슨 부통령은 방일 중 행한 강연에서 미국이 전쟁포기선언을 담은 일본헌법을 만들도록 한 것은 잘못이었다고 밝히고 일본의 방위력 증강을 공식 요청했다. 미국

• • •

18 천황의 지위가 메이지헌법과 신헌법 사이에 큰 차이가 있음에도 형식적으로는 천황·천황제가 유지된다는 뜻에서 '형식주의'로 표현했다. 형식주의의 배경에는 패전에도 불구하고 일본의 국체(천황·천황제)는 본질적으로 바뀌지 않음을 강조하려는 의도가 작용한 것으로 볼 수 있다(橫田耕一, 『헌법과 천황제(憲法と天皇制)』, 岩波書店, 1990, 4~5쪽). 천황을 앞세운 일본 보수세력의 형식주의는 앞의 와타나베 교수가 지적하는 것처럼 전후 지배질서를 이루는 중요한 축이 되었다.
19 일본공산당을 비롯해 일본의 다양한 시민운동 그룹들은 전후 끊임없이 자위대의 위헌성을 제기해왔다. 그러나 그때마다 자민당을 비롯한 일본의 보수 세력들은 자위대가 헌법 해석상으로 별 문제가 없다고 묵살했다. 이른바 '해석개헌' 주장이다. 이렇게 보면 해석개헌의 논지를 처음으로 펴기 시작한 것은 다름 아닌 맥아더였다. 今井一, 『「헌법9조」 국민투표(「憲法9条」国民投票)』, 集英社新書, 2003, 81~87쪽.

■ 읽을거리 2: 일본국 헌법

"라스트 사무라이"는 썩 개운치 않은 영화다. 일본의 무사도를 지나치게 미화한 듯한 느낌이다.

메이지유신(1868) 직후 미국 남북전쟁의 전사 네이선 알그렌 대위는 일본 신식 군대의 교관으로 부임했으나 뜻하지 않게 사무라이 집단의 포로가 된다. 이후 그가 점차 사무라이들의 보수적 신념에 동화되면서 영화는 본격적으로 사무라이 찬양에 열을 올린다.

이 영화를 위해 에드워드 즈윅 감독과 알그렌 역의 톰 크루즈는 니토베 이나조 도쿄제국대학 교수가 일본 정신을 서구에 알릴 목적으로 1900년 영문으로 출판한 "무사도(Bushido: The Soul of Japan)"를 탐독했노라고 2003년 일본의 시사회장에서 밝혔다. 할리우드 영화가 일본의 전통문화를 상품화한 격이다.

제7기병대 소속의 알그렌은 과거의 인디언 학살 경험 때문에 내내 괴로워한다. 과거 그는 근대의 이름으로 인디언을 학살하는 편에 섰다가 이제는 문명개화 때문에 밀려나는 사무라이의 전통을 옹호하는 편에 선다. 영화는 이를 그가 무사도를 익히면서 내상을 치유 받은 덕분이라고 엮어간다.

이를 두고 일본의 인류학자 나카자와 신이치(中沢新一)는『헌법 9조를 세계유산으로』(2006)라는 책에서 알그렌의 고민을 일본국헌법(평화헌법) 탄생에 비유한다. 미국이 전쟁포기·비무장(평화헌법 9조)이란 이상향을 일본에 떠안긴 것처럼 알그렌은 사무라이를 미화함으로써 학살의 책임에서 벗어나려 했다는 주장이다.

오랜 전쟁 끝에 원폭까지 터뜨렸던 미국은 누구도 따르기 어려운 이상향을 일본을 통해 실현해보고자 했다. 실제로 미국은 한국전쟁이 벌어지자마자 일본 재무장을 위해 평화헌법 개정을 요청했다. 그렇지만 일본 국민은 지금까지 평화헌법을 지켜냈다.

평화헌법은 군사대국 일본의 등장으로 상당히 빛이 바랜 것도 사실이다. 최근 일본 정부는 헌법 개정을 기정사실로 접근하고 있어 평화헌법이 매우 위태롭게 됐다.

그러나 평화헌법을 지키자는 주장도 거세다. 나카자와 교수는, 평화헌법은 인류의 이상향적 의미를 담고 있기 때문에 세계유산으로 남겨야 한다고 역설한다. 존 다워 MIT대 교수는 "일본이 인접 국가들에 사과하기를 주저하는 건 문제지만 사실 가장 확실한 사과는 두 번 다시 전쟁을 하지 않겠다는 헌법 9조 정신"(존 융커만 감독의 다큐멘터리 영화 '일본국헌법')이라고 주장한다. 지난 3일은(2007년 5월 3일) 평화헌법 제정 60주년이었다.

('한마당' 2007년 5월 9일자)

정부는 이때부터 아예 노골적으로 헌법 9조 개정을 요구했다.

　미국의 실용주의 노선에 입각한 일본의 전후처리가 천황·천황제를 상징이라는 애매한 표현을 앞세워 온존시켰고, 나아가 미국은 일본국헌법이 제자리를 찾기도 전에 다시금 현실론에 입각해 평화헌법(일본국헌법)의 금과옥조라고 할 수 있는 '9조'를 무의미한 것으로 왜곡시키는 데 열중했다. 그 과정에서 일본 보수 세력은 천황을 평화의 화신으로 변신시키는 데 성공했고 다른 한편에서는 군비증강에 몰두하게 되었다.

　이야말로 평화헌법의 아이러니가 아닐 수 없다. 미국이 그 이후의 여파에 대해 의도했든 의도하지 않았든 전전의 천황·천황제는 면죄부를 얻어 일본 사회에 뿌리내리고 오늘에 이르렀다. 전전 메이지헌법 체계의 천황의 위상과 전후 평화헌법에 입각한 상징천황의 위상은 분명 다른 것이었지만 일본인들에게는 이 둘이 연속선상에 있는 것으로 인식하게 된 것도 바로 그 때문이다.

　예컨대 1989년 1월 히로히토가 병사하자 일본 주요 신문들은 호외를 발행하고 '재위 기간(1926~1989)은 62년에 이르렀다'고 썼다. 분명히 전전과 전후의 천황 위상은 전혀 다른 것이었음에도 그들은 천황의 존재를 단절성보다는 연속성으로 인정했다. 그 빌미를 제공한 것이 미국이었음은 말할 나위도 없고 작은 빌미를 교묘하게 이용하고 키워온 것은 일본의 보수 지배세력이었다. 일본의 전후처리는 아직 끝나지 않았다.

3장
천황제, 역사 왜곡의 뿌리

소설 같은 고대 천황제의 역사

나관중이 쓴『삼국지연의』는 기발한 이야기를 참 많이 담고 있다. 그 중에서도 적벽대전 대목은 손에 땀을 쥐게 하는 재미를 준다. 적벽대전은 조조의 위魏, 손권의 오吳, 유비의 촉蜀이 중원을 삼분하는 데 결정적으로 기여한 전투였다. 양쯔강 연안의 후베이성湖北省 적벽이란 곳에서 벌어진 이 전투에서 군세가 유리했던 조조군이 오와 촉의 연합군에 패하면서 오와 촉은 위와 더불어 후한後漢 시대를 이어가는 삼국 정립시대의 주인공으로 부상할 수 있었기 때문이다.

열세에 처했던 오나라의 해군제독 주유는 노장 황개와 지혜를 짜낸다. 전략회의에서 조조에 항복을 권하는 황개에게 주유는 노발대발하면서 공개적으로 곤장형을 명했다. 살갗이 터지는 체형을 견뎌낸 황개는 심복을 시켜 조조에 항복의사를 밝히고, 이미 첩자의 보고를 통해 사태를 파악하고 있던 조조는 조금도 의심하지 않고 황개를 받아들인다. 스스로의 몸에 고통을 지우면서까지 감당했던 황개의 고육지책苦肉之策과 사항계詐降計(가짜 항복

계책)의 효과는 나중에 황개가 귀순을 가장한 채 인화물질을 가득 싣고 조조 군의 선단에 진입해 화공火攻을 펼치면서 나타났다. 바로 적벽대전의 클라이맥스다. 조조의 대함대는 속수무책으로 타오르고 전세는 극적으로 반전되었다. 적을 속이자면 먼저 우리 편부터 속여야 한다는 적벽대전 '고육지책'의 전말이다.

삼국지연의는 물론 소설이다. 따라서 위·오·촉의 삼국시대를 배경으로 할 뿐 이야기의 전개는 역사적 사실과 상당히 다르다. 예를 들어 적벽대전은 208년에 벌어진 전투이며 오와 촉이 연합해 위를 무찔렀던 것까지는 사실이지만 황개의 고육지책이니, 사항계이니, 화공이니 하는 것은 알 길이 없다.1 모두가 희대의 이야기꾼 나관중이 상상력으로 만들어낸 에피소드들이기 때문이다.

고대 천황제의 역사를 보자면 마치 나관중의 소설을 읽는 것 같은 느낌을 지우기 어렵다. 현재 천황인 아키히토明仁에 대해 일본 궁내청은 제125대 천황이라고 밝힌다.2 제1대 진무神武 천황의 재위 BC 660~585년 이후 끊이지 않고 천황이 일본을 통치해왔다는 주장이다. 천황가가 무려 2600여 년에 걸쳐 일본열도를 지배해왔다는 것인데 그야말로 소설의 세계나 다를 바 없다. 그런데 이것이 일본 정부의 공식 입장이라는 사실에 더 놀라지 않을 수 없다.

BC 7세기 천황의 존재는 세계 최초로 '황제'란 호칭을 쓴 것으로 알려진 중국 진시황秦始皇의 재위(BC 259~210)보다 400년이나 앞선 것이라는 점에서 신빙성을 논하는 것 자체가 무의미하다. 천황제가 거론될 때마다 수식어로 따라붙는 '만세일계萬世一系'의 출발이 바로 이런 지경이라면 '만세일계' 운

• • •

1 김운회, 『삼국지 바로 읽기』(삼인, 2004) 제2권 중 "적벽대전, 허와 실" 참조.
2 1989년 1월 7일 히로히토 쇼와 천황이 병사하자 일본의 주요 신문들은 그 날 발행한 호외와 석간에서 "아키히토 천황이 궁내청 기록에 의해 제125대 천황이 된다"고 밝혔다.

운하는 데에는 뭔가 별도의 의도가 있었던 것으로밖에 볼 수 없다. 천황의 정통성과 유구한 역사성을 강조하기 위한 것이었음은 말할 나위도 없다.

일본 사학계에서조차 천황의 만세일계에 대한 비판이 나올 정도였다. 무엇보다 전전의 일본 상고사 연구자 쓰다 소키치津田左右吉(1873-1961) 교수의 주장을 빼놓을 수 없다. 쓰다는 '기키記紀(고사기와 일본서기)'의 기록에 등장하는 일부 천황에 대해 역사적인 사실이 아니며 일본 통치에 정통성을 부여하기 위한 의도로 편찬된 '만들어진 이야기(作爲說)'라는 주장을 폈다. 당시 그의 주장은 천손天孫에 의한 일본의 통치가 만세전부터 지금까지 이어지고 있다는 이른바 '천황제 절대국가'의 근원을 뿌리째 흔드는 것이었다. 결국 1940년 그의 저서 대부분은 판매금지처분을 받았고, 같은 해 쓰다는 그의 저서의 출판을 맡았던 이와나미서점의 이와나미 시게오岩波茂雄 사장과 함께 출판법 위반으로 기소되어 1942년 금고 3월, 집행유예 2년의 실형을 선고받았다.[3]

패전 후 일본 사학계가 어용학문의 틀을 벗고 체제 이데올로기로부터 비교적 자유로워지면서 만세일계의 허구성을 비판하는 연구가 본격적으로 나오기 시작했다. 가장 먼저 등장한 것이 에가미 나미오江上波夫(1906~2002) 전 도쿄대 교수의 '기마민족설'[4]이다. 에가미는 일본 고대의 통일국가는

• • •

3 판매금지처분을 받은 것은 『고사기 및 일본서기 연구(古事記及び日本書紀の研究)』(1924), 『신대사 연구(神代史の研究)』(1924), 『일본상대사연구(日本上代史研究)』(1930), 『상대일본의 사회과 사상(上代日本の社会と思想)』(1933) 등 4권이며 모두 이와나미서점에서 간행되었다. 쓰다는 기소되자 재직하던 와세다대학에서 물러났다. 그의 주장은 특별히 천황제 반대이데올로기를 근거로 한 것이라기보다 '사료비판(문헌비판)'이란 실증주의사관에 입각한 내용이었다. 전후 쓰다는 천황제를 옹호하는 논문을 발표하면서 천황제 자체를 반대하는 것이 아님을 다시금 천명했다(「建国の事情と万世一系の思想」, 『思想』, 1946년 4月号). 그러나 쓰다의 주장은 당시(고대국가 성립기의 7세기와 메이지유신 이후 천황제 절대국가시기) 통치체계상 천황의 만세일계론이 재구성되고 다시 거듭 강조된 것을 밝히는 데는 부족함이 없다고 본다. 家永三郎, 『쓰다 소키치의 사상사적 연구(津田左右吉の思想史的研究)』, 岩波書店, 1988 참조.

한반도 남쪽에서 건너간 기마민족이 규슈에 상륙해서 자리를 잡은 것이며 일본서기에서 주장하는 제1대 진무神武 천황부터 제9대 가이카開化 천황은 조작된 계보에 불과하다는 설을 폈다.

이어 미즈노 유水野祐(1978~2000, 전 와세다대학 교수)는 한 발 더 나아가 '왕조교체설'[5]을 주장했다. 미즈노는 1~27대 천황의 혈통적 연속성을 부정하고 이 시기를 굳이 따진다면 혈통상으로 고·중·신 3왕조로 구분된다고 주장했다. 또 그는 만세일계의 근거가 되는 천황가의 혈통적 연속성도 제27대 게이타이繼体(일본서기 기록으로는 507년 즉위) 천황 이후에야 비로소 나타난다고 봤다. 특히 그는 1~27대 천황 중 17명의 천황은 가공의 인물에 불과하다고 강조했다.

에가미의 '기마민족설'이나 미즈노의 '왕조교체설'은 일종의 가설이기 때문에 진위를 둘러싸고 연구자들 사이에 논쟁이 끊이지 않았다. 그럼에도 이들의 연구는 일본서기에 기록된 기원전 시기의 천황의 계보가 위작임을 드러내는 데 적지 않은 기여를 했다. 오늘날 일본 역사학계가 만세일계 문제에 대해 "720년 '왕명에 의해 편찬(또는 칙찬勅撰l)'된 일본서기에 담겨 있는 신화와 전설을 있는 그대로 신뢰한다면"이라는 단서조항을 붙여서 부분적으로 수용하는 태도를 보이게 된 데는 이들이 주장했던 연구 가설이 어느 정도 결실을 보고 있다고 볼 수 있겠다. 이로써 이후 일본서기는 역사연구 대상보다는 그 속에 담겨 있는 신화와 전설에 대한 민속학적 관심영역으로 급속하게 부상하게 되었다.

그러나 에가미, 미즈노 등의 주장은 7세기 이전 천황의 지배에 의한 왕조 성립을 전제로 한다는 점에 한계가 있다. 이들은 천황의 계보 자체를 일부 위작이라고 보면서도 비판의 대상인 천황계보를 그대로 이용하고

• • •

4 江上波夫, 『기마민족국가(騎馬民族国家)』, 中公新書, 1948.
5 水野祐, 『일본고대왕조사론서설(日本古代王朝史論序説)』, 小宮山書店, 1952.

있다. '일본'이란 나라이름國號과 '천황'이란 명칭이 쓰이기 시작한 것은 대체로 7세기 말6이라는 점을 감안할 때 나라이름 '일본'과 왕명 '천황'이 역사적으로 존재하지도 않았던 시기에 왕조가 혈통계보를 유지하고 있었다는 것은 이해할 수 없기 때문이다.

더구나 그들의 주장은 신화·전설에 입각한 만세일계론을 왕조교체론에 초점을 맞춰 비판함으로써 만세일계의 허구를 밝히는 데는 일단 성공했으나 왕조교체 시기를 기원전까지 끌어올림으로써 결과적으로 기원전부터 일본열도에 통일 왕조가 뿌리내리고 있음을 강조한 격이 되고 말았다. 이러한 문제를 극복하기 위해서는 '일본'과 '천황'이 처음으로 역사에 등장하기 시작한 시점에 초점을 맞추어 고사기(712), 일본서기(720)의 편찬의도를 다시 살펴볼 필요가 있다.

고사기와 일본서기의 작위성作爲性에 대한 의심은 크게 세 가지이다. 즉 일본열도를 통일적으로 지배하는 왕조의 출발지점을 기원전 7세기 정도 아주 오랜 고대에 둔다는 점, 이후 왕가의 혈통적 계보가 면면히 이어져왔다는 점, 왕가의 혈통은 천손天孫이며 이는 중국의 천명天命(하늘의 뜻)에 입각한 지배 권력의 탄생이 일본에서도 벌어졌다는 점 등이다. 말하자면 역사서라는 이름을 앞세워 당시 일본열도를 통일적으로 지배하고 있는 왕권의 위엄과 권위를 강조하면서 지배의 정통성을 내세우기 위한 작업이 벌어진 셈이다.

• • •

6 아미노 요시히코(網野善彦, 1928~2004)는 다소 이론이 있음을 전제하면서도 대부분의 고대사 연구자들이 681년 덴무(天武)천황 재위 때 편찬이 시작되어 지토(持統)천황 때인 689년에 시행된 법전 아스카키요미하라(飛鳥淨御原)율령에서 '천황' 칭호와 함께 '일본'이라는 국호가 공식적으로 정해졌음을 인정한다고 소개한다. 아미노 요시히코 지음, 박훈 옮김, 『일본이란 무엇인가』, 창작과 비평사, 2003, 91쪽(원서는 網野善彦, 『日本とは何か』, 講談社, 2000, 88쪽).
일부 연구자들 가운데는 8세기 초까지도 일본 열도에서는 나라(奈良) 주변의 야마토(大和)와 규슈(九州)왕조가 서로 경합을 벌이고 있었다는 주장을 펴기도 한다. 古田武彦, 『도둑맞은 신화(盜まれた神話)』, 角川文庫, 1984.

[자료 4] 중국의 중화주의와 일본판 중화주의

여기까지는 과거 왕조시대의 어느 나라를 불문하고 왕조 설립 초기에 왕조 탄생 설화를 미화해 해당 왕조 지배의 정당성을 내외에 과시하는 행태와 크게 다르지 않다. 특히 7세기 말 동아시아의 정치 정세는 백제, 고구려가 망하고 한반도에 통일왕국이 등장하는 격변기였으며 내부적으로는 672년 왕위계승을 둘러싸고 벌어진 '진신壬申의 난'이 수습되면서 중국식 율령(고대 법전) 체계를 마련해 고대 율령국가의 기틀을 마련하는 데 분주했던 일본열도의 상황을 감안할 때 당시의 지배 권력의 의도는 충분히 짐작할 수 있다.

하지만 일본의 경우 미화되고 과장된 고사기·일본서기의 내용이 이후 오늘날까지 그대로 유포되고 뿌리내리면서 신성불가침의 주장으로 자리 잡혔다. 이 뿐 아니라 천명에 따라 지배 권력도 교체될 수밖에 없다는 중국식 '천天' 개념도 '기키'에 와서는 '천'은 곧 '천손의 혈통'을 의미하는 것으로 초점을 맞추는 한편 세계 중심으로서의 '천'이 바로 '일본'이라고 주장하기에 이르렀다.

이른바 일본판 중화주의의 탄생이다(자료 4 참조). '기키'는 당시의 수, 당과 대등한 세계의 중심으로서의 일본을 꿈꾼 것이다.[7] 대표적인 것이 임나

• • •
7 遠山美都男, 『천황탄생: 일본서기가 묘사한 왕조교체(天皇誕生: 日本書紀が描いた王朝交替)』,

일본부任那日本府(4세기 후반 야마토 정권의 지배하에 있었다는 한반도 남부)를 주장하는 근거로 늘 앞세워온 진구神功 황후의 삼한정복설이다.[8] 일본서기는 세계의 중심으로서 일본을 상정하고 그에 상응하는 근거로 한반도 정복설을 내세웠던 것이다. 이는 나중에 메이지 정부가 탄생한 이후 자주 등장했던 정한론征韓論으로 이어지고 급기야는 한반도 병합의 당위적 근거로 이용되었다.

7세기 말 지배 권력의 의도하에 만들어진 이야기('기키' 신화)가 1200년을 건너뛰어 이웃나라 침략의 근거로 이용된 셈이다. 이것이야말로 일본 지배층이 오랫동안 자국민부터 속여 온 결과다. 일본과 관련해 요즘 자주 등장하는 역사 왜곡 문제는 천황제가 그 뿌리를 이룬다고 해도 과언이 아니다.

무대 뒤로 밀려난 천황과 일본형 무책임 구조

미화되고 과장된 역사는 왕조 교체와 더불어 진위가 가려지거나 또는 설화나 전설의 모습으로 역사의 본류에서 밀려나는 게 보통이다. 고대국가의 신화는 더욱 그렇다.

각각의 왕조는 관련 신화를 통해 지배적인 시대정신을 마련하기도 하고(신화의 현재화) 거꾸로 현재화된 신화는 지배 권력의 지속성을 유지하는 틀보가 되었던 것이다. 하지만 신화시대의 종말과 더불어 이러한 구도는 더 이상 설득력을 잃게 된다. 이성과 합리주의에 기반을 둔 근대국가는 지배 권력의 원천을 신화에 의지하기보다 각각의 주의주장에 대한 국민의 지지

• • •
中公新書, 2001, 235~239쪽. 도야마 미쓰오(遠山美都男)는 일본서기에 등장하고 있는 천황 칭호, 일본 국호가 모두 당시 세계제국의 지위에 있었던 당을 크게 의식하고 편찬한 것이라고 밝히고 있다.
8 쓰다 소키치의 연구 이래 진구 황후의 삼한정벌설은 만들어진 이야기라는 것이 일본사학계의 일반적인 견해다.

에 둔다. 민주주의, 자유주의, 사회주의, 전체주의, 개인주의 등 이른바 이데올로기가 근대국가 · 정부의 권력기반으로 등장한 것이다.

물론 그렇지 않은 경우도 있다. 대표적인 것이 바로 독일의 나치, 일본의 천황제다. 게르만민족 우월주의와 천손 지배 천황중심주의는 신화가 소멸되지 않고 계속성을 더해가면서 신화와 현실세계가 새롭게 접목한 세계관을 만들어냈다. 이 세계관은 그 어떤 경우에도 늘 옳은 것으로 주장되는 가치체계(tautology, 恒眞명제)로서 비판을 용납하지 않는다는 특징을 보인다. 다만 게르만족 우월주의는 독일의 패전과 더불어 그것이 그릇된 가치체계임을 독일 스스로가 내외에 공표함으로써 역사의 저편으로 사라졌다. 반면 일본의 경우는 상징천황이라는 이름으로 신화와 현실의 연결고리가 여전히 살아있다는 데 문제가 있다.

기묘한 것은 일본열도에서 천손신화를 바탕으로 한 천황의 지배가 직접 이루어진 기간은 그리 길지 않다는 점이다.[9] 천황이 오랜 기간 실권 없는 존재에 불과했음에도 폐위되거나 천황제 자체가 없어지지 않은 점은 여느 국가에서 벌어져온 역성혁명, 왕조 교체 등의 역사적 현실을 기억할 때 의문으로 남는다. 과연 그 이유는 무엇이었을까.

고대 천황의 통치 기점을 분명하게 따지는 것은 앞서 살펴본 것처럼 분명하지 않기 때문에 율령제 고대국가의 탄생을 기점으로만 따져본다면 천황의 직접 통치 기간은 대략 7세기부터 1185년 가마쿠라막부鎌倉幕府의 등장 때까지 약 5세기 동안이다. 그리고 또 하나의 시기는 나중에 거론하게

• • •

9 천황의 직접 통치권 행사 여부가 중요한 것은 아니다. 이 점을 거론하는 것은 뒤에서 재론하고 있지만 메이지 이후 천황중심주의의 논조가 7세기 이후 천황의 역사적 존재를 전체적으로 따지지 않고 시대적 상황에 따라 그때그때 필요한 한 측면만을 강조하는 수법으로 접근하고 있기 때문이다.

될 1868년 메이지유신 이후다.

먼저 고대 천황 직접지배 시기를 보자. 이때도 도읍을 나라奈良에서 헤이안(현재의 교토, 헤이안 시대는 794~1185년)으로 옮긴 후, 특히 10세기 이후로는 외척 중심의 귀족 후지와라케藤原家가 정권을 주도했고, 헤이안 시대 후기에 와서는 무사단武士團의 수장 미나모토케源家와 헤이케平家(또는 다이라시[平氏]) 의 등장과 이 둘의 끊임없는 대립 사이에서 천황의 지위는 형식적인 것으로 전락했다. 이후 미나모토노 요리토모源賴朝(1147~1199)가 정적 헤이케를 토벌 하고 귀족들까지 밀어내고 가마쿠라막부를 세우면서부터 천황은 정치적 실권에서 완전 배제되고 만다.

그렇지만 적어도 헤이안 시대까지 천황은 정치의 전면에 서 있었다. 예컨대 10세기 초부터 천황의 외척임을 앞세워 권력을 주물러왔던 후지와 라케가 자기 가문 출신의 왕후들이 천황 후계자를 낳지 못하면서 힘을 잃게 되자 천황의 친정은 바로 복원되었다. 생모가 후지와라케와 무관했던 고 산조後三条 천황(재위 1068~1073)은 즉위하자마자 친정을 수행했다. 그는 토지 대장을 작성해 장원莊園과 공령公領에도 세금을 부과하는 등 토지개혁과 세제개혁을 주도했으며 뒤이어 즉위한 시라카와白河 천황(재위 1073~1087) 때 도 천황 친정은 이어졌다. 이후 스스로 퇴위한 천황인 상황上皇이 정치를 집행하는 인세이院政10가 자리 잡으면서 천황 또는 상황의 정치 집행은 계 속되었다.

• • •

10 시라카와(白河) 천황은 재위 14년 만에 스스로 퇴위했다. 하지만 그는 나이 어린 아들, 손자를 후임 천황으로 즉위시킨 후 어린 천황을 대신해 상황(上皇)으로서 정치를 집행했다. 이를 '인세 이(院政)'라고 하는데 시라카와 천황 이후로 재위 천황이 일찍 퇴위하고 황태자에게 자리를 물려 주는 것이 관행처럼 타나났고, 이에 따라 원정을 펴는 경우도 적지 않았다. 대체로 상황의 경우는 불교에 귀의하는 경우가 적지 않았기 때문에 호오(法皇)라고 불리기도 한다. 인세이는 가마쿠라 막부의 등장과 함께 폐지된다.

오히려 문제는 그 이후다. 가마쿠라막부(1185~1333) 이후, 무로마치막부室町幕府(1336~1573, 아시카가 다카우지[足利尊氏]가 문을 열었다는 뜻에서 아시카가막부[足利幕府]라고도 한다), 센고쿠 시대戰国時代(1467·1493~1573), 쇼쿠호 시대織豊時代(1568~1603)[11]를 거쳐 에도막부江戸幕府(또는 도쿠가와막부[徳川幕府], 1603~1867)에 이르기까지 극히 일부 시기[12]를 제외하면 무인정권이 계속 이어져왔다. 이 기간은 약 680여 년이나 된다.

그럼에도 당시 실권자들은 실권 없는 천황에 대해 그 누구도 폐위시키려고 하지 않았다. 오히려 실권자들은 마치 몇 개 왕조의 영고성쇠를 보는 것처럼 등장했다가는 사라지고, 천하를 호령하다가는 소리 없이 역사의 저편으로 물러앉았다. 정작 실권 없는 천황, 일반 백성에게는 그 존재조차도 잘 드러나지 않고 사실상 잊혀진 듯 보였던 천황의 계보는 계속 이어져왔다. 이 대목이야말로 만세일계라는 이름으로 흔히 강조되어온 천황제를 일반 대중이 쉽게 극복하기 어렵게 만드는 요인 중 하나다.

동서양을 불문하고 한 왕조가 권력을 잃으면 왕조멸망으로 귀결되고 새로운 왕조가 탄생하는 것이 일반적인 모습이다. 그러나 일본의 경우는

• • •

11 쇼쿠호 시대란 오다 노부나가(織田信長)와 도요토미 히데요시(豊臣秀吉)에 의해 센고쿠 시대가 평정된 기간이다. 도요토미 히데요시의 후계인 히데요리대(代)까지를 포함한다. 보통은 오다와 도요토미의 성이 있던 곳인 아즈치(安土)와 모모야마(桃山)의 이름을 따서 아즈치모모야마(安土桃山) 시대라고도 한다.
12 가마쿠라막부 말기 고다이고(後醍醐) 천황(재위 1318~1339)은 나중에 무로마치막부를 창설한 아시카가 다카우지와 더불어 가마쿠라막부를 멸망시키고 친정(겐무[建武] 친정, 1334~1336)을 시도한 적도 있었다. 겐무는 당대의 연호다. 고다이고 천황과 아시카가 다카우지의 결별 이후 아시카가는 무로마치막부 개설과 더불어 새 천황을 임명했고, 한편 고다이고 천황은 교토(京都) 남동쪽의 요시노(吉野)로 도망간 이후에도 자신의 후계를 천황으로 임명했다. 이른바 조정이 분열되고 같은 시기에 두 명의 천황이 병존하는 남북조시대(1336~1392)가 시작된 것이다. 아시카가가 세운 조정을 북조, 고다이고 천황계를 남조라고 부른다. 이 기간 중 북조에는 6대의 천황이 남조에는 3대의 천황이 존속했다. 최종적으로는 당대의 권력자 아시카가가 지지했던 북조의 여섯 번째 고코마쓰(後小松) 천황(재위 1382~1412)으로 합일(合一), 수렴된다.

그렇지 않았다. 심지어 무로마치막부를 연 아시카가 다카우지(1305~1358)가 고다이고後醍醐 천황을 내치고 새로운 천황 고곤光嚴, 고묘光明(북조(北朝)의 제1, 2대 천황) 등을 세웠을 정도이고 보면 무로마치 이후 천황은 왕조 멸망을 맞았다고 해도 조금도 이상할 게 없는 상황이었다.[13]

그럼에도 천황가는 면면히 이어졌다. 비록 역사무대의 뒤편으로 밀려나기는 했지만 존속해왔다는 점은 이후 일부 일본인들에게 천황·천황제의 의미를 부여함에 있어서 매우 좋은 재료로 작용했다. 그러나 여기에는 대단히 중요한 트릭이 숨어 있다.

동양사회에서 전근대 왕조시대의 왕조 교체, 즉 역성혁명의 의미는 한마디로 '하늘이 지지했던 왕조를 버렸다'는 것으로 요약할 수 있다. 반면 역성혁명사상의 중심이 되어온 중국의 천天 개념을 천=천손=천황으로서만 수용했던 일본에서는 역성혁명을 내세우기가 어려웠던 것이다. 이는 지금까지 금과옥조로 내세워왔던 '기키 신화'의 주장을 부인하는 꼴이 되기 때문이다.

역성혁명이 통하지 않는 상황에서 실질적인 권력 교체를 이룰 수 있는 방법은 천=천손=천황의 신화를 역이용하는 수밖에 없었을 것이다. 새로운 실권자는 권력을 앞세워 천황의 즉위, 폐위, 연호 책정에 이르기까지를 요구하고 그와 더불어 자기 자신은 천황의 이름으로 정이대장군征夷大將軍으로 임명받는 수순을 거쳐 권력의 정통성을 유지하려 했던 것으로 보인다. 그 첫 시도는 이미 무로마치막부의 아시카가 다카우지가 북조 천황을 내세우고 그 천황은 다카우지를 정이대장군으로 임명하는 행태로 나타났다.

• • •

13 網野善彦·上野千鶴子·宮田登, 『일본왕권론(日本王權論)』(春秋社, 1988, 105~143쪽)의 "3장 왕권의 변질: 천황제는 어떻게 해서 존속했나(王權の変質: 天皇制はいかにして存続したか)" 참조.

천황의 지위는 새로운 실권자에 좌우되고 새로운 실권자는 천황의 이름으로 권력을 취하는 기묘한 관계가 만들어진 것이다(읽을거리 3 참조).

무인정권이 계속 이어지는 과정에서도 천손 천황의 개념이 실권자에 의해서 강조된 이유도 바로 그 때문이었다. 에도 시대의 미토학水戶學[14]이 천황을 떠받드는 존왕론尊王論(또는 尊皇論)을 폈던 이유 역시 천황의 복권을 꾀하려는 것이 아니었다. 오히려 천황의 존립 의미를 강조함으로써 궁극적으로 에도막부의 지배체제의 안정을 기하자는 데 있었다.

천황을 둘러싼 권력과 권위의 무책임구조라는 독특한 트릭을 무시한 채 거론되는 수많은 천황에 대한 주장들은 또 다른 역사왜곡에 불과하다. 예컨대 천황의 존재를 역사적 실존으로서 따지지 않고 단지 계속적으로 존재해왔던 사실만을 앞세워 만세일계 천황의 신성성神聖性을 주장하거나, 천황이 역사의 뒤편으로 밀려나 있던 상황을 현실정치에서 벗어나 초월적으로 존재하는 천황으로 미화하고 이러한 천황의 존재가 오랜 일본의 전통이었으며 천황은 늘 나라와 백성을 통합하는 상징으로 자리 매김 되어 왔었다는 주장이 바로 그것이다.

그러나 이러한 주장은 에도막부 몰락 이후 이른바 메이지유신(1868)에 이르러 더욱 기세를 떨쳤다. 이 주장은 메이지 이후 살아 있는 절대 권력자 현인신現人神으로 끌어올려진 천황의 위상과 더불어 정점에 이르렀다.

• • •

14 미토학는 미토번(水戶藩, 현재의 이바라키현)에서 번창한 일본 고래의 전통을 중시하는 학문이다. 2대 번주(藩主) 도쿠가와 미쓰쿠니(德川光國, 1628~1701)가 '대일본사' 편찬사업을 시작한 이래 형성되기 시작했으며 19세기 이후 '기키' 등 건국신화를 중시하고 대의명분에 따른 사회질서를 강조하는 형태로 발전했다. 이는 '존왕론(존황론)'을 추구함으로써 형성된 사회질서를 강화하고 당대의 막부지배체제에 대한 충성을 유도하는 시도였다. 미토학의 존왕론은 막부 말기에 이르러 '천황을 떠받들고 서양 오랑캐를 몰아내자'는 존황양이(尊皇攘夷)운동에 큰 영향을 미쳤다.

■ 읽을거리 3: 일본의 무책임구조

일본 역사에서 참 이해하기 힘든 대목은 고대부터 현재의 아키히토 천황까지 이어지고 있는 천황의 존재다. 물론 3세기 이전의 천황은 설화에 불과하다지만 인류역사 중 이처럼 한 왕가가 천 수백년 존속된 예는 찾아보기 어렵다.

이를 두고 일본의 천황제 맹신자들은 '만세일계의 천황'이라고 자부심을 갖는 모양이나 이는 그야말로 역사 왜곡의 극치다. 사실 11세기 이후 천황은 권력의 중심에서 완전히 배제된 존재였기 때문이다. "무신정권은 왜 천황을 존속시켰나?" 하는 의문이 역사학계에 이는 것도 무리는 아니다(『일본사의 일곱 가지 수수께끼』, 講談社, 1996).

메이지유신(1868)으로 왕정복고가 이뤄지기 전 700년 가까이 일본의 권력은 가마쿠라·무로마치·에도막부 등의 무신정권에 의해 주도됐는데 그 과정에서 어떻게 천황가는 살아남을 수 있었을까. 전근대 사회의 권력이동은 역성혁명을 동반하는 것이 보통이기 때문이다.

문제의 수수께끼는 '권력과 권위의 분리'로 설명되고 있다. 즉 무력으로 권력을 쥔 무사그룹은 백성들에게 각인된 천황의 권위를 이용하여 민중통치를 정당화했으며, 거꾸로 천황은 무사그룹의 권력을 용인함으로써 멸문의 화를 면했다는 것이다.

기막힌 조화처럼 보이는 이 권력·권위의 분리구조는 그러나 통치 주체의 책임소재를 매우 불분명하게 만들었다. 막부는 천황의 권위를 빌어 민중통치를 꾀했기에 혹 있을 수 있는 자신들의 정책실패 책임을 천황의 몫으로 전가시킬 수 있었으며, 또 천황 역시 그 정책실패는 도용된 자신의 권위에 의해 야기된 것이므로 자신의 책임이 아니라고 발뺌할 수 있었다. 이렇게 하여 잘못에 대해 그 누구도 책임지지 않는 무책임구조가 일본 역사에서 등장하게 된 것이다.

무책임구조는 대외적으로도 작용한다. 일본은 2차 대전 후 아시아에 대해서도 마찬가지 무책임구조로 일관했다. 왕정복고 이후 권력의 중심으로 복귀한 천황은 아무런 책임도 지지 않았으며, 천황의 군대와 천황의 정부 또한 자신들이 저지른 침략과 살육에 대해 여태 그 어떠한 명확한 책임규명과 반성도 행하지 않았다. 게다가 이제 무책임구조는 한 걸음 더 나아가 있었던 사실조차 부인하는 역사왜곡으로 치닫고 있다.

일본의 역사왜곡은 본질적으로 일본의 무책임구조가 빚어낸 것이기 때문에 단순한 외교적 압력이나 항의 정도로 해결될 리 없다. 우리의 일본 연구를 더욱 강화하면서 역사왜곡의 대응논리 개발과 함께 일본 사회의 무책임구조를 보다 깊이 인식하고 반성하는 일본 내의 양심세력을 지원하고 그들과 연대하는 노력이 절실하다.

('한마당' 2001년 4월 9일자)

천황의 재탄생, 메이지유신

메이지유신은 형식적으로 보면 700년 가까이 역사의 뒷무대로 밀려나 있던 천황에게 갑작스럽게 정치적 권력과 종교적 권위를 전면적으로 부여한 셈이었다. 다만 메이지유신의 목적이 천황을 역사의 앞무대로 끌어내는 것이었다고만 본다면 이는 메이지유신의 실체를 왜곡하는 것이 아닐 수 없다.

메이지유신에 대한 견해는 다양하다. 대표적인 것은 일본 마르크스주의자들을 중심으로 한 일본 자본주의 논쟁, 이른바 강좌파講座派와 노농파勞農派의 대립된 견해다. 강좌파는 메이지유신을 왕정복고를 통한 절대주의국가의 탄생으로 보는 반면 노농파는 불철저하나마 부르주아(시민)혁명으로 간주하고 일본 자본주의를 장착시킨 '근대국가'의 등장으로 본다.[15] 이 논쟁은 1930년대 중반 일본제국주의의 국가통제가 심화되면서 중단된 탓에 메이지유신에 대한 성격 규정 역시 애매모호한 채로 마무리되고 말았다. 그 결과 메이지유신은 근대국가의 탄생이란 측면을 갖는 동시에 성격상으로는 봉건적인 측면을 동시에 갖는 것으로 정리되고 있다.

노농파가 메이지유신 이후의 제도적인 변화에 초점을 맞춘 것이라면 강좌파는 새로 탄생한 권력기반의 성격에 주안점을 두었다. 노농파의 '불철저한 시민혁명'이라는 인식도 메이지유신 이후 부르주아가 권력의 중심을 장악한 것은 아니지만 제도적인 차원에서는 상공업에 종사하는 부르주아에게 유리한(시민계급에 친화적인) 개혁이 이루어졌다고 본다. 그럼에도 역사의 뒤편으로 밀려나 있던 천황이 전면으로 부상한 점, 천황 중심의 봉건적

• • •

15 강좌파와 노농파의 대립을 둘러싼 일본자본주의논쟁에 대해서는 조용래 외, 『자본주의사회를 보는 두 시각』(율곡출판사, 1994)의 보론 제2장 "일본 마르크스주의 정치경제학의 흐름", 383~395쪽을 참조.

권력구조가 다시 등장하게 된 점 등을 감안할 때, 또 이 책의 주된 관심과 연계하여 생각해 볼 때 노농파보다 강좌파의 주장이 설득력 있는 것으로 보인다. 즉 메이지유신은 시민혁명이라기보다는 왕정복고로 보는 편이 더 정확할 듯하다.

문제는 메이지유신과 더불어 떠오르게 된 천황의 위상과 역할이다. 이 점과 관련해서는 우선 에도막부 말기의 시대적 배경을 먼저 살펴볼 필요가 있다.

19세기 들어 일본은 국내적으로는 막부의 재정난과 그에 따른 중앙집권력의 쇠퇴, 국외적으로는 서구열강의 서세동점西勢東漸의 압력이 강화되면서 정치경제적으로 불안한 상황이 가속되고 있었다. 그와 더불어 막부를 비롯해 전국 각지의 번藩들은 위기감과 더불어 난국을 타개하기 위한 개혁의 필요성을 절감하고 있었다. 특히 당시 대국으로 알려진 청나라가 아편전쟁(1840~42)에서 영국에 무릎을 꿇고 불평등조약을 체결했다는 소식은 일본 열도의 위기감을 더욱 부채질했다. 이에 서구세력을 몰아내자는 양이론攘夷論이 부상하고 그 대응논리로서 미토학水戶學 이래 지배계층에 널리 알려진 존왕론尊王論이 각지의 젊은 하급 사무라이들 사이에 급속도로 확산되었다.

급기야 1853년 미국의 페리함대가 도쿄 앞바다까지 접근하면서 개항을 요구하자 하급 사무라이들의 위기감은 정점에 달했다. 양이와 개항이 대립하고, 한편에서는 무력해진 막부에 대한 개혁론이 웅번雄藩16을 중심

• • • •

16 웅번(유한 · 雄藩)이란 에도 시대 초기에는 넓은 소령(所領)을 보유하거나 금 · 은 광산을 가지고 있어 재력이 있는 번(藩)을 지칭했으나 에도 시대 말기에는 성공적인 재정개혁으로 경제력을 구축하고 군비확충, 인재등용 등을 통해 막부 중앙정치에 발언권이 컸던 번을 가리킨다. 사쓰마(薩摩), 조슈(長州), 도사(土佐), 히젠(肥前) 등이 대표적인 웅번으로 거론되며, 이들이 메이지유신의 주축을 이뤘다.

으로 고조되었다. 이후 막부는 개방 불가피론으로 돌아서 1858년 미·일수호통상조약을 체결하기에 이르지만 양이론자들의 반발을 물리치지 못하고 사실상 정국을 주도할 힘을 잃고 말았다.

이 와중에 막부가 마지막으로 꺼내든 카드는 그들 자신들이 역사의 뒤편으로 밀어냈던 천황을 역사의 전면에 다시 끌어내는 것이었다. 천황의 권위에 힘입어 막부의 어려워진 입지를 회복하려는 의도였다. 막부는 당시 널리 퍼져 있던 존왕론에 기대어 난국을 돌파하고자 했던 셈이다. 이것이 천황과 막부의 연대, 이른바 공무합체公武合體(1862)로 나타났다. 이로써 천황의 존재는 막부 말기의 가장 중요한 변수로 떠올랐고 약 700년 만에 천황이 정치 일선에 복귀하게 된 것도 바로 이 즈음부터라고 하겠다. 하지만 공무합체 이후에도 막부의 무기력증은 회복되지 않았고, 이에 웅번은 마침내 도막倒幕(막부 타도)을 결행했다. 그 결과가 메이지유신이다.

천황의 재등장은 막부 말기의 국내외적 상황이 만들어낸 것이며 국내외적인 위기를 뛰어넘기 위한 기능적인 대응에서 비롯된 측면이 적지 않다. 만세일계 천황의 신성성은 어디까지나 위기극복책의 하나로서 제기된 천황에 대한 의미부여에 불과했던 것이다. 이 점은 막부 유지에 공을 들였던 좌막파佐幕派 그룹이나 웅번을 중심으로 타도 막부를 외쳤던 메이지유신의 주류 세력인 도막파倒幕派에 공통적으로 드러난다. 막부가 마지막 카드로서 공무합체를 꾀하며 천황을 끌어들인 것이나, 웅번들이 국가통합의 기축으로서 천황을 앞세운 것은 둘 다 위기국면에서 나온 타결책이었기 때문이다. 천황의 만세일계 신성성이나 국가통합의 축으로서 천황의 위상이 거론되는 것은 위기 타결책의 근거를 마련하기 위한 사후적인 레토릭(修辭)이었다고 해도 과언이 아니다. 따라서 막부 말기의 천황은 국가통합의 축으로서 등장한 것이지만 당시 천황의 위상은 본질적인 것이라기보다 오히려 사후적으로 강조된 이데올로기적 측면이 강했다.

사실 메이지유신을 전후로 거론되기 시작한 국가통합의 축으로서 천황의 역할조차도 처음부터 완결된 모습으로 나타났던 것은 아니다. 에도막부 초기 미토학水戶學의 존왕론, 양이론과 함께 같은 동전의 앞뒷면처럼 급부상하기 시작한 막부 말기의 존왕론, 그리고 왕정복고로 이어지는 흐름은 어디까지나 일부 사무라이 계급에 국한된 인식과 그에 따른 정치적 실천일 뿐이었다. 일반 백성들에게 있어서 천황은 이미 잊혀진 존재나 다름없었기 때문이다. 메이지유신 직후 유신 지도층이 천황의 존재를 일반 국민들에게 각인시키기 위해서 각별한 노력을 기울인 것은 바로 그 때문이었다. 당장 의도적인 천황의 전국 순행巡幸(천황이 각지를 돌아보는 것)이 본격적으로 시작되었다. 북쪽으로는 홋카이도에서 남쪽으로는 규슈 남단에 이르기까지 천황과 그 가족이 참여한 대규모 순행은 메이지유신 이후 20년 동안 줄기차게 이루어졌다.[17]

여기에 더하여 만세일계 신성성으로 강조되는 천황의 위상이 메이지유신의 주도자들에 의해 새롭게 강조되었다. 그 대표적인 것이 1870년 신도神道국교화 조치다. 새 정부는 제정일치를 표방하고 국가신도의 최상층에 천황을 자리매김하는 한편 각종 신도 의례를 통해 천황의 위상을 정치화시키는 노력을 계속했다. 이른바 신화의 현재화 작업이 시작된 것이다.

그러나 메이지유신의 리더들의 관념 속에는 천황에 대한 신성화 작업 조차도 통치의 기법으로 생각하고 있었다. 예컨대 이러한 인식은 일본제국

• • • •

17 다카시 후지타니, 한석정 옮김, 『화려한 군주: 근대 일본의 권력과 국가의례』, 이산, 2003, 36쪽. 후지타니 교수는 이러한 메이지 천황의 순행에 대해 천황 숭배와 일본 숭배가 마치 옛날부터 있었던 것이라고 국민들에게 이해시키기 위한 인위적인 노력이자 이른바 '발명된 전통'에 불과하다고 지적하고 있다(21쪽).

헌법(1889년 공포) 기초에 깊이 관여했던 이토 히로부미伊藤博文의 천황관에서 분명하게 드러난다. 이토는 1870년대 민권론자民權論者들을 중심으로 자유 민권운동이 확산되고 입헌정체立憲政體 요구가 커지자 이들의 요구를 일부 수용하고 메이지유신의 기본 방향을 유지하려는 의도에서 제국헌법상의 천황 위상을 다음과 같이 피력한다. "일반 민중을 향해서는 천황은 절대적이고 초월적인 존재이며 천황의 은지恩旨(은혜로운 뜻)에 따라 헌법을 국민에게 내려주는 존귀한 존재이지만, 지식계급이나 정치가에 대해서는 헌법에 의해 제한되는 천황관이 제시되었다."[18] 이로써 당시 공화제나 헌법에 입각한 입헌군주제를 주장하던 민권론자까지도 포용하고, 국민들에게는 천황의 절대적 위상을 강하게 피력할 수 있게 되었다는 것이다.

중요한 것은 메이지유신의 주축이었던 일본제국의 상층 엘리트들에게 있어서 천황은 헌법에 의해 통치권이 제한된다고 하는 이른바 군주권 제한의 논리가 반영되고 있었다는 사실이다. 말하자면 만세일계 신성성이라는 천황의 위상은 새로 탄생한 일본제국의 지배 이데올로기로서 새롭게 구축된 것임을 당시의 지배 엘리트들은 충분히 인식하고 있었다는 얘기다. 하지만 한 번 만들어진 지배 이데올로기는 어느 순간 이데올로기를 만든 자들의 손을 떠나 홀로 걷기 시작하기 마련이고 그 결과 자체적으로 힘을 발휘하면서 그 누구도 넘볼 수 없는 절대적 영역으로 부상하기까지 한다. 메이지유신 이후 등장한 천황제가 바로 그 대표적인 예이다. 메이지유신 이후 만들어진 천황의 위상과 역할은 해가 갈수록 강력한 힘을 받아 홀로 달려가기 시작했고 그 끝은 1945년 패전을 통한 파산이었음은 잘 알려진 사실이다. 그럼에도 천황의 위상과 역할은 파산 이후에도 여전히 만세일계

● ● ●

18 武田清子, 『천황관의 상극(天皇観の相剋)』, 岩波書店, 1978, 5쪽.

니, 국민통합이니 하는 이름을 달고 상징천황제로 이어지고 있다.

사실 왜곡이 그릇된 주장을 낳고, 때로는 위기극복 차원에서 만들어진 신화 이데올로기의 통치기반이 홀로 걷기 시작하면서 그 주장은 다시 새로운 왜곡을 불렀다. 천황제를 둘러싼 왜곡의 역사는 그렇게 뿌리내리게 된 것이었다. 문제는 그 미몽迷夢이 아직도 계속되고 있다는 사실이다. 전후 일본의 반복되어온 역사 왜곡 배경에는 천황제를 둘러싼 미몽의 역사가 자리 잡고 있다.

4장
천황 숭배의 현장, 야스쿠니신사

죽어서도 가족 품으로 돌아갈 수 없는 영혼

"제 남편을 돌려주세요." "합사合祀[1]는 싫습니다."

나카야 야스코中谷康子(1934~) 씨는 1973년 소송을 시작하면서 이렇게 울부짖었다.[2] 그녀는 일본자위대 야마구치 지방연락부와 퇴역자위대원 모임인 대우회隊友會 야마구치현 지부연합회(懸 대우회)를 상대로 이른바 '자위관 합사거부소송'(나카야 소송)을 벌였다.

그녀의 남편 나카야 다카후미中谷孝文 이등육위二等陸尉(중위, 당시 37세)는 1968년 1월 12일 오후 이와테岩手현 가마이시釜石에서 공무 중 교통사고로 목숨을 잃었다. 남편과 사별한 직후 나카야 씨는 야마구치의 시집으로 돌아왔으나 그곳에서 뜻밖의 사태에 직면하게 된다. 가부장적인 시아버지의

• • •

1 일본의 대표적인 일본어사전인 『고지엔(広辞苑)』(제6版, 岩波書店)에 따르면 합사란 둘 이상의 신(神)이나 영(靈)을 한 신사에 합쳐서 제사지내는 것이다. 그 반대의 경우가 분사(分祀)이다.
2 나카야 소송과 관련한 나카야 씨의 심경에 대해서는 다나카 노부마사(田中伸尚)의 논픽션을 참조. 田中伸尚, 『자위대여, 남편을 돌려다오!: 합사거부소송(自衛隊よ, 夫を返せ!: 合祀拒否訴訟)』, 社会思想社, 1988.

시집살이, 시집을 박차고 나와 독립 결행, 경제적 자립을 위한 악전고투의 취업 활동 등이 이어졌다.3

그 중에서도 자위대의 갑작스러운 요구는 그녀를 더욱 당황스럽게 만들었다. 1972년 봄 자위대 야마구치현 지방연락부는 그녀에게 남편의 순직 증명서를 요청해왔다. 그 배경이 남편을 야마구치 호국신사護國神社에 합사하려는 것임을 알게 된 그녀는 합사를 단호하게 거절했다. 크리스천인 나카야 씨는 남편의 유골을 자신이 섬기던 야마구치 신아이교회信愛敎會의 납골당에 모시고 고인을 위해 기도하고 있으니 호국신사 합사는 전혀 원하는 바가 아니라고 강조했다.

하지만 자위대는 나카야 씨의 바람과는 달리 석 달 후 그녀 남편의 혼백이 야마구치 호국신사에 합사되었다고 알려왔다. 일방적인 자위대의 태도에 분개한 그녀는 바로 항의했지만 자위대 지방연락부는 오히려 합사를 당연한 것으로 주장했다. "자위관은 자신을 위해서가 아니라 국가를 위해 죽었으며, 현직 자위관들의 사기를 위해서라도 유족의 종교와 관계없이 국가를 위해 합사했다", "호국신사는 공적인 종교이며 일본인은 각 가정에서 섬기는 종교와는 별도로 공적으로 호국신사에 합사되는 것을 자랑으로 삼아야 한다"고 대응할 뿐이었다. 이에 그녀는 국가를 상대로 법정소송을 일으키는 것 외에는 다른 방법이 없었다. 1973년 소송은 이렇게 해서 시작되었다.

얼핏 보면 나카야 씨의 주장은 쉽게 이해하기 어렵다. 국가가 공무 중 순직한 사람을 호국영령으로 받들어 모시는 것에 대해 이의를 달고 나선

· · · ·

3 다나카는 맏며느리였던 나카야 씨가 야마구치에 돌아온 뒤 겪었던 시아버지 고레스케의 가부장적인 억압을 자세히 기록하고 있다(앞 책, 56~73쪽). 결국 나카야 씨는 시집으로 돌아온 지 한 달도 되지 않아서 독립을 결심하고 남편의 유골과 어린 아들을 앞세워 시집을 박차고 나왔다.

셈이기 때문이다. 실제로 이 소송에 대해서는 나카야 씨의 시아버지를 비롯해 친정 식구들의 반대압력이 적지 않았다고 그녀는 고백한다.

그러나 이 소송을 둘러싼 배경은 그리 간단하지 않다. 무엇보다 그녀의 남편 혼백을 호국신사에 봉안했다는 것부터가 문제였다. 호국신사는 신도神道라는 특정 종교의 시설이기 때문에 어느 나라에서나 흔히 볼 수 있는 국립묘지에 안장하는 것과는 그 성격이 전혀 다르다. 더구나 자위대가 말하는 것처럼 호국신사 신앙이 일본의 공적인 종교라는 주장은 나중에 다시 거론하겠지만 패전 직후 국가신도가 폐지된 마당이기 때문에 전혀 근거 없는 것이었다.

예컨대 서울 동작동 국립묘지나 미국 워싱턴에 있는 알링턴 무명용사 묘지에는 종교적인 성격은 전혀 없다. 참배하는 이들이 자신들의 종교에 맞추어 고인을 추모하며, 일반 국민도 각각의 신념과 신조에 입각한 방식으로 그들을 기리는 것이 보통이다. 더구나 누구도 호국영령들을 신으로 생각하지는 않는다. 그곳은 특정 종교와는 무관하게 국가를 위해 순직한 사람을 국가차원에서 추모하는 장소일 뿐이다.

그렇지만 일본에서는 호국신사가 마치 국립묘지의 기능만이 아니라 종교적 기능을 맡고 있기 때문에 크리스천인 나카야 씨로서는 남편이 터무니없이 신도종교의 신사에 신神으로 봉안되는 사실을 무엇보다도 견딜 수 없었다고 한다. 물론 여기에는 죽은 사람을 신으로 인식하는 일본인들의 사생관死生觀[4]이 개입되어 있었을 것으로 보인다. 하지만 일본국헌법 20조

• • •

4 일본어로는 죽은 사람이나 그 혼을 '호토케(ほとけ)'라고 말하는데 호토케란 말은 동시에 부처(佛=仏様・ほとけさま)와 어원적으로 연결되어 있다. 죽은 사람은 누구나 신이 된다는 발상이 바로 일본인의 죽음관이라고 하겠다. 흔히 일본 가정에는 가미다나(神棚)라고 하는 조상신을 모시는 제단이 있다. 이때의 조상신이란 먼 조상들이 아니라 바로 얼마 전에 죽은 가족들을 가리키는 것이 보통이다. 죽은 가족을 바로 신으로 예우하는 셈이다.
문학평론가 에토 준(江藤淳)은 "살아 있는 자의 시선, 죽은 자의 시선(生者の視線, 死者の視線)"(江藤淳・小堀桂一郎編, 『신판 야스쿠니신사(新版靖国神社)』, 2004, 8~47쪽)에서 "일본 문화는 어느

에서도 규정하고 있는 것처럼 신앙의 자유는 근대국가의 헌법이라면 어느 나라에서든지 명기하고 있는 내용이라는 점에서 자위대의 대응은 이해하기 어렵다. 이런 점들을 감안하여 볼 때 나카야 씨의 반발은 일본적 현실에 정면으로 도전하는 것이었다.

나카야 소송은 1, 2심에서 각각 승소했다. 먼저 1심인 야마구치 지방법원(1979년 3월 22일)과 2심인 히로시마 고등법원(1982년 6월 1일)은 일본국헌법 20조 3항에 근거하여 "합사가 호국신사의 종교를 조장하고 촉진하는 행위로서 '종교상의 인격권'을 침해하는 것"이라며 각각 원고 승소 판결을 내렸다. 다만 2심에서는 1심에서 인정되었던 '대우회에 대한 손해배상청구'가 기각되었고, '대우회에 대한 합사신청 취하 청구'는 1심에서와 마찬가지로 기각되었다. 법원은 나카야 씨의 '종교상의 인격권 침해' 사실에 대해서는 인정하고 '정교분리政敎分離 원칙'5에 입각한 원고 승소의 위헌 판결을 내놓았지만 '합사' 그 자체에 대해서는 자위대의 손을 들어준 셈이었다.

그렇지만 나카야 씨는 2심 판결 결과에 승복했다. 나카야 씨와 5인의 변호인단은 '종교적 인격권' 침해 사실 자체가 일단 인정된 것으로 판단하고 합사취소 문제에 대해서는 이 소송만으로는 한계가 있으므로 이후 정교분리 운동 차원에서 지속적으로 문제를 제기하기로 작정했기 때문이었다.

• • •

면에서 보면 사자(死者)의 문화이다 ……사람으로부터 혼백이 분리되어 '신'이 되기 때문"(17쪽)이라고 지적하고 신과 공존하는 일본의 생사관은 일본의 문화적 전통이라고 강조한다. 더불어 그렇기 때문에 신과의 공존이라는 일본적 문화전통 차원에서도 야스쿠니신사 참배는 지극히 당연한 것이라는 논조를 펴고 있다.
5 정교분리 원칙이란 말 그대로 정치권력과 종교(종파)의 분리, 정확하게 말하자면 정치권력이 정치적 목적을 위해 특정 종교를 원조, 조장 또는 압박해서는 안 된다는 헌법상의 원칙이다. 일본의 경우는 일본제국주의가 전전 국가신도란 이름으로 정교(政敎) 일치를 주장하면서 신도를 부추기거나 이용해온 역사가 있었기 때문에 시민운동단체를 중심으로 정교분리는 전후 민주주의를 지키는 골간으로 인식되어 왔다. 정교분리를 위한 시민운동 그룹들이 일본 총리의 야스쿠니신사 공식참배를 반대해온 근거도 바로 헌법의 정교분리 원칙이다.

그러나 자위대 측의 상고로 벌어진 최고재판소(3심) 판결 방향은 1, 2심
과는 전혀 달랐다. 최고재판소는 1988년 6월 1일 1, 2심 판결을 뒤집고 국가
의 책임을 전면 부인하고 원고 패소판결을 내렸다. 최고재판소는 판결문에
서 "야마구치 호국신사의 합사행위가 원고의 신앙의 자유를 방해한 것이
아니므로 원고는 관용으로 임해야 마땅하다"고 되레 나카야 씨를 훈계했다.

25년을 끌어온 나카야 소송은 결국 체제옹호적인 최고재판소에 의해
패소로 끝났다.6 하지만 나카야 소송은 그것으로 끝이 아니었다. 나카야
씨의 소박하면서도 단호한 소송 투쟁은 비록 실패로 끝났지만 유사한 소송
이 이후로 줄을 잇고 있기 때문이다. 예를 들어 2006년 야스쿠니신사에
친족이 합사되어 있는 일부 일본인과 대만인 유족들이 합사 취소 소송을
시작했고, 2007년에는 한국인 유족들이, 2008년에는 오키나와전쟁7의 유
족들이 일본 정부와 야스쿠니신사를 상대로 합사 취소 소송을 벌이고 있다.

돌이켜보면 나카야 씨의 소송은 국가가 순직자를 국가적 신으로 떠받
들어 신도 시설에 합사하겠다는 자위대의 일방적인 의도에 대한 반발이었
다. 그 와중에 유족의 인권이나 의지는 철저하게 짓밟혔다. 다카후미 씨의
예에서 보는 것처럼 죽은 영혼조차 가족 품으로 돌아가지 못하게 가로막는
전후 일본의 현실을 상징하는 것이기도 하다. 이는 필자가 [읽을거리 4]에서
지적하고 있는 것처럼 전전戰前 일본 국민에게 강요되었던 야스쿠니신사

• • •

6 나카야 소송이 최고재판소 패소 20주년을 맞았던 2008년 8월 이 소송을 맡았던 5인의 변호인단
중 한 사람인 고이케 겐지(小池健治) 씨를 만나 그 때 상황을 들어보았다. 고이케 변호사는 당시
최고재판소 판사 15명(최고재판소장 포함) 중 3분의 2 이상이 전전 구 일본제국군대의 법무관
출신이었음을 감안할 때 1, 2심 판결보다 체제옹호적인 보수적인 판결이 나온 것이라고 지적했
다. 특히 그는 1988년의 사회분위기도 적지 않게 작용했다고 말한다. 당시 쇼와(昭和) 천황의
병이 위중해짐에 따라(쇼와 천황은 1989년 1월 7일 사망) 사회적으로 자숙 분위기가 만연되고
있었음을 감안할 때 최고재판소의 판결도 그 영향에서 예외가 아니었을 것이라고 회상했다.
7 오키나와전쟁에 대해서는 이 책 6장을 참조.

■ 읽을거리 4: 영혼을 가둬두는 야스쿠니 합사

"야스쿠니에 영혼은 잠들더라도 때때로 돌아가렴, 어머니의 꿈길로."

일본 NHK가 선정해온 국민가요 중 "야스쿠니노(ヤスクニノ)"라는 노래의 노랫말이다. 오에 히후미(大江一二三)라는 군인이 쓴 시에 작곡가 노부토기 기요시(信時潔)가 곡을 붙였다. 오에는 1937년 중·일 전쟁 당시 종군 장교로 한 견습사관의 죽음을 기리며 이 시를 썼다.

오에의 아들이자 야스쿠니 문제의 권위자인 오에 시노부 교수는 저서 『야스쿠니 신사』(1983) 말미에 노랫말의 배경을 소개하고 있다.[8] 전사한 견습사관의 피 묻은 군복 주머니 속에서 발견된 어머니 사진 뒤에 '어머니'란 단어가 24번이나 쓰여 있었다는 것. 하지만 그토록 어머니를 그리워했지만 살아서는 고사하고 영혼조차 어머니에게 갈 수 없었다. 전사한 영혼은 야스쿠니로 가야했기 때문이다.

오에 교수는 전사자 영혼조차도 유족에게 돌려보내지 않는 비참한 현실을 노래한 아버지의 시를 계기로 야스쿠니 문제 연구에 뛰어들었다고 술회했다. 그는 "국가가 전사자 영혼을 야스쿠니신사의 '신'으로서 독점함으로써 그 '신'들을 향한 신앙을 통해 무엇을 실현해 왔는가, 또 실현하기를 기대해왔는가"를 따져봐야 한다고 강조했다.

천황을 위해 목숨 바친 이들을 신으로 떠받드는 곳, 야스쿠니. 영혼을 가둬두고 그들을 신이라는 이름으로 덧씌워 전쟁과 침략을 미화하고 유족의 슬픔을 억지 기쁨으로 바꿔주겠노라는 야스쿠니. 그곳엔 억지 합사를 당한 채 아직도 감금되어 있는 한국인·대만인 영혼이 4만여 위(位)나 있다.

(「국민일보」 2006년 8월 14일자, 기획특집 "일본판 지하드, 야스쿠니신사" 중)

신앙과 맥을 같이 하는 것으로밖에 볼 수 없다.

전전 일본제국주의는 전쟁터에 나가는 병사들에게 "(죽어서) 야스쿠니에서 만나자"라는 슬로건을 내걸고 죽음을 찬미하는 이데올로기를 조장했다. 실제로 죽은 후에도 그들의 혼백은 가족의 품으로 돌아가지 못하고 야스쿠니에 유폐되었던 상황이 오늘 일본의 현실에서도 계속되고 있기 때문이다. 나카야 야스코의 남편 다카후미의 경우가 바로 그렇다. 이는 야스쿠니신사를 주제로 삼고 있는 이 장에서 나카야 소송을 먼저 거론하게 된 배경이기도 하다. 나카야 소송이 현재의 야스쿠니신사 문제의 본질을 보여주는 것이기 때문이다.

천황의 군대를 신으로 떠받드는 현장

그렇다면 전전의 야스쿠니신사 신앙이란 무엇인가.[9] 이를 따져보기 앞서 국가신도의 등장과 야스쿠니신사의 위상에 대해서 살펴보지 않을 수 없다. 3장에서 이미 거론한 바와 같이 메이지유신 직후 새 정부는 국민통합의 정신적인 근거로서 만세일계 천황의 신성성을 들고 나왔다. 그 구체적인 방안은 천손 = 천황의 현실 정치지배를 옹호하는 사상을 구축하는 데 초점이 모아졌다. 그것은 바로 제정祭政일치의 신정국가神政國家의 가동이었다.

메이지 정부는 일본의 전통적인 자연종교인 신도神道를 국가신도로 격상시키고 각 지방에 산재해 있는 신사神社를 중앙 계열화하면서 천황을

• • •

8 오에 시노부(大江志乃夫), 양현혜 · 이규태 옮김, 『야스쿠니신사』, 소화신서, 2001, 200~203쪽 (원서는 『靖国神社』, 岩波新書, 1984, 187~189쪽).
9 전전의 야스쿠니신사에 대한 내용은 무라카미 시게요시(村上重良)의 『국가신도(国家神道)』 (岩波新書, 1970) 2장 "국가신도의 형성", 3장 "국가신도의 사상과 구조"와 오에 시노부의 앞 책 3장 "야스쿠니의 신앙", 4장 "마을의 야스쿠니, 충혼비"를 주로 참고했다.

그 최상층의 신관으로 자리매김했다. 천황의 제사왕적 지위는 고대 율령국가시대에 장착된 것이었으나 현실 정치에서 밀려난 이후 천황의 존재는 제사왕적 지위마저 상실하고 현실 권력의 정통성을 부여하는 역할이 주된 것이었다. 다만 에도 시대 도쿠가와막부는 천황의 제사왕적인 역할을 중시했다.[10] 막부 말기 정치적 혼란 속에서 각 번의 하급무사, 지주, 상인 등 각층을 비롯해 존왕파, 양이파 등에 속한 이른바 지사志士들은 신도 이데올로기의 영향을 받았다. 이 뿐 아니라 메이지 천황의 아버지 고메이孝明 천황은 주로 양이를 주장하면서 각지의 유력 신사에 기원을 행하였다. 그렇지만 신도를 통한 국가적인 통합, 즉 국가신도(신도국교화)는 메이지 이후에 본격화된 것이었다. 말하자면 국가신도는 자연종교인 신도를 천황가의 황실신도를 중심으로 국가권력에 의해 재편성하려는 신도 국교화 정책의 산물이었던 것이다.

국가신도를 뿌리내리기 위해 메이지 정부는 유신 이듬해인 1869년 3월 16세 소년에 불과한 메이지 천황이 황실신도의 총본산인 이세신궁伊勢神宮[11]을 참배하도록 함으로써 이세신궁을 국가신도의 본종本宗으로 끌어올리는 한편, 1870년 국가신도 정책을 국민에게 설파하기 위한 대교선포大教宣布 정책을 추진했다. 이 뿐 아니라 국가신도의 고유성을 강조하기 위해 오랫동안 불교와 혼재되어 있는 자연종교적 성격의 신도에서 불교를 강제적으로

• • •

10 村上重良, 『일본사 속에서의 천황: 종교학에서 본 천황제(日本史の中の天皇: 宗教学から見た 天皇制)』, 講談社学術文庫, 2003, 152~160쪽. 무라카미는 에도막부가 17세기 중엽부터 천황의 제사를 부활시키고 국가의 제사를 담당하도록 함으로써 막부체제의 안녕 질서를 도모했다고 본다. 그러나 천황의 제사권 부활이 결과적으로 에도 시대 말기의 존황론과 결합하면서 도막(倒 幕)으로 이어졌다고 지적한다.
11 이세신궁은 천황가의 종묘(宗廟)에 해당하는 곳으로 미에(三重)현 이세(伊勢)시에 있다. 기키(記紀)에 등장하는 천황가의 조상신 아마테라스오미카미(天照大神)를 모시는 신사이다. 일본제국주의가 황국이데올로기를 국민에게 유포시키기 위해 강요한 순례지로서도 유명하다.

분리(신불 분리)시켰다. 또 1871년에는 전국의 유명 신사를 관폐사官幣社, 국폐
사國幣社, 별격別格관폐사 등으로 사격社格을 부여하고(근대사격제도)12 이세신
궁 휘하에 계열화했다.

한편 별격관폐사에 속한 야스쿠니신사는 메이지유신 당시 관군(倒幕派)
과 막부군(佐幕派)이 대립한 보신戊辰전쟁에서 죽은 관군 3500여 명을 기리기
위해 1869년 메이지 천황의 칙명으로 세운 초혼사招魂社로 출발했다. 이후
야스쿠니신사는 일본의 마지막 내전이었던 세이난전쟁西南戰爭(1877) 때 죽
은 관군들을 비롯해 청일전쟁에서 태평양전쟁에 이르기까지 전사한 군인
을 신으로 떠받드는 일본제국의 성지로 떠올랐다. 1879년 6월 4일 야스쿠
니신사로 이름을 바꾸면서부터 별격관폐사로 지정되었다. 이어 막말의
15년간 존왕양이론尊王攘夷論을 주장하다 죽은 지사들이 야스쿠니의 신으
로 합류되었으며 태평양전쟁 중에 죽은 민간인 군속에 이르기까지를 신으
로 모시고 제사를 지내기에 이르렀다.

일반적으로 별격관폐사로 지정된 신사들은 과거 천황에 충성한 역사
적 인물 개개인에 대해 각각 신사를 마련해 신으로 섬기는 곳이지만 야스쿠
니신사의 존재근거는 현재와 미래에 걸쳐 있을 뿐 아니라 섬기는 제신祭神이
복수라는 점이 특징적이다. 예를 들어 별격관폐사로 가장 먼저 지정된 효고
兵庫현의 미나토카와湊川신사는 가마쿠라막부 말기 일시적인 천황 친정親政
(建武新政, 1334~1336 13)이 펼쳐졌을 때 당대의 고다이고後醍醐 천황을 섬기다

• • •

12 사격(社格)제도는 고대 율령체제하에서 운영된 바 있으나 메이지 시대에 다시 부활했다. 내용
상으로는 크게 다르지 않지만 메이지 시대의 사격제도라는 점에서 근대사격제도라고 부른다.
사격제도는 중앙정부의 신기관(神官과 祗官)이 직접 제사를 관장하는 관폐사(官幣社, 직역하자
면 국가가 제사에 관련한 모든 비용을 부담하는 신사)와 지방관이 관장하는 국폐사(国幣社)를
각각 대·중·소로 구분하고 계열화하는 한편 관·국폐사에는 속하지 않지만 국체(国体=천황·
천황제)을 위한 공적이 있는 인물을 신으로 모시는 별격관폐사를 따로 두었다. 그 외 부(府)=현
(縣), 향(鄉), 촌(村), 무격(無格) 등 행정구역 체계상으로 묶어놓은 여러 신사(諸社)가 있다.

무로마치막부를 연 아시카가 다카우지足利尊氏에 패해 자결한 구스노키 마사시게楠木正成(?~1336)를 제신으로 한다. 이에 비하면 야스쿠니신사의 제신은 극히 최근에 천황을 위해 목숨을 바친 자, 그리고 앞으로 바칠 자들로 구성되어 있다. 야스쿠니신사는 신정국가 일본제국의 살아있는 신 천황을 위해 목숨을 바친 이들을 제신으로 기리고 추모하면서 온 국민이 천황을 위해 목숨을 바치겠다는 각오를 새롭게 다지는 현장이었던 것이다.

별격관폐사는 사격社格 체계상 관·국폐사보다 서열이 낮았다. 하지만 야스쿠니신사는 별격관폐사이면서도 사격 체계의 최상위이자 천황의 조상신을 모시는 이세신궁과 같은 지위로 자리 매김 되었을 정로로 국가신도의 주축을 이루었다. 더구나 1887년 신관神官 관리제도 개편을 통해 육·해군성이 야스쿠니신사를 직접 관리하게 됨으로써 야스쿠니신사의 지위는 초월적인 국가신도 체계에서도 각별한 위치를 더욱 굳건히 하게 되었다.

또 1939년 지방 초혼사招魂社가 호국신사로 개편되는 과정에서 이전까지는 해당 지방출신의 혼백은 출신 지역의 호국신사에서 신으로 모셨으나 천황을 위해 목숨을 바친 이들은 지방 출신자들이라도 야스쿠니신사의 제신으로 바로 지정되었다. 이로써 야스쿠니신사는 국체(천황·천황제)에 충성하는 이들을 제신으로 섬기는 신사들의 총체로서 전국 규모의 계열화를 완성하기에 이른다. 중앙에는 야스쿠니신사, 부현府縣에는 지정 호국신사, 무지정 호국신사, 행정구역 시市·정町·촌村에는 충혼탑·충혼비로 이어지는 수직 계열화를 통해 일본제국은 침략전쟁을 미화하고 전쟁 동원 체제를 위한 정

<hr />

13 겐무신정(建武新政)이란 가마쿠라막부 멸망 직후 무사 정권에 밀려나 있던 고다이고 천황이 일시적으로 직접 정치를 시도해(親政) 새로운 정책(新政)을 편 것을 말하는데 1334년의 연호 겐무(建武)에서 유래했다. 겐무신정은 무로마치막부를 연 아시카가 다카우지의 이반(離反)으로 붕괴했다.

신적 기반을 정비했던 것이다.

국가신도는 이세신궁을 정점으로 하는 체계와 야스쿠니신사를 축으로 하는 체계로 구성되었다고 해도 과언이 아니다. 야스쿠니신사 신앙이란 국가신도의 두 축 중 하나를 숭배하는 것이며 동시에 천황을 위해 목숨 바칠 각오를 다지는 국가 이데올로기를 찬미, 수용하는 것이다. 특히 중일전쟁 이후 전선이 확장되면서 야스쿠니신사 신앙은 일본제국주의를 지탱하는 골간이 되었고 마침내는 국가신도의 핵심을 이루게 되었다.

이 때문에 패전 후 국가신도와 야스쿠니신사에 대한 연합군의 태도도 각별한 것이 아닐 수 없었다. 당장 연합국군총사령부GHQ는 1945년 10월 '정치적, 사회적 및 종교적 자유에 대한 제한 제거'라는 각서를 통해 패전 일본의 종교적 자유를 확립하고 치안유지법, 종교단체법 등의 탄압통제법규를 철폐하고 천황, 국체, 일본제국 정부에 대한 토론의 자유를 지시했다. 이어 그해 12월 25일 GHQ는 '국가신도, 신사신도에 대한 정부의 보증, 지원, 보전, 감독 및 홍보 폐지에 관한 건'이라는 각서를 발포했다. 이것이 바로 이른바 GHQ의 '신도지령神道指令'이다. 신도지령은 4개항으로 구성되어 있으며 '국가와 신도신사의 완전한 분리' '신도를 포함한 모든 종교를 국가로부터 분리' 등을 명한 것이다.

그러나 GHQ는 국가신도의 해체를 명했을 뿐 당시 전국 11만여 개의 신사에 대해서는 전통적 신앙에 입각한 일반적인 종교시설로 보았다. 여기에는 천황의 전쟁책임을 따지지 않기로 한 미국과 미국이 주도하는 GHQ의 입장 정리와도 관계가 적지 않았을 것으로 보인다. 그 결과 군국주의·초국가주의적 성격이 짙은 야스쿠니신사, 이세신궁조차도 강제폐쇄를 면하게 되었다. 이는 국가신도의 총체적인 관리를 맡아왔던 내무성 신기원神祇院이 행한 패전 직후 국가신도 보호를 위한 변명도 작용했겠지만 무엇보다 GHQ

의 애매모호한 대응이 빚어낸 결과라고 하지 않을 수 없다.

신기원은 국가신도를 가능한 한 유지하기 위해 "일본에는 국교로서 신도는 존재하지 않았다", "신사는 행정상 종교로 관리되지 않았다" 등의 주장을 내세워 GHQ에 변명했고, 그 실질적인 증거로서 "전쟁 과정을 통해 신사에 대한 정부의 비용 지출은 늘어나기는커녕 줄어들었다"는 사실을 들었다. 전쟁 말기 물자부족 때문에 신사에 대한 정부의 지원 금액이 줄어든 것을 증거로 내세운 신기원의 변명은 손으로 하늘을 가리는 격이었지만 더 이해할 수 없는 것은 GHQ가 신기원의 주장을 그대로 수용했다는 점이다. 전전 국가신도, 일본제국주의를 지탱해온 요체에 대한 연합군의 판단이 어수룩했음을 보여주는 대목이다.

신도지령은 겉으로는 국가신도의 해체를 가져왔지만 내용적으로는 애매모호한 결말을 낳고 말았다. 국가신도의 실질적인 두 축인 이세신궁과 야스쿠니신사 중심의 전국적인 계열화 구도는 사실상 잔존하게 되었기 때문이다. 우선 이세신궁은 전국 8만여 신사를 포괄하는 본종本宗의 지위를 여전히 유지하게 되었다. 신도지령으로 폐지된 황전강구원皇典講究院, 대일본신기회大日本神祇會, 신궁봉재회神宮奉齋會[14]가 통합하여 1946년 2월 3일 이세신궁을 본종으로 하는 종교법인인 신사본청神社本廳을 설립하고 내무성 신기원의 업무를 이어받기에 이르렀기 때문이다. 신사본청의 수장은 대대로 천황가의 황족들이 차지해오고 있으며 오늘날까지도 건재하다.

다음으로 야스쿠니신사는 1946년 해 9월 7일 단립 종교법인으로 그

. . .

14 황전강구원(皇典講究院)은 1876년 국가신도의 신직(神職) 양성기관으로 출발했으며 고쿠가쿠인(国学院)대학의 모체다. 대일본신기회(大日本神祇会)는 국가 관료인 신관(神官)과 기관(祇官)의 연합체로서, 각 지방연락부를 총괄하는 신관들의 이익단체다. 신궁봉재회(神宮奉齋会)는 1899년 설립된 이래 천황가의 결혼식을 신도식으로 거행하는 등 대국민 신궁교화사업을 펼쳐오면서 국가신도 이데올로기의 파급에 주력해왔다.

존재를 이어가게 되었다. 지방의 호국신사들은 먼저 만들어진 신사본청에 속하게 되었기 때문에 외형으로만 보면 야스쿠니신사의 계열화는 일단 해체된 것으로 보인다. 현재 전국적으로 산재해 있는 70개(1939년 내무장관이 지정한 것은 52개)의 호국신사는 전전과 같은 야스쿠니신사의 분사分社 관계에서는 벗어나 공식적으로는 대등한 존재이기 때문이다.15 하지만 기능적으로는 여전히 천황을 위해 죽은 이들을 제신으로 모신다는 점에서는 전전과 흡사하다. 전후 야스쿠니신사에 합사되는 혼백은 태평양전쟁 당시의 전사자 중 신원이 확인된 군인, 군속 등이며, 호국신사의 경우는 전후 공무로 죽은 자위대원이 합사되고 있다. 사망한 시점이 전전이냐 전후이냐 하는 점만 다를 뿐 야스쿠니신사와 호국신사의 역할은 전전과 결코 다르지 않다.

앞서 나카야 소송에서 드러난 것처럼 보수 계층의 주도하에 공무로 순직한 자위대원을 억지로라도 호국신사에 합사시키려고 혈안이 되어 있는 일본 사회의 현실을 감안할 때 호국신사는 야스쿠니신사의 실질적인 분사로 기능하고 있는 셈이다. 결국 야스쿠니신사 신앙, 호국신사 신앙은 아직도 면면히 이어지고 있는 것이다. 천황을 위해 죽은 자들을 신으로 떠받들고 그러한 상황을 찬미하는 행보는 천황의 지배를 찬양하고 그것을 일본 고유의 전통이라는 미명으로 치장하는 것과 조금도 다를 바 없기 때문이다(읽을거리 5 참조).

• • •

15 현재 호국신사는 원칙적으로 47개 도도부현(都道府県)에 대략 하나씩 있는 셈이다. 정확하게는 홋카이도에 3개, 효고, 히로시마, 시마네, 기후현에 각각 2개씩, 그리고 도쿄도와 가나가와현에는 없어 총 51개이다. 도쿄도에는 야스쿠니신사가 있기 때문이며, 가나가와현은 호국신사 대신 요코하마전몰자위령탑이 있다. 전국호국신사회가 야스쿠니신사와 연계해서 공동으로 활동하는 것을 보더라도 야스쿠니신사와 호국신사의 관계는 집요하게 이어지고 있음을 알 수 있다.

■ 읽을거리 5: 일본판 지하드, 야스쿠니신사

"야스쿠니신사는 일본 국내 문제로만 볼 수 없다. 과거 침략전쟁에서 전사한 이들을 신사에 봉안하고 마치 현재 중동의 지하드(Jihad, 聖戰)와 같은 의미로 자리 매김하고 있기 때문이다" 2005년 6월 일본의 한 일간지에 실린 사토 고조 뉴욕대 교수의 기고문 일부다.

2006년 7월 20~21일 서울에서 '세계의 눈으로 야스쿠니를 본다: 문명과 야만 사이'라는 반(反)야스쿠니 국제세미나가 열렸다. 세미나에 참가한 일본의 우치다 마사토시 변호사는 사토 교수 주장을 인용하면서 "일본 사회는 야스쿠니의 성전 이데올로기와 여전히 결별하지 못하고 있다"고 지적하고, 고이즈미 준이치로 총리의 야스쿠니 참배를 증거로 들었다.

• **참배에 연연하는 고이즈미**

15일 참배 강행을 고집하고 있는 고이즈미 총리는 그 이유로 두 가지를 든다. 우선 "국가를 위해 목숨을 바친 분들에게 대한 추도행위"라고 주장하고, 자신이 2001년 자민당 총재선거에서 참배를 '공약'으로 내세웠다는 점을 강조해왔다.

그러나 그것은 어디까지나 표면적인 이유다. 우선 그가 "국가를 위해~"라고 했을 때의 '국가'가 문제다. 현재 야스쿠니신사에 봉안된 영령 대부분은 2차 대전 이전의 전사자들이다. 전전(戰前) 일본은 국가가 곧 천황이라는 뜻의 국체(国体)를 강조했기에 전사자들은 국체 보전, 즉 천황을 위해 죽어간 셈이다.

그렇다면 고이즈미 총리가 거론한 '국가'는 전전의 국체 보전을 강조하는 국가인가, 전후(戰後) 민주주의 국가인가. 전후의 국가를 뜻한다면 그의 참배는 그 자체가 모순임을 내외로 알리는 것이요, 전전의 국가를 지칭한다면 그는 역사와 현실을 분별하지 못하는 정치가다. 둘 다 아니라면 그는 교묘한 과거옹호자다.

또 고이즈미 총리의 공약도 억지주장일 뿐이다. 총리 약속은 보수 계층만을 의식한 공약일 뿐 전후 불충분하나마 일본이 한국 등 주변국에 대해 행한 사죄에 대해서마저 불복하는 것과 다름없다. 일부 국민과 한 약속은 중요하고 주변국 국민들에게 밝힌 정부의 공식발언은 뒤집어도 좋다는 식의 대응은 이해하기 어렵다.

• **과거·침략주의와의 연결고리**

전전 체제가 붕괴된 지 60년이 넘었지만 여전히 일본의 과거사, 침략사에 대한 문제제기가 끊이지 않는 것은 이 문제가 말끔하게 해결되지 않았기 때문이다. 그 대표적인 예가 야스쿠니다.

우치다 변호사에 따르면 본래 전전의 야스쿠니는 "천황이 제주(祭主)가 돼 전사자들를 현창(顯彰·세상에 널리 알림)하고, 유족에 대해서는 전사의 슬픔을 기쁨으로 변화시킴으로써 '영령'의 재생산을 위한 장치"였다. 문제는 이러한 사고방식은 지금까지도 계승되고 있다는 사실이다.

마이크 셀던 미 코넬대학 교수는 전후의 야스쿠니에 대해 "식민주의와 전쟁 기억을 보호하고 한국, 중국, 기타 피해국의 화해와 보상 요구를 묵살하는 이들의 상징이 됐다"고 갈파했다. 패전 직후 미국을 중심으로 한 주일 연합군사령부는 전쟁을 독려하고 국체 이데올로기의 대들보 역할을 했던 야스쿠니신사를 아예 해체할 것도 고려한 바 있었다. 하지만 천황에 대한 전범 기소가 면제된 것과 마찬가지로 야스쿠니는 존속됐고 이후 야스쿠니는 과거·침략주의와의 연결고리로서 기능하고 있다. 이야말로 일본판 지하드에 다름 아니다.

• **미흡한 한국 대응**

우선 일관성이 부족하다. 일본 총리의 야스쿠니 참배는 전후에도 끊임없이 벌어졌지만 한국 정부는 그저 침묵했다. 1978년 A급 전범이 야스쿠니에 합사된 이후에도 후쿠다(다케오), 오히라, 스즈키, 나카소네, 하시모토 등 전 총리와 현 고이즈미 총리를 포함하면 현직 총리의 참배는 지금까지 28회나 된다(2006년 8월 고이즈미 총리의 참배를 포함하면 총 29회). 특히 전범 합사 이후 일본 총리의 8·15참배는 80년·81년·82년 스즈키 전 총리, 83년·84년·85년 나카소네 전 총리 등 6회나 됐지만 한국 정부가 문제를 삼은 것은 85년 나카소네 총리 때가 처음이었다.

한국의 대응이 소홀한 것은 기본적으로 야스쿠니에 대한 인식이 부족한 때문이다. 한국에서는 일본의 역사교과서 왜곡 문제가 불거지면서 85년 비로소 야스쿠니 참배의 문제점을 거론하기 시작했다. 2001년부터 시작된 고이즈미 총리의 거듭된 참배에 한국 정부가 강하게 반발하는 것도 90년대 들어 더욱 심화된 일본의 역사왜곡을 경계하는 연장선이다. 그럼에도 야스쿠니에 대한 일관성 없는 대응이라는 지적은 피하기 어렵다.

한국사회가 일본을 바라보는 시각이 획일적이라는 점도 문제다. 일본 내에도 야스쿠니 반대론이 존재하며, 지난 전쟁에서 피해를 입은 것은 주변국뿐 아니라 지배층에 휘둘려 전쟁으로 내몰렸던 수많은 일본 국민도 포함돼 있다는 사실이 종종 외면되고 있기 때문이다. 야스쿠니 문제를 포함한 대일 문제에 정치외교적 측면과 더불어 시민사회 공동의 선을 중시하는 접근이 필요한 것도 바로 이 때문이다.

• A급 전범 합사 이후 일본 총리의 야스쿠니신사 참배 기록

1978년 10월 17일	A급 전범 14명 합사
1978년 10월 18일	후쿠다 다케오 총리 참배
1979년 4월 19일	「아사히신문」 'A급 전범 합사' 보도
1979년 4월 21일	오히라 마사요시 총리 참배
1979년 10월 18일	오히라 마사요시 총리 참배
1980년 4월 21일	오히라 마사요시 총리 참배
1980년 8월 15일	스즈키 젠코 총리 참배
1980년 10월 18일	스즈키 젠코 총리 참배
1981년 4월 21일	스즈키 젠코 총리 참배
1981년 8월 15일	스즈키 젠코 총리 참배
1981년 10월 17일	스즈키 젠코 총리 참배
1982년 4월 21일	스즈키 젠코 총리 참배
1982년 8월 15일	스즈키 젠코 총리 참배
1982년 10월 18일	스즈키 젠코 총리 참배
1983년 4월 21일	나카소네 야스히로 총리 참배
1983년 8월 15일	나카소네 야스히로 총리 참배
1983년 10월 18일	나카소네 야스히로 총리 참배
1984년 1월 5일	나카소네 야스히로 총리 참배
1984년 4월 21일	나카소네 야스히로 총리 참배
1984년 8월 15일	나카소네 야스히로 총리 참배
1984년 10월 18일	나카소네 야스히로 총리 참배
1985년 1월 21일	나카소네 야스히로 총리 참배
1985년 4월 22일	나카소네 야스히로 총리 참배
1985년 8월 15일	나카소네 야스히로 총리 참배
1996년 7월 29일	하시모토 류타로 총리 참배
2001년 8월 13일	고이즈미 준이치로 총리 참배
2002년 4월 21일	고이즈미 준이치로 총리 참배
2003년 1월 14일	고이즈미 준이치로 총리 참배
2004년 1월 1일	고이즈미 준이치로 총리 참배
2005년 10월 17일	고이즈미 준이치로 총리 참배
2006년 8월 15일	고이즈미 준이치로 총리 참배

(자료: 나카후지 히로히코 '야스쿠니문제로 본 한·일 관계' 중)

(「국민일보」 2006년 8월 14일자, 기획특집. 표 중에서 고이즈미 총리의 2006년 8월 15일 참배기록은 특집기사가 나온 이후의 시점이지만 사실기록 차원에서 추가했다.)

야스쿠니 신앙, 일본 전후 청산의 걸림돌

야스쿠니신사 측이 내놓은 안내서 「야스쿠니 대백과(우리들의 야스쿠니신사)」 에 따르면 야스쿠니靖国란 말은 "나라를 태평하고 평온하게 하여 언제까지 나 평화로운 나라를 만들자"는 뜻이며 메이지 천황이 명명한 것이다. 숱한 침략전쟁을 치러오면서 그 전쟁을 미화하고 천황숭배 이데올로기를 독려 해왔고 지금도 그 틀에서 벗어나지 못한 상황임에도 스스로 '나라의 평안' 운운한다는 것은 극히 모순적이다.

특히 야스쿠니신사 경내에 마련된 유슈칸遊就館 안내문에는 "야스쿠니 의 신들의 성심을 기리면서 우리나라 근대 역사를 바르게 배우자"고 되어 있으나 쓰여 있는 내용은 메이지유신 이후 청일전쟁에서 태평양전쟁에 이르기까지의 침략전쟁을 미화하고 전쟁의 당위성과 일본제국의 전과를 자랑하는 것으로 일관하고 있다.

예컨대 유슈칸의 러일전쟁 항목에는 '와신상담臥薪嘗膽16의 승리'라는 표현이 등장한다. 청일전쟁에서 승리한 일본제국이 청으로부터 빼앗은 요동반도를 다시 돌려줄 수밖에 없도록 국제적 압력을 가한 이른바 3국 간섭(1895)에 대한 불만이다. 러일전쟁의 승리로 3국 간섭의 주역인 프랑스, 독일, 러시아 중 러시아에 대해 복수를 이뤄냈다는 것이다. 이야말로 침략에 대한 당위성만을 강조하는 역사 기술이 아닐 수 없다. 심지어 유슈칸 1층에는 태평양전쟁 당시 진주만 공격의 선봉에 섰던 제로전투기Zero-Sen(영식함상전투기) 등 일본이 자랑하는 무기들은 물론 자살폭격특공기, 인간어뢰에 이르기까

• • •

16 '가시가 많은 나무에서 누워 자고(臥薪)', '곰쓸개를 씹으며(嘗膽)' 패전의 굴욕을 견뎌 복수할 때를 기다린다는 뜻. 중국 춘추전국시대의 고사에서 비롯된 말이다.

지 진열하고 있다. 야스쿠니신사가 추구하는 평안이 무엇을 의미하는지를 노골적으로 보여주고 있는 대목이다. 그들이 주장하는 평안은 인접국을 무력으로 도발하고 억눌러서 얻어낸 자신들만의 평안이었다. 뿐만 아니라 국체(=천황·천황제)를 위해 분골쇄신해야 한다는 이데올로기를 국민에게 주입시키고 전선에서 자살공격을 강요하면서까지 구축하려고 했던 평안, 그것은 바로 천황을 중심으로 한 지배층만의 평안에 불과했다. 더구나 현대 민주주의 국가 일본에서 그와 같은 사실을 버젓이 내놓고 자랑을 하는 있는 것이 현재 야스쿠니신사의 현실이다.

따라서 야스쿠니신사에 참배하는 것은 전몰자를 위로하는 행위로 치장한 채 침략사의 부정, 침략사에 대한 미화, 나아가서는 천황숭배를 고백하는 것이나 다를 바 없다. 겉으로만 보면 국가신도는 메이지유신과 함께 뿌리내리기 시작해 1945년 8월 패전으로 해체되었지만 국가신도의 한 축을 이뤘던 야스쿠니신사는 이처럼 건재하다. 이는 전전 천황을 앞세워 국가신도를 창건하고 추종하는 한편 이를 기반으로 국민을 국체=천황제 이데올로기로 묶어내면서 지배체제를 구축해왔던 일본 보수지배층이 전후에도 여전히 그 세력을 유지하고 있다는 데 근본적인 원인이 있다.

전후 야스쿠니신사에 대한 일본 보수층의 자리 매김 노력은 집요하고 끈질겼다. 그들의 노력은 패전 직후 신기원의 신사에 대한 변명에서부터 지금까지 계속되고 있지만 그 중에서도 대표적인 것은 야스쿠니신사 국영화 작업과 공식참배였다.

먼저 목소리를 내기 시작한 것은 1947년 결성된 전몰자 유족단체인 전일본유족후생연맹이었다. 이 단체는 1953년 3월 '일본유족회'로 개칭하고 전국 전몰자유족대회에서 야스쿠니신사의 위령 행사(제사) 비용은 국가가 부담해야 한다는 주장을 펴기 시작했다. 겉보기에는 전몰자에 대한 국가의 책임론을 주장하는 것으로 들릴 수 있지만 속내는 야스쿠니신사에 대한 국가보호를 요청하는 내용이다. 국립묘지의 관리라면 당연히 국가가 맡아야 마땅하다. 하지만 천황의 군대를 신으로 떠받들어온 전전 야스쿠니신사의 위상이 여전히 막강하고 과거와 분명한 단절을 이루지 못한 전후 일본의 현실에서는 헌법의 정교분리 원칙에 입각해 볼 때 위헌적 요소가 적지 않은 주장이다.

그럼에도 일본유족회는 1963년 12월 야스쿠니신사 국가보호를 요청하는 서명운동을 전개하는 한편(1964년 4월 말 현재 668만 명이 서명), 1964년 2월 자민당 내 유가족의원협의회는 유가족의원협의회 총회에서 야스쿠니신사 국가보호를 결의했다.[17] 이에 당시 사회당은 야스쿠니신사 국가보호는 위헌임을 밝히고 반대의 뜻을 분명히 했다. 그러나 그 해 7월 이케다 하야토池田勇人 정권은 일본유족회의 뜻을 받아들여 매년 도쿄 중심부의 히비야日比谷공회당에서 개최했던 8·15 전국전몰자추도식을 야스쿠니신사 경내에서 장소를 바꾸어 거행하기로 각의에서 결정했다.[18]

일본유족회의 서명운동은 이윽고 자민당의 유족 의원들을 중심으로 이른바 '야스쿠니 법안'[19]제출로 이어졌다. 1969년 자민당 의원들에 의해

• • •

17 이는 당시의 시대적 배경과 무관하지 않다. 연합군사령부는 1947년 2월 전몰군인군속에 대한 서위서훈(敍位敍勳)을 중단하도록 했으나 일본유족회의 끈질긴 요구로 1965년 1월 일본정부는 이들에 대한 서위서훈을 재개했다(전몰군인군속 및 부상자에 대한 은급재개는 1953년부터). 이로써 전몰자를 세상에 널리 알리는 현창(顯彰)사업이 본격화된 것이었다. 赤沢史朗, 『야스쿠니신사: 대립하는 전몰자추도의 향방(靖国神社: せめぎ合う戦没者追悼のゆくえ)』, 岩波書店, 2005, 122~125쪽 참고.

아카자와 시로(赤沢史朗)는, 패전 직후 일본 사회의 전몰자에 대한 인식은 순국과 평화 두 개념이 서로 동거해왔으나 1950내 후반으로 접어들면서 순국을 강조하는 국가주의적 경향이 평화를 앞세우는 반전론을 능가하기 시작했다고 본다. 아울러 전몰자에 대한 보훈이 재개되면서 순국 찬미의 군국주의적 경향은 더욱 심화되었다고 지적한다.

18 그해 8월 15일 전국전몰자추도식은 실제로 야스쿠니신사 경내에서 개최되었다. 그러나 일본 기독교계를 비롯해 일부 시민들의 반발이 적지 않자 이듬해부터 전국전몰자추도식은 야스쿠니신사에서 가까운 일본무도관에서 열리고 지금에 이른다.

19 '야스쿠니 법안'은 전전의 야스쿠니신사의 역할을 전후에도 이어가자는 내용이다. 내용적

야스쿠니 법안이 제61회 정기국회에 처음으로 제출되었다. 그러나 일부 기독교 단체들의 반발과 함께 정기국회 폐회로 심리도 하지 못하고 폐안되었다. 이후 야스쿠니 법안은 1974년까지 5번에 걸쳐 법안제출과 폐안을 거듭하였다.

야스쿠니 법안 상정이 실패한 데에는 전후 일본 평화헌법의 정교분리 원칙이 적지 않게 작용한 것이라고 하겠다. 반면 거듭된 상정 실패 이후 보수지배층의 노력은 이제 야스쿠니신사 공식참배 강화로 모아지게 된다. 야스쿠니신사 국가보호 운동은 야스쿠니신사의 제신, 즉 전몰자들에 대한 국가적 관심을 유도하는 쪽으로 전략을 달리했던 것이다. 이것이 오늘날 우리가 직면하고 있는 야스쿠니신사 참배문제이다.

이후 계속된 총리의 야스쿠니신사 공식참배는 [읽을거리 5]의 표에서 소개하고 있는 대로 꾸준하고도 지속적으로 이루어졌다. 그 중에서도 21세기 들어 벌어진 고이즈미 준이치로小泉純一郞 총리의 참배행각은 동아시아 각국의 대일 외교를 흔드는 결과를 만들었을 정도로 끈질겼다. 그는 집권 5년 반 동안 매년 빠짐없이 총 6회 공식참배를 감행했다. 그 와중에 도쿄 전범재판에서 극형을 선고받은 A급 전범의 야스쿠니신사 합사를 반대했다는 쇼와 천황의 말을 기록한 문서가 공개되고, 우익 논조를 대변해온 요미우리신문의 와타나베 쓰네오渡辺恒雄 회장을 비롯해 1985년 총리 재임 중 야스쿠니신사 공식참배를 단행했던 나카소네 야스히로中曾根康弘 전 총리가 고이즈미의 야스쿠니신사 공식참배를 반대하고 나서는 사태가 벌어졌다(읽을거리 6 참조).

• • •

측면에서 전전과 전후가 전혀 다르지 않은 야스쿠니신사의 위상과 역할을 법적·제도적 측면에서까지 확보하겠다는 주장이다. 야스쿠니 법안 1조는 "야스쿠니신사는 전몰자 및 순국자들의 영령에 대한 국민의 존숭의 마음을 표하기 위해, 그 유덕을 생각하고 영령을 위로하며 영령들의 업적을 기리는 의식, 행사 등을 실시해, 영령들의 위업을 영원히 후세에 전하는 것을 목적으로 한다"고 되어 있다.

2006년 7월 20일 니혼게이자이신문(닛케이)은 "쇼와 천황(재위 1926~1989)이 A급 전범의 야스쿠니신사 합사(合祀)에 불쾌감을 나타냈다"는 도미타 아사히코 전 궁내청 장관 메모를 공개했다. 이 메모는 1988년 암 투병 중이던 쇼와 천황의 말을 기록한 것으로 쇼와 천황의 참배 중단 이유를 기록한 첫 문서다.

• 메모 공개 배경

보도에 따르면 닛케이는 지난해(2005년) 가을 도미타 전 장관 부인으로부터 메모를 받았다. 그런데 왜 지금 공개됐을까. 닛케이가 재계의 요청을 받아들인 것이라는 해석이 일반적이다.

천황 참배중단이 A급 전범 합사 때문이었고, 지금 주변국 반발도 바로 그 점에 있음을 여론에 환기시킴으로써 총리의 참배중단을 유도해 주변국과 관계정상화를 꾀하는 한편, A급 전범 분사(分祀)론에 불을 지피자는 의도라는 것이다. 실제로 거듭된 고이즈미 총리의 참배 강행으로 주변국과의 정치·외교적 갈등이 심각한 지경에 이르자 재계를 비롯해 나카소네 전 총리, 와타나베 요미우리신문 회장 등 수많은 보수계 인사들까지도 총리의 참배 중지를 요청하고 나섰다.

• 메모의 진실

왜 천황은 A급 전범 합사를 못마땅해 했을까. 천황이 자신의 충복들에 대해 아무리 전범으로 규정됐다고 해도 참배를 기피하지는 않았을 것이고 보면, 합사로 인해 야스쿠니가 국제적으로 조명 받는 것을 꺼렸을 가능성이 높다. 그로 인해 천황 자신이 참배를 할 수 없게 됨은 물론 행여 일반인 참배조차도 국제적으로 비난받을 수 있어 결과적으로 야스쿠니에 대한 반감 확산을 염려했을 수도 있다.

1985년 8·15 참배로 한국·중국으로부터 비판이 쏟아져 이후 참배를 중지한 나카소네 전 총리는 최근 한 좌담회에서 고이즈미 총리의 참배강행 방침을 비판하면서 "천황이 참배할 수 있도록 하는 것이 총리의 일"이라고 강조했다. 총리의 참배로 야스쿠니가 국제문제화되고 이 때문에 당연히 참배하러 와야 할 천황이 참배할 수 없다면 잘못 아니냐는 주장이다.

나카소네 전 총리 주장은 야스쿠니의 성전 이데올로기를 용인하는 발언과 다름 없다. 마찬가지로 야스쿠니신사의 실질적인 서포터즈라고 할 수 있는 일본유족회의 고가 마코토 회장도 최근 더 이상 야스쿠니가 국제적인 관심사가 되지 않도록 A급 전범 분사를 희망한다고 밝혔다.

그렇다면 분사가 이뤄져도 야스쿠니문제가 해결되는 것은 아니다. 분사 이후 천황의 참배(親拜)가 부활할 가능성이 있고, 야스쿠니의 성전 이데올로기는 되레 더욱 강화될 수 있기 때문이다.

• 패전 후 천황의 야스쿠니 참배

1945년 11월 20일	대 초혼제 참석
1952년 10월 16일	상징천황이 된 후 첫 참배
1954년 10월 19일	가을 대제(大祭). 야스쿠니신사 창립 85주년 기념
1957년 4월 23일	봄 대제
1959년 4월 8일	야스쿠니신사 창립 90주년 기념
1965년 10월 19일	전후 20년
1975년 11월 21일	전후 30주년

자료: 박진우, 「야스쿠니 문제와 역사인식」, 세미나 '세계의 눈으로 야스쿠니를
본다'(2006년 7월 20일) 발표논문 중

(「국민일보」 2006년 8월 14일자, 기획특집 "일본판 지하드, 야스쿠니신사" 중)

고이즈미의 참배소동은 정권 교체와 더불어 일단 가라앉았지만 야스쿠니신사 신앙은 건재했다. 고이즈미의 참배에 반대했던 보수인사들의 야스쿠니신사에 대한 인식이 바뀐 것은 더더욱 아니다. 오히려 최근 일본유족회는 야스쿠니신사가 A급 전범이 합사된 것이 문제라는 한국과 일본의 지적에 대해 A급 전범 분사를 주장하고 있다.[20] 이 역시 일본유족회의 야스쿠니신사 신앙이 전후 청산의 21세기형으로 진화한 것은 물론 아니다.

일본유족회의 입장, 야스쿠니신사 신앙을 추종하는 보수세력의 입장은 A급 전범을 배제하고서라도 야스쿠니신사 신앙을 지켜내는 것에 초점을 두고 있는 모습이다. 즉 천황(국체)을 지키다가 죽은 이들을 추모하고 천황을 숭배하는 현장에 천황이 직접 참배할 수 있도록 하는 기반을 마련하는 것이 그들의 궁극적인 목표인 것으로 보인다. 이렇게 보면 야스쿠니신사 공식참배에 대한 한국을 비롯한 중국 등의 반발을 피하려는 일부 정치가들의 주장인 'A급 전범 분사'는 야스쿠니 문제 해결의 본질이 아니라는 것이 분명해 진다.[21]

그럼에도 현재로서는 A급 전범 분사와 별도의 국립 전몰자추도시설을 마련하는 것이 야스쿠니 문제의 한 해법이 될 수 있다고 본다. 왜냐하면 신도 성격은 물론이고 일체의 종교적 색체를 배제한 별도의 국립추도시설

• • •

20 일본유족회 회장인 고가 마코토(古賀誠) 중의원의원은 "유족회 차원에서 A급 전범 분사에 대해서는 아직 논의된 상황은 아니지만 어떻게 하면 온 국민이 참배할 수 있는 야스쿠니신사를 만들 것인가에 대해 고민하고 있다"고 말했다. 「니혼게이자이신문」 2008년 8월 11일자.
21 일본 정치가 중에는 야스쿠니 문제의 실체에 대한 인식 위에서 별도의 국립추도시설의 필요성을 역설하는 이도 적지 않다. 예컨대 고노 요헤이(河野洋平) 중의원의장은 2008년 8월 15일 일본무도관에 열린 전국전몰자추도식 식사에서 "특정 종교에 편중하지 않고 모든 사람들이 마음을 하나로 모아 추도할 수 있는 시설을 신중하게 검토해야 한다"고 주장했다. 고노씨는 2006년 추도식 때에도 "전쟁책임을 애매하게 해서는 안 된다"고 밝힌 바 있다. 「아사히신문」 2008년 8월 29일자 사설 "솔직한 고노 씨의 발언을 높이 산다(率直な河野流を買いたい)" 참조.

의 등장을 통해 전후 일본이 국가신도 - 야스쿠니신사로 이어지는 전전의 천황제 기반과 명실 공히 단절될 수 있는 계기를 갖게 될 수 있을 것이기 때문이다.

현재 별도의 국립추도시설 대상으로 자주 거론되고 있는 '지도리가후치千鳥ヶ淵 전몰자묘원戰沒者墓苑'도 지금 상태로는 문제가 적지 않다. 이 묘원은 신원이 알려지지 않거나 무연고 전몰자 군인·군속 유골을 안치하기 위해 일본 정부가 1959년 마련했다. 당시 야스쿠니신사 측은 이 묘원이 등장함으로써 행여 전몰자 추도, 위령, 현창이 이곳에서 벌어지지나 않을까 반대 입장을 폈다. 이에 정부도 지도리카후치는 어디까지나 무연고·무명 유골을 안치해두는 성격에 불과하다고 대응했다. 따라서 지도리가후치에서는 국가적 차원의 공식 추모행사가 벌어진 적이 없으며 현재는 매년 8월 15일 반전·평화 시민단체와 야스쿠니신사의 역할에 의문을 표하는 그룹들이 모여 초종교적 평화기도회를 하는 정도다(사진 2, 3 참조).[22]

그러나 지도리가후치도 천황의 입김에서 자유롭지 않다. 우선 장소가

. . .

22 지도리가후치 평화기도회는 1960년 8월 일본기독교단 도쿄교구가 추진한 '평화기원새벽기도회'에서 시작되었다. 1969년부터는 일본기독교회협의회(NCCJ)가 주관하였으나 1982년부터는 이 시설이 일본재군비, 군국주의에 이용되는 것이 아닌가 하는 의문이 일어 논란이 된 후부터는 NCCJ가 공식 주관하지 않고 있다. 이후 1984년부터는 뜻있는 기독교인들에 의해 이어져 내려오고 있다. NCCJ靖国神社問題委員会, 『지도리가후치 문제 Q&A(千鳥ヶ淵問題 Q&A)』, 2008, NCCJ, 5쪽.
예컨대 2008년 8월 15일 지도리가오후치의 참배동향을 보면 이렇다. "일본무도관에서 열리는 전국전몰자추도식에 참석하기에 앞서 후쿠다(福田) 총리, 에다(江田) 참의원의장, 사이토(齋藤) 환경부장관, 노다(野田) 소비자행정장관이 참배했다. 또 7시부터 일본기독교단이 주관하는 평화기도회, 9시부터 니치렌슈(日蓮宗) 종무원이 주관하는 전몰자 추도공양 및 세계평화기도회, 11시부터 '포럼 평화·인권·환경' 주최의 전쟁희생자 추도 및 평화를 약속하는 모임이 열렸다. 이후 일본회, 일본국방협회, 전국의 각지의 유족회, 전우단체, 일반인들의 참배가 하루 종일 이어졌다"(지도리가후치 묘원 봉사회가 발행하는 격월간 뉴스레터 「千鳥ヶ淵」 제473호, 2008년 9월 1일자 기사).

[사진 2] 2008년 10월 8일 수요일 오후 야스쿠니신사

[사진 3] 2008년 10월 8일 수요일 오후 지도리가후치

야스쿠니신사는 평일임에도 불구하고 참배객들이 이어지지만 걸어서 5분 정도 거리인 지도리가후치에는 같은 시간 참배객이 한 사람도 없었다.

궁내청 소유지에 건립되어 있는 데다 유골은 당시 쇼와 천황이 하사한 청동 항아리에 담겨 있다. 또 준공식 때도 쇼와 천황 내외가 참석했으며 매년 봄·가을에 벌어지는 위령식에는 천황가에서 참례하고 있다. 이는 이 묘원 역시 천황의 명령에 의해 소집된 천황의 군대 묘지임을 말해주는 것이다. 실제로 지도리가후치 내에는 쇼와 천황의 비碑와 현재의 헤이세이 천황의 비가 들어앉아 있다.[23]

따라서 이 시설이 국립묘지적 성격으로 거듭나기 위해서는 여러 가지 제약이 있을 것으로 예상된다. 그럼에도 신도 성격을 일체 배제하면서 근대국가의 일반적인 전몰자 묘지가 야스쿠니신사를 능가하는 형태로 등장하는 것은 바람직한 것으로 보인다. 그 과정에서 야스쿠니신사 신앙의 반발은 필연적인 것으로 등장할 터이고 보면 국립전몰자시설은 어쩌면 일본의 진정한 전후를 시작하는 첫 걸음이 될 수 있을지도 모르겠다.

야스쿠니신사 신앙, 천황제 절대국가의 낡은 유물을 끝까지 지켜가려는 몸부림은 아직 계속되고 있다. 그러나 일본이 이러한 현실을 뛰어넘지 못하면 오늘날 국제사회가 추구하는 보편적인 가치인 평화와 인권을 중시하는 국가로 평가받기는 어려울 것이다. 야스쿠니신사가, 아니 천황제가 일본의 바람직한 장래를 가로막고 있다는 생각을 지울 수 없다.

• • •

23 쇼와 천황이 보냈다는 비(碑, 1960)에는 "나라를 위해 목숨을 바친 사람들을 생각하면 가슴이 답답하다"고 쓰여 있다. 헤이세이 천황의 비(2005)의 내용은 "전쟁 없는 세상을 지내오다 그 힘든 날을 지내온 사람들이 생각한다"이다.

5장
천황제 지배구조의 저변, 부라쿠민

[사진 4] 고즈캇파라 가이코인 묘지의 '구비키리 지장보살'

귀 · 천관과 정 · 부정관의 지배구조

도쿄 도심에서 동북쪽에 위치한 아라카와구 미나미센주南千住역 부근 엔메이지延命寺에는 '구비키리지조首切地蔵'라는 기묘한 이름의 좌불상坐佛像(사진 4 참조)이 들어앉아 있다. 조반선常磐線과 히비야선日比谷線의 철로 사이에 끼어 있어 열차 오가는 소리에 귀가 따가울 정도이지만 높이 3.6m의 좌불은 과묵한 표정으로 그저 눈을 내리깔고 있을 뿐이다.

그곳에는 에도 시대부터 메이지 초기까지 스즈가모리鈴ヶ森, 이타바시板橋와 더불어 에도 3대 처형장의 하나인 고즈캇파라小塚原 처형장이 있었다. 좌불은 처형당한 이들을 위로하는 최소한의 역할을 맡아온 셈이었다. 최소한의 역할이란 당시 참형된 죄인의 시신은 가족에게조차 넘겨주지 않고 가매장되

는 게 보통이었으며 그들의 죽음을 내놓고 추모할 수도 없는 시대였기에 좌불이 그 역할을 대신해왔다는 뜻이다. 그렇다면 누가 이들의 시신을 처리했을까.

아라카와구 교육위원회가 세워놓은 안내판에 따르면 그 부근에 있던 본소회향원本所回向院이라는 절의 주지가 처형자와 무연고 행려병자들의 명복을 빌어주기 위해 1667년 이곳에 가이코인回向院¹을 지었고, 뒤이어 1771년 좌불이 건립되어 죄인들의 영혼을 달랬다. 좌불 옆으로는 참수형을 당한 이들의 묘지가 아직 남아 있다. 고즈캇파라는 에도 말기부터 막부의 국사범 처형장으로 주로 이용되었던 탓에 존왕양이를 주장했던 막부 말기 지사들의 묘비가 적지 않게 눈에 띤다. 예를 들면 메이지유신의 정신적인 지도자로 평가되는 요시다 쇼인吉田松蔭(1830~1859)도 그곳에서 처형당해 그의 묘비도 한 자리를 차지하고 있다.²

그런데 묘지 안에는 성격을 조금 달리 하는 작은 부조浮彫 불상이 하나 서있다(사진5 참조). 이 지장보살상은 처형당한 이들을 위한 것이 아니라 처형당한 이들의 시신을 수습하고 처리했던 이들을 위해 만들어진 것이다. 사진에서 보는 것처럼 불상 양 옆에는 죽은 히닌非人의 극락왕생을 기원하는 문구가 들어 있다. 예컨대 부조불상 오른쪽에는 "이전에도 죽었고 앞으로

• • •

1 원래 절 이름은 가이코인(回向院)이었다. 엔메이지는 그곳에 선로가 생기면서 부지가 둘로 나뉘자 한쪽을 가이코인의 분원(分院)으로서 붙인 이름이다. 부설 묘지 이름은 '고즈캇파라 가이코인'이다.
2 요시다 쇼인은 막부 말기 존왕양이론을 폈던 조슈(長州) 출신의 사무라이다. 1858년 막부가 교토의 천황과 상의하지도 않고 미·일수호통상조약을 체결한 것에 반발해 조약체결을 강행했던 막부의 중신(重臣) 마나베 아키카쓰(間部詮勝)를 암살하려고 했다가 국사범으로 참수되었다. 그는 사숙(私塾) 쇼카손주쿠(松下村塾)에서 다카스기 신사쿠(高杉晋作), 이토 히로부미(伊藤博文), 야마가타 아리토모(山縣有朋) 등 메이지유신의 주역들을 가르쳤고 이들의 정신적 지도자가 되었다. 현재 고즈캇파라에는 그의 묘비만 있을 뿐이다. 막부의 처형강행에 불만을 품은 다카스기 등 그의 제자들이 스승을 처형장의 묘지에 둘 수 없다는 명목으로 1862년 그의 시신을 다른 곳에 이장했기 때문이다. 막부의 권위가 당시 이미 땅에 떨어졌음을 보여주는 대목이다.

도 죽음을 맞을 히닌들의 극락왕생이 이루어지기를(爲前亡後滅非人等往詣樂邦也)"
이라는 문구가 새겨져 있다.

죄를 짓고 처형된 자들만이 있는 그곳에 왜 처형자들의 시신을 처리했던 이들을 위한 지장보살상이 나란히 있는 것일까. 처형자들만 사회에서 배제되고 소외되었던 것이 아니었다. 그들을 수습했던 이들도 마찬가지로 사회 일반과 섞이지 못하고 차별 대우를 받는 배제된 존재였기 때문이다.

일본 사회 일반과 섞이지 못하고 배제되고 차별당해 온 존재가 바로 피차별천민被差別賤民, 이른바 부라쿠민部落民이다. 보통 부라쿠部落라고 하면 주로 두 가지가 거론된다. 동물의 사체를 처리하거나 가죽을 벗겨 가공하는 일을 주로 맡아온 '에타穢多'와 죽은 시신을 처리해온 '히닌非人'이다. 그 외에도 부라쿠민에는 이른바 천업자賤業者(또는 雜賤)라고 하는 다양한 그룹이 존재한다. '사루카이猿飼い' 또는 '사루마와시猿廻'라고 불리며 거리에서 원숭이곡예를 하는 이들이 있는가 하면 '간닌願人', '고무네乞胸', '온나다유女太夫' 등 거리에서 노래와 춤과 옛날이야기를 팔고 구걸을 하는 이들도 있었다.

에타, 히닌, 천업자의 공통점은 더럽다는 것이다. 정확하게 말하면 사람들이 더럽다고 인식하는 대상이다. 특히 에타穢多는 문자 그대로 '더러울 예穢'와 '많을 다多'가 합하여 '더러운 것이 많다'는 뜻을 담고 있고, 히닌非人은 '사람이 아니다'라는 의미다. '예穢(게가레[穢れ])'는 한자 구성으로 따져보면 벼·곡식 '화禾'와 나이 '세歲'가 합쳐진 말이다. 곡식이 시간이 지나면서 시들고 썩어가는 것을 나타내고 있다. 또 '게가레'는 일본어 발음상으로도 기운을 뜻하는 '기氣'가 '시들다(가레루[枯れる])'라는, 즉 '기+가레루'에서 '게+가레'로 변화되었을 것이라는 설도 있다.[3] 이처럼 '게가레'는 잡초가 무성하여

• • •

3 川元祥一, 『부라쿠 문제란 무엇인가(部落問題とは何か)』, 三一書房, 1997, 61쪽.

초목이 자라지 못하는 모양을 나타내고 기근, 흉작, 불모 그리고 나아가서는 병과 죽음을 의미했기에 가능하면 피해야 하는 대상을 가리켰다.

[사진 5] 고즈캇파라 가이코인 묘지의 '히닌 지장보살'

'게가레'나 '히닌'은 사람으로 보기 어려울 정도로 더러운 존재이며 그 때문에 일반인들이 꺼림칙하게 여기고 기피하는 대상이라는 사실을 단어 그 자체가 나타내고 있다. 명칭에서부터 이미 차별적인 의미를 담고 있는 격이다. 이는 사람들이 접촉을 꺼리는 이른바 불가촉천민不可觸賤民(untouchable)이나 다를 바 없다. 고즈캇파라 가이코인 묘지에 있던 작은 불상은 불가촉천민 히닌을 위한 지장보살, 이른바 '히닌지조非人地藏'였던 셈이다. 죄인으로서 죽은 시신(더러운 것=게가레)을 처리하는 일은 '더러운 사람=게가레'로 지칭되는 히닌 이외에는 달리 맡을 사람이 없고, 그렇기 때문에 더러운 것과 늘 공존하는 이들 히닌은 제대로 사람대우를 받을 수 없었다는 이야기다. 그 누구도 내놓고 히닌들의 명복을 빌어줄 수는 없었기에 처형자들의 묘지 한쪽에 불심 깊은 어떤 스님이 그들을 위한 지장보살상을 세웠던 것으로 본다고 묘지 관계자는 설명한다.

동서양을 불문하고 전근대사회에서 불가촉천민은 나름대로 존재 이유가 적지 않았다. 무엇보다 지배층의 입장에서 볼 때 불가촉천민의 존재는 상대적으로 지배층의 위상을 부각시켜 줄 뿐 아니라 다른 한편에서는 피지배 계층의 순종적 태도를 유도해 지배체제를 굳건히 하는 상징체계를 제공하기 때문이다.

첫 번째의 역할은 성스러운 것과 천한 것의 극명한 대립을 통해 지배층의 위대함을 강조할 수 있다는 데 초점이 있다. 귀천貴賤이 상존할 때 귀한 것은 더욱 빛이 나는 것이라고 인식하고 있기 때문이다.[4] 이와 더불어 천한 것을 대표하는 게가레와 달리 고귀한 것은 '깨끗한 것'과도 연계된다. 깨끗한 것(淨=清, 기요메[清め])과 더러운 것(不淨=穢, 게가레)의 대립공존을 통해 고귀하고 성스러운 존재가 마땅히 세상을 지배하고 이끌어가야 한다는 이른바 지배의 당위성이 확보되고 지배체제의 권위는 더욱 부각되는 것이다. 귀천의 문제가 '정·부정론淨·不淨論(=清穢論)'으로 확산되면서 지배체제는 더욱 튼튼해지는 셈이다. 그 와중에 지배 권력은 피지배자들에게 귀·천=정·부정의 어느 한편을 지지하도록 은연중에 압력을 가하고 그 결과 불가촉천민에 대한 피지배자 일반의 차별의식을 종용하는 메커니즘이 작동하기에 이른다.

예컨대 고대 천황제국가에서 천황은 제정일치의 제사왕 역할을 맡아 가뭄, 홍수 등 자연재해에 대해서도 주술적인 힘을 발휘해 백성의 편안을 도모해야 했다. 그렇지만 아무리 고귀한 천황이라도 자연현상을 제어할 수는 없었다. 과학적으로 무용지물인 주술과 귀·천 의식에만 의존했다면 천황제는 오래가지 못했을 것이다. 그런데 여기에 정·부정의 논리가 끼어든다. 천황은 자연재해를 벗어나기 위해 제단을 쌓고 모든 백성들에게 불교적 덕목을 앞세워 살생과 육식을 금할 것을 선포한다. 하지만 자연재해로 먹을 것이 없는 상황에서 백성들은 살아남기 위해 가축을 도축하지 않을 수 없었다. 결국 자연재해의 원인은 백성의 게가레 행위로 귀결되고 고귀한 주술왕

• • •

4 사실 고귀한(성스러운) 것과 천한(더러운) 것은 같은 동전의 앞뒷면과 흡사하다. 일본어사전 『고지엔(広辞苑)』에 따르면 '하후리(祝)'와 '하부리(葬り=하후리[屠り])'는 비슷한 발음이지만 뜻은 사뭇 다르다. '하후리(祝)'는 신을 섬기는 일의 총칭이자 그 일을 맡아 하는 자를 뜻하고, '하부리(葬り=하후리[屠り])'는 매장 또는 도살이란 말이다. 한쪽은 고결하고 성스러운 것을, 다른 한쪽은 더럽고 부정한 것을 나타내고 있다.

[자료 5] 배타적 이데올로기를 기반으로 한 민중지배구조

· 제사왕 천황의 권위는 훼손되지 않고 이어질 수 있었다. 귀·천관에 더하여 정·부정 의식이 고대 천황 지배체제를 유지하는 골간이 되었던 것이다.[5]

두 번째의 경우는 피지배층이 불가촉천민을 통해 느끼는 상대적 안도감을 자극해 지배체제가 원활하게 움직이도록 한다는 점이다. 불가촉천민이 사회적으로 차별받고 사람으로 대우받지 못하고 산다는 사실을 보면서 피지배계층은 아무리 국가의 부역이 많고 세금 부담이 커지더라도 "적어도 우리는 불가촉천민의 처지보다는 낫다"는 인식 속에서 안주하게 되기 때문이다. 이는 결국 지배에 대한 피지배자의 순응으로 나타나게 된다. 첫 번째 경우의 예에서 보는 것처럼 자연재해의 원인이 백성 자신들의 게가레 행위에서 비롯되었음이 확인되면서 백성들에게는 자연스럽게 게가레에 대한 배타적 태도가 뿌리내리게 되는 것이다.

지배체제의 원활한 작동을 위한 틀로서의 불가촉천민은 전근대사회에서도 흔히 나타나는 차별의 본질이기도 하다. 문제는 그것이 근대사회이후에도 사라지지 않고 존재한다는 데 있다. 5장의 주제인 부라쿠 문제를 비롯해 오키나와(6장), 아이누(7장), 재일한국·조선인(8장)의 핵심도 바로 그

• • •
5 앞 책, 44~49쪽.

것이라고 할 수 있다. 일반 사람들 사이에서는 "그래도 우린 부라쿠나 조선놈은 아니잖아(でも俺らは非人, 鮮人じゃねえぜ)"라는 의식이 작동되고 있었다는 이야기다(자료 5 참조).

예컨대 그림 (a)와 (b)는 일반적으로 세계 곳곳에서 흔히 발견되는 전근대적 신분지배체계의 모습이다. (a)는 고대 천황을 정점으로 한 율령국가를 전제로 한 지배구조이며 (b)는 천황이 정치무대의 뒤편으로 물러나고 무사 정권이 등장한 시기, 즉 가마쿠라막부부터 에도막부까지의 지배구조다.[6] 앞서 3장에서 거론한 바와 같이 지배구조 (b)에서의 실질적인 최고지배자는 막부였지만 '권위와 권력의 결탁'을 통해 (a)시기의 천황 역할을 그대로 온존시켰다는 점에서 지배구조의 기본 구도는 유지되었다. 물론 (b)의 내용은 센고쿠 시대 이전과 이후의 무사단 지배시대를 포함하고 있어 내용과 제도적인 차이가 있을 것이지만 단순화 차원에서 그림에서는 무시했다.

그림 (c)는 메이지유신 이후의 근대국가 일본이 등장했음에도 (a), (b)와 연속적인 형태를 보인다. 메이지유신 직후 피차별천민은 1871년 천민폐지령에 따라 제도상으로는 해체되었지만 내용적으로는 사라지지 않았기 때문이다. 오히려 (c)에서는 아이누, 오키나와, 재일한국·조선인 등 피차별천민(부라쿠민)과 비슷한 처지의 대상이 늘어났다는 점이 주목되는 대목이다. (c)시기를 1945년 일본의 패전을 기준으로 구분한다면 분명 지배구조상으로 전반기와 후반기는 차이를 보일 것이다. 하지만 차별을 종용하는 배타적인 이데올로기가 사회 전반에서 완전히 사라지지 않는 등 그 내용에 있어서는 전반기와 후반기가 단절되지 못한 채 이어지고 있다. 이 점에서 역시

• • •

6 실질적인 율령체계의 붕괴시점에 대해서는 10~12세기 등 다양한 주장이 있고 부라쿠민의 기원을 대략 10세기로 보는 견해(중세기원설)가 적지 않지만 (b)를 가마쿠라막부의 등장 이후로 구분했다.

지배구조의 기본 구도는 달라지지 않았다고 본다. 일본 사회의 배타적인 이데올로기는 민중지배체제의 안정을 위한 도구로 기능하고 있는 셈이다.

배제 시스템의 확산: 유도된 차별·피차별의 갈등

부라쿠민의 기원에 대해서는 여러 주장이 있다. 게가레의 일을 게가레의 사람(에타, 히닌)이 맡아온 것이라는 직업기원설을 비롯해 부라쿠민은 도쿠가와막부 이후, 즉 근세 초기에 나타난 것이라는 근세초기기원설도 있다. 그러나 오늘날 일본 역사학계는 중세 천민과 근세 천민의 연계성, 그리고 천황제와 부라쿠의 관계를 추적해온 연구 성과에 입각해 대체로 부라쿠의 기원에 대해 고대 율령국가가 붕괴되기 시작하면서 가마쿠라막부가 출발하던 시기의 '중세'기원설을 수용하는 편이다.[7]

고대 율령국가의 신분체계는 보통 귀족, 평민, 천민으로 나뉜다. 이때의 천민은 중세기원설의 피차별천민과는 구별되는 고대 천민[8]이다. 고대 천민제도는 10세기 전후로 율령체제가 무너지기 시작하면서 사실상 유명무실해졌기 때문이다. 율령국가의 붕괴 원인은 모든 토지와 백성은 한 사람의 왕에 속하며 지배된다는 왕토왕민王土王民·일군만민一君萬民체계가 흔들리고 이를 지탱했던 호적제도가 실질적으로 무너지기 시작한 데서 찾을 수 있다. 그와 동시에 고대 천민에 대한 규정도 무의미하게 되었다. 헤이안

• • •

7 上杉聰, 『천황제와 부라쿠 차별: 부라쿠 차별은 지금 왜 존재하는가(天皇制と部落差別: 部落差別は今なぜあるのか)』, 1993, 三一書房, 16쪽. 중세의 시점에 대해서도 논란이 적지 않지만 여기서는 대략 10세기경으로 보는 견해를 따른다.
8 고대 천민은 오색천민(五色賤民)으로 요약된다. 천황가의 능묘를 지키는 능호(陵戶), 관에 속해 있는 관호(官戶)와 공노비, 개인에 속한 가인(家人)과 사노비 등이다. 사노비의 경우는 매매, 상속이 가능했다는 점에서, 능호와 관에 속했던 관호와 공노비는 일정 나이가 지나면 양민으로 복귀될 수 있었다는 점에서 중세 이후의 부라쿠민과 큰 차이를 보인다.

시대(794~1185) 중엽 이후 조세·부역에 시달리는 농민(평민)과 천민들이 도피·유랑하기 시작하면서 호적제도, 즉 공납체계가 흔들리고 이는 율령국가의 재정적인 압박을 가중시키면서 이전과는 다른 새로운 신분체계가 등장하기에 이르렀다.

예컨대 10세기 당시 조정은 조세·부역을 피해 승복을 입고 가짜 중 노릇을 하는 유랑의 무리가 백성의 반 이상에 이른다고 판단하고 이들을 로소濫僧, 즉 게가레의 무리라고 비난했다.[9] 율령체제하에서는 절과 신사가 보유하고 있는 사전寺田과 신전神田은 조세·부역이 면제되었던 까닭에 유랑하는 무리들은 승려 행세를 했었고 조정은 이들이 승복을 입은 채 육식을 마다하지 않는다는 점에서 게가레라고 지칭한 것이다. 당대의 지배체제의 안위와 연계하여 유랑하는 무리를 게가레로 칭하고 일반 백성들이 그러한 게가레의 무리에 합류하지 못하도록 선을 긋기 시작한 셈이다. 이른바 중세 기원설의 피차별천민은 그렇게 등장했다.

율령체제에 입각한 고대 중앙집권제국가의 민중지배가 붕괴하기 시작한 이후 그에 대체되는 천황제 지배방식은 장원莊園[10]의 진전에 대응하는 한편 장원 외부에 있는 사람들에 대한 차별을 강화하고 다른 한편에서는 지배체제 내부에 속해 있는 백성(평민)의 인식을 제도적, 관념적으로 고양시

· · ·

9 上杉聰, 『천황제와 부락차별: 권력과 게가레(天皇制と部落差別: 権力と穢れ)』, 2008, 解放出版者, 52~54쪽. 우에스기는 당시의 한학자 미요시 기요유키(三善清行)가 조정에 내놓은 '의견서 12개조'를 인용하고 있다.

10 일본의 장원(莊園)은 나라 시대(奈良時代, 710~794)에 농지확장을 목적으로 개간농지(간전·墾田)에 대한 사유를 인정하면서 나타나기 시작했다. 간전 경영의 거점이 된 창고나 사무소를 장(莊)이라 하고 토지를 포함하여 장원이라 했다. 헤이안 시대(794~1185)에 들어와 간전 확대와 더불어 처음부터 공납이 면제되었던 귀족, 절, 신사 등에 조세·부역을 피해 토지 투탁(投託, 토지를 권세가에게 맡기는 것=기진[寄進])이 급증하면서 대규모 장원이 등장했다. 사실상 율령국가의 근간을 이뤘던 왕토왕민제도(王土王民制度)가 무너진 셈이다. 이후 장원은 16세기 말 센고쿠 시대를 끝으로 해체된다.

킬 수 있는 방식이 채용되었다. 장원제의 틀에서 벗어나 강변이나 언덕 등지에서 자유롭게 살면서 활동하는 사람들에 대해 신도, 불교의 여러 관념을 동원하여 차별의식을 강화하면서 나타난 것이 바로 피차별부라쿠민인 셈이다. 고대 천황제 국가의 쇠퇴와 더불어, 그럼에도 지배권력이 최소한의 제도 유지를 꾀하기 위해 모색했던 여러 대응을 통해 생겨난 이러한 배제 시스템은 점차 각 장원 영주들에 의해 전국적으로 수용되었으며, 이후 등장하는 막부체제에 들어와 더욱 강화되었다. 이른바 배제 시스템의 민중화가 본격적으로 확산되었던 것이다.

우에스기 사토시上杉聰에 따르면 일본역사에서 '노예적 천민'과 '피차별 부라쿠'가 있었다고 전제하고 노예적 천민은 고대에는 노비, 중세에는 하인, 근세에는 창기 등이 여기에 속하고 소유물과 같은 존재였으며 '피차별 부라쿠'는 에타, 히닌 등으로 배제 대상이 되는 천민이다.[11]고대 천민은 소유물로 간주되거나 권력(지배)을 통한 차별이 중심이지만 부라쿠민은 '배제의 차별'이라고 구분할 수 있다는 것이다.

중요한 것은 '배제'가 피차별 부라쿠의 근거라는 점이다. 앞의 그림 (b)에서 '부라쿠민'이 그림의 위치상으로 아래쪽에 위치하고 있지만 '천황 - 관료 - 백성(평민)'의 피라밋 구조 바깥쪽에 위치하도록 한 것도 그 때문이다. 우에스기는 부라쿠의 근거가 '사회적인 배제'에 있다는 점을 강조하면서 부라쿠가 사회 하층에 존재하는 것이 아니라, 사회 외부에 존재해왔다고 본다.[12] 고대 천민은 하층천민이라면 부라쿠민은 공동체 외부에 속한 천민이다. 다만 여기서 공동체 외부라고 하는 것은 사회구성원들과 완전히 격리

- - -

11 上杉聰(2008), 25쪽.
12 앞 책, 109~113쪽.

된 상태를 가리키는 것이 아니다. 필요에 따라 그들은 사회의 일부 기능을 맡지만 사회구성원의 일원이 아니며 더구나 사회구성원들과 자유롭게 소통할 수 없는 배제된 존재다. 그들은 사회 외부에 존재하면서 동시에 시종 사회와 차별적으로 관계를 맺고 있었다고 요약할 수 있다. 완전히 단절된 존재였다면 차별은 처음부터 생기지 않았을 것이기 때문이다.

이렇게 보면 게가레의 일을 맡아왔기 때문에 게가레(부라쿠)가 등장했다고 하는 직업기원설도 정확한 이해가 아니다. 중세 초기 부역을 피하여 유랑하는 무리들을 게가레로 비난했던 위정자 측 입장에서는 그들을 게가레로 규정함으로써 그와 같은 반사회·반질서·탈사회적인 흐름이 확산되는 것을 방지하려고 했다. 겉으로는 비판의 근거로 살생금지라고 하는 불교적 교리, 이른바 종교적 인식을 앞세웠지만 추구하는 바는 정치·경제적 이해관계였음을 보여주는 대목이다. 마찬가지로 지배층은 유랑의 무리, 이른바 게가레로 규정된 그들을 사회 내부에서 발생하는 도축이나 사체 처리 등 게가레의 일을 맡기는 정책을 펴기 시작했다.[13]

부라쿠민이 그와 같은 일을 하기 시작하게 된 데에는 지배층의 계획과 압력이 먼저 존재했다는 이야기다. 중세 초기에 시작된 그와 같은 부라쿠민의 역할이 시간이 지나면서 점차로 당연한 것으로 뿌리내리기 시작함으로써 마치 게가레의 일을 맡아온 탓에 그들이 게가레(부라쿠민)로 규정되어 온 것처럼 보였을 뿐이다. 물론 일반 백성이 이들에 대해 어느 정도로 배제 내지 차별의 행태를 보여 왔는지는 분명하지 않다. 분명한 것은 시대가 지나오면서 그 정도가 점차 심해졌을 터이고 배제의 차별구도는 사회적 관행으로, 공동체의 관습으로 뿌리내렸다는 사실이다. 부라쿠의 기원은

• • •

13 앞 책, 216~217쪽.

단순한 직업기원설이나 정치·경제기원설이 아니라 지배체제의 존립, 즉 권력 그 자체와 깊은 연관이 있었던 것이다.

역설적으로 부라쿠민은 사회에 필요한 존재였다. 불가촉천민이 사회 하층·저변의 존재가 아니라 사회 외부적 존재라는 사실은 에도 시대 들어와 실감하게 된다. 예컨대 대도시 에도의 구성원들의 역할을 보자. 18세기 들어 에도는 인구 100만 명의 거대도시로 비대해졌다. 인구의 절반은 전국 각지에서 상경해 에도에 체류하는 사무라이들이었고 나머지 절반은 다양한 경제활동, 즉 상공업을 담당하는 조닌町人, 그리고 1% 정도가 부라쿠민이다.[14] 조닌 중에는 중세 초기 유랑자들 무리 가운데 물건 만드는 장인들이 중세천민의 틀을 벗고 정착한 그룹도 포함되어 있다. 이것이 과거 일본의 교과서에서 에도 시대의 신분질서를 흔히 '사·농·공·상·에타·히닌'으로 요약하는 배경이다. 반복하지만 그러나 에타·히닌은 대도시 에도 내부에, 신분질서상으로 하부에 자리 잡고 있었던 것은 아니다. 따라서 '사·농·공·상·에타·히닌'으로 규정하는 것은 정확하지 않다. 센고쿠 시대 이전에는 과거 천황의 궁궐이 있던 교토를 중심으로 하는 간사이지방에, 그리고 도쿠가와막부 이후에는 에도성(현 황궁) 주변의 간토지방에서 많이 발견되는 점을 주목해서 봐야하는 이유다. 부라쿠민은 사회와 밀접하게 관련되어 있고, 특히 권력의 중심권 주변에 배치되어 강제적으로 일정한 역할을 담당하기는 했지만 사회구성원으로 받아들여지지 않았다.

예컨대 간토지방에서 에타·히닌은 주로 에도의 청소, 쓰레기 처리, 죽은 마소의 처리 등 '정결 작업(기요메[淸め])'을 비롯해 경비, 형장 관리, 예능

· · ·

14 浦本誉至史,『에도·도쿄의 피차별부라쿠의 역사(江戶·東京の被差別部落の歷史)』, 明石書店, 2003, 4쪽, 124~125쪽.

등을 담당했으며 에도의 외곽지역에 거주했다. 그들의 거주 지역은 대도시 에도의 팽창과 더불어 점차 외곽으로 이동했다. 앞서 제기했던 고즈캇파라 형장도 원래는 에도성 동쪽의 니혼바시日本橋(현재 일본은행 부근)에 자리 잡고 있었으나 도쿠가와 이에야스의 에도 정착(1590)과 함께 동북쪽의 도리고시鳥越로, 이어 계속적인 에도의 확장으로 1645년 현재 위치로 옮겨졌다.15 에도성 밖에 자리 잡았던 대규모 부라쿠민촌 역시 같은 시기에 외부로 밀려났고 최종적으로는 고즈캇파라 남쪽 아사쿠사신초浅草新町(현재 浅草亀岡町)에 새로운 터전을 마련했다.

부라쿠민은 공동체 내부의 존재가 아니라 도시 경계에 속한 채 외부에 있으면서 공동체의 게가레를 처리하는 일을 담당했다. 사실 인구 100만 명 대도시 에도에 부라쿠민의 존재가 없었다면 도시의 청결은 고사하고 도시 기능 전체가 마비될 수도 있었다. 그럼에도 그들에 대한 차별은 분명하게 존재했다. 예를 들어 에도 시대를 통틀어 13대로 이어지면서 에도의 에타·히닌을 지배하고 통솔해온 단자에몬弾左衛門 가문도 그 차별에서는 예외가 아니었다.16 단자에몬은 부라쿠민 관리는 물론 에도의 도시기능이 원활하게 유지될 수 있도록 하는 책임을 담당하는 대신 피혁 가공·판매, 등잔불 심지(燈芯), 베틀에 쓰이는 대나무로 만든 바디(筬) 등에 대한 전매권을 얻어 막대한 부를 축적했고, 에도를 포함한 간토지방 전체의 부라쿠민에 대한 감독권을 얻어 지방의 다이묘大名 이상의 권세를 가졌다. 그렇지만 단자에몬이나 휘하의 중간 우두머리들은 신분적 차별 때문에 조닌과 통혼

• • •

15 앞 책, 64~66쪽.
16 단자에몬의 위상에 대해서는 앞 책(28~57쪽)과 시오미 센이치로(塩見鮮一郎)의 『단자에몬과 그 시대(弾左衛門とその時代)』(河出書房, 2008)를 참조. 단자에몬 가문은 메이지유신 이후 새 정부로부터 모든 전매특권을 박탈당하고 사실상 막을 내렸다.

이 불가능했을 뿐 아니라 소통도 자유롭지 못할 정도로 다른 부라쿠민과 조금도 다르지 않았다. 부라쿠민에 대한 배제의 차별구도는 부나 권세와는 사실상 무관했던 셈이다. 통치 대상으로서는 농민, 조닌, 부라쿠민이 전혀 다를 게 없었지만 막부는 지배체제의 안정을 위해 부라쿠민에 대한 차별을 되레 강화해왔기 때문이다.

도쿠가와막부는 17세기 초부터 본격적인 쇄국정책을 펴 기독교 포교를 금하고 모든 사람들이 해당 거주지역의 절에 신자로 등록하도록 하는 조치를 취했다. 개개인의 등록정보는 종문인별장宗門人別帳으로 관리되었다. 종문인별장은 일종의 호적원본의 역할을 했으며 거주지를 옮길 경우에는 사본을 별도로 만들어 해당 지역 절에 등록하도록 했는데 여기에는 부라쿠민도 예외가 아니다. 오히려 부라쿠민에 대해서는 별도의 인별장을 만들어 부라쿠에 대한 차별 강화와 고정화를 꾀했다. 별도의 인별장을 통한 부라쿠민의 관리 강화로 당초 사회적 '지위'에 불과했던 천민을 가족단위의 '신분'으로 묶어내고 그에 입각해 각 부라쿠민이 맡아야 할 역할 규정은 물론 의복, 거주지, 예의법도 등에 대한 관리규정이 만들어졌다.[17] 에도에서는 부라쿠민의 인별장 관리·감독을 단자에몬이 맡았다. 단자에몬 휘하의 히닌 우두머리들은 매년 초 자신들이 파악하고 있는 부라쿠민들에게 종문인별장을 지참하도록 하는 한편 부라쿠민의 변동 상황을 체크하고 에도 밖에서 새로 흘러들어오는 히닌들에 대한 감독을 강화했다.[18]

부라쿠민의 최고 우두머리조차도 차별 대상에서 예외가 아니었던 만큼 일반 부라쿠민의 현실은 더 말할 나위도 없다. 한 예를 들어보자. 일본을

• • •

17 上杉聰(2008), 74쪽.
18 塩見鮮一郎의 앞 책, 48쪽.

대표하는 전통 서민공연예술의 하나로 유명한 가부키歌舞伎 중에는 에도 시대 말기 서민들의 심금을 울렸던 "꿈속에서나 맺어지려나(夢結蝶鳥追)",19 온나다유女太夫 오코요와 사무라이 아코기 겐노조阿古木源之丞의 비극적인 사랑이야기가 있다. 온나다유는 여성 예능인으로 길거리에서 샤미센20을 뜯으면서 노래와 춤과 이야기를 하고 돈을 구걸하는 히닌이다. 당연히 사무라이와는 결혼할 수 없는 신분이다. 그럼에도 아코기는 오코요와 결혼을 강행한다. 이 사실을 알게 된 셋타나오시雪駄直し 조고로長五郎가 아코기를 협박하여 돈을 요구하면서부터 이야기는 꼬이기 시작한다. 셋타나오시 역시 게타를 수리하는 히닌인데 신분을 초월한 남녀 간 사랑이야기에 악역의 히닌이 등장하는 설정을 함으로써 히닌의 천박함을 강조하고 있다. 결국 아코기와 오코요의 결혼이 공개되고 둘은 죽음에 이르게 된다. 실화를 바탕으로 한 이야기라는 점이 흥행에 성공했던 비결이었는지 모르겠다. 그렇지만 조고로의 등장은 아마도 차별사회에서 이를 뛰어넘는 두 남녀를 동정적으로 미화하기엔 한계가 있었기에 각색한 대목으로 보인다. 공동체에서 나름대로 한 역할을 하면서도 공동체의 성원이 되지 못하고 겉돌며 공동체의 외부에서 배제된 채 살아가는 부라쿠민의 차별 현실을 극명하게 보여주는 가부키의 한 스토리다.

이 뿐 아니라 에도 시대 막부와 지방 다이묘들은 종종 부라쿠민과 일반 백성들의 대립·분열을 조장하고 부라쿠민에 대한 차별을 당연한 것으로 인식하도록 유도했다. 여기에는 피지배자들이 지배자에 대해 품게 되는

• • •

19 초연은 1849년이었고, 1856년에도 앙코르 공연이 벌어졌다. 小宮麒一編, 『가무키상연총람(歌舞伎上演総覧)』, 自費出版, 1986, 30쪽, 34쪽; 古井戸秀夫編, 『가무키등장인물사전(歌舞伎登場人物事典)』, 白水社, 2006, 15쪽, 145쪽.
20 샤미센(三味線)은 사각형 모양의 납작한 울림통에 연결된 세 줄을 튕겨서 소리를 내는 일본의 전통 현악기.

불만을 부라쿠민으로 향하도록 함으로써 지배체제의 안정을 도모하자는 술책이 숨어 있다.

구미사카 시게유키組坂繁之 부라쿠해방동맹 중앙본부 중앙집행위원장은 "부라쿠민에게는 소작도 주지 않고 극단적인 빈곤상태로 몰아넣음으로써 백성(농민)들에게는 '위를 보지 말고 아래를 보고 살라'는 식으로 현실에 만족하도록 유도했다. 반면 부라쿠민에게는 농민이나 조닌 출신 범죄자의 체포, 호송, 고문, 처형 등과 같은 하급경찰의 역할을 맡김으로써 약한 계층 간의 대립이 서로 맞물리도록 했다"[21]고 지적한다. 17세기 들어와 쇄국정책이 강화되면서 기독교(가톨릭)를 금하고 숨어있는 기독교인들을 색출, 체포, 고문, 처형함에 있어서 부라쿠민이 대거 동원되었던 예가 적지 않았다고 구미사카 위원장은 지적한다. 부라쿠 차별의 근원에는 당대의 지배 권력의 의도적인 요소가 적지 않았음을 보여주는 대목이다.

보이는 차별에서 보이지 않는 차별로

부라쿠민은 "귀족이 있으니 천민이 있다(貴族あれば賤民あり)"[22]라는 형식으로 그 존재가 확인되었고, 그와 더불어 일반 백성들 사이에서는 "그래도 우리는 적어도 부라쿠는 아니라서 다행이다"는 인식으로 스스로를 위로하면서 부라쿠민 차별을 관행처럼 여기게 되었다. 에도 시대에 이러한 차별

• • •

21 組坂繁之・高山文彦, 『대담 부라쿠문제(対論 部落問題)』, 平凡社新書, 2008, 150쪽.
22 평생을 부라쿠 해방운동에 힘을 쏟아왔던 마쓰모토 지이치로(松本治一郎, 1887~1966)의 말이다. 현 부라쿠해방동맹의 전신인 전국수평사가 1922년 결성될 때부터 활동해왔으며 '해방운동의 아버지'로 불린다. 마쓰모토는 '불가침 불가피침(不可侵 不可被侵, 누구든 남의 인권을 침해해서도 안 되고 남에게 침해당해서도 안 된다)' 사상을 해방운동의 근간으로 삼았다. 이는 "천황제가 없어지지 않으면 부락 차별이 없어지지 않는다(天皇制がなくならなければ部落差別はなくならない)"는 말로 귀결된다. 앞 책, 23쪽.

· 피차별 구도는 형식과 내용에 있어서 분명한 모습을 드러냈던 것이다. 그렇다면 에도가 도쿄로 바뀌고 메이지유신으로 새 정부가 등장하면서 부라쿠 문제는 과연 어떻게 달라졌을까.

당초 메이지 정부의 최종 목표가 조속한 근대국가의 출범에 있었음을 감안하면 메이지유신 이후 전근대적인 피차별천민 문제에도 당연히 변화가 예상되었다. 그러나 그 변화는 지극히 형식적인 것에서 머물렀고 차별의 내용에는 큰 차이가 없었다. 오히려 메이지유신으로 천황이 정치 전면에 부상하면서 부라쿠 차별정책은 도를 더했다. 메이지 정부는 1868년 가을 천황의 에도(도쿄) 입성에 앞서 교토에서 도쿄까지의 모든 길목에 있는 부라쿠민촌을 눈에 띄지 않도록 조치하고 그곳에 거주하는 에타·히닌의 외출을 금하는 지령을 내렸다.[23] 이후 패전에 이르기까지 천황이 행차하는 곳 주변의 부라쿠민촌은 감추어지거나 때로는 마을 전체가 소각당하는 경우마저 있었다.[24]

무사 정권이 등장하면서 천황은 역사의 뒷마당으로 밀려나지만 막부는 권력의 정당성을 얻기 위해 천황을 이용했다. 특히 도쿠가와막부는 천황을 등에 없고 지배체제를 유지했던 만큼 막부의 귀·천관, 정·부정관의 정점에는 쇼군(將軍=征夷大將軍)과 쇼군에 의해 조종되던 천황이 있었던 셈이다. 메이지유신으로 천황이 역사의 앞무대로 복귀했다고 해도 지배체제의 안정을 위해 이용했던 부라쿠민에 대한 배제와 차별은 본질적으로 달라지지 않았을 것임은 어쩌면 당연한 것이라고 하겠다. 귀·천관, 정·부정관의 핵심은 고대 천황제에서 비롯된 것이기 때문이다.

• • •

23 上杉聰(2008), 80쪽.
24 앞 책, 105쪽.

다만 메이지 정부는 형식적인 측면에서의 변화를 택한다. 메이지 정부는 1871년 8월 28일 "에타, 히닌 등의 명칭을 폐하고, 이들을 일반민적—般民籍에 편입하며 평민과 같은 지위로 취급한다"는 내용의 '천민폐지령'을 공포한다. 흔히 '천민해방령'이라고도 지칭되는 것이지만 '천민'이란 표현이 없어졌을 뿐 천민 자체의 '해방'이라고 보기 어렵기 때문에 '천민해방령'은 어울리지 않는 별칭으로 보인다. 메이지 정부는 피차별부락의 참담한 현실을 감안해 이들을 해방시키겠다는 적극적인 자세로 '천민폐지령'을 내놓은 것이 아니었다.

여기에는 피치 못할 사정이 있었다. 우선 새 정부의 재정확보를 위해 근대적 조세제도의 확립은 당연한 절차였다. 근대적 조세제도는 모든 국민에게 동일하게 적용되어야 마땅하지만 그동안 조세와 군역 의무를 지지 않았던 부라쿠민의 존재는 제도 적용에 크나큰 걸림돌이었다. 그 때문에 천민폐지령이 등장할 수밖에 없었다.[25] 또 전근대적인 피차별천민의 존재는 근대국가 일본이 추구해야 할 모습과는 거리가 있었다. 새 정부는 에도 시대 말기 도쿠가와막부가 서구열강과 맺은 불평등조약을 해소하기 위해서라도 일본이 선진 제국과 어깨를 나란히 할 수 있는 문화적 개명국가임을 내외에 분명히 내세워야 할 필요가 있었기 때문이다.

천민폐지령은 '천민 제도'의 폐지를 의미하는 것이었을 뿐 부라쿠에 대한 차별적 관행 해소와는 무관한 것이었다. 오히려 메이지 정부는 천민폐지령으로 부라쿠민의 거주지 이동이 자유로워지는 것을 우려해 호적제도 강화를 통해 이들을 별도의 존재로 각인하는 작업을 서둘렀다. 천민폐지령

• • •

25 高橋貞樹, 『피차별 부라쿠 1천년사(被差別部落一千年史)』, 岩波文庫, 2001(원본은 1924년), 163~168쪽.

으로 이전과 달리 부라쿠민에 대한 신분파악이 어려워질 것을 예상한 메이지 정부는 폐지령 발포 직전인 그해 4월 '호적법'을 마련하고 구 사·농·공·상은 물론 신평민新平民(구 부라쿠민)에게도 이를 적용했다. 전 국민을 대상으로 어느 지역에서, 어떤 부모로부터 태어났음을 밝히는 방식, 이른바 속지적屬地的 장악을 꾀하기에 이르렀다. 이것이 바로 1872년 작성된 임신호적壬申戶籍이다. 임신호적은 과거의 신분과 관계없이 거주자 전원을 각 지역별로 묶어내 통합장부를 만들고 그 안에 각 가정의 호주를 중심으로 혈연가족관계, 혼인관계 등을 빠짐없이 기록하도록 했다. 호주 중심으로 기록된 호적에는 천민폐지령이 이미 발포된 상황이기 때문에 신분에 대한 사항을 기입할 필요가 없었지만 실제로는 '원元 에타', '원元 히닌', '신평민新平民' 등이 표기되었다.26 임신호적만 확인하면 구 부라쿠민임을 바로 알 수 있는 시스템이 마련된 것이다. 이로써 메이지 정부의 혈연에 입각한 민중지배가 본격적으로 강화되었다.

혈연중심의 민중지배는 비단 구 부라쿠민뿐 아니라 전 국민이 대상이었다. 새 정부의 지배 시스템은 '이에家'가 기초단위가 되었고, 개개인은 '이에'의 구성원으로 조직되는 이른바 '이에 제도'가 등장하게 되었다. '이에 제도'는 각 이에의 중심을 이루는 호주가 이에 구성원(가족) 모두를 통솔하도록 하는 가족제도이며 과거 사무라이 계층의 전근대적 가부장적 제도를 메이지 시대에 들어와 근대의 틀을 앞세워 전 국민을 대상으로 재구축한 것이다.

전 국민을 가부장적 '이에 제도'로 묶어낸 데에는 두 가지 중요한 의미가

• • •

26 上杉聰(1993), 146~164쪽. 우에스기는 '신평민' 등의 표기가 교묘하게 시행되었다고 밝힌다. 예를 들어 이미 사망한 아버지 이름 옆에 '본래 에타(元穢多)'라고 써넣거나, 빨간 색으로 표시를 하기도 했다고 한다.

포함되어 있다. 우선 모든 '이에'의 최상층에 '천황가'가 있다는 식의 논리다. 또 혈연을 강조함으로써 동시에 만세일계 천황가의 위대함을 강조할 수 있다는 배경이기도 하다. 바로 '천황제 가족국가'의 출현이다.

가족을 위해 분골쇄신하는 것이 당연하듯이 가족국가의 최고 정점에 있는 천황을 위해 목숨을 바치는 것 또한 명예로운 일이라는 논리는 그렇게 만들어졌다. 이 뿐 아니라 '혈연'을 강조하는 것은 고귀하고 성스러운 천황의 위상과 더럽고 천한 구 부라쿠민의 존재가 당연히 대비될 수밖에 없다. 메이지 이후 비록 천민폐지령에 의해 천민 제도 자체는 폐지되었을지라도 구 부라쿠에 대한 차별을 온존, 확산시키는 귀·천관, 정·부정관의 본질에는 전혀 변화가 없었다. 천민폐지령 발포 이전과 이후의 차이는 부라쿠에 대한 겉으로 드러나는 배제와 차별이 눈에 보이는 않는 차별과 배제로 바뀌었다는 것뿐이었다.

일본 개화기의 대표적 지식인이요, 문명인이라고 평가되고 있는 후쿠자와 유키치福沢諭吉(1835~1901)는 "하늘은 사람 위에 사람을 만들지 않았고 사람 아래에 사람을 만들지 않았다"는 말을 담은 저서『학문을 권함學問のすすめ』을 1871년 10월 내놓았다. 이 책에서 후쿠자와는 서양의 민주주의 사상을 소개하면서 시종 '사민四民(사농공상) 평등'을 주장했지만 그 해 8월에 발포된 천민폐지령에 대해서는 전혀 언급하고 있지 않다. 후쿠자와에게 부라쿠민의 문제는 처음부터 관심 밖이었던 것으로 보인다. 후쿠자와의 사민평등론에 대해 부라쿠연구자 가와모토 요시카즈川元祥一는 다른 한편에서 후쿠자와가 주장해온 '존왕론'(1880)²⁷과 모순된다고 지적하고, 나아가 후일 중국

• • •

27『후쿠자와 유키치의 일본황실론: 제실론·존왕론(福沢諭吉の日本皇室論: 帝室論·尊王論)』, 福沢諭吉著, 池田一貴 現代語訳, 島津書房, 2008. 후쿠자와는 존왕론의 첫 대목에서 "우리 대일본국의 제실(帝室)은 존엄하고 신성하다(79쪽)"고 전제한 후 국가경영상 존왕의 필요성, 존왕의

과 조선을 멸시하는 내용을 담은 그의 '탈아론'(1885)과 연계해 볼 때 의심스럽기 짝이 없다고 비판한다.28 일본의 문명개화의 리더 격인 후쿠자와의 인식은 당대의 지배층 수준을 그대로 보여주는 것이었다. 하물며 일반 국민의 인식은 더 말할 나위가 없을 정도겠다.

결국 천민폐지령 이후에도 부라쿠 문제는 당사자들의 해방투쟁 이외에는 해법을 찾기 어려웠다. 1922년 3월 3일 교토에서는 부라쿠민의 지위향상과 인간의 존엄성을 확립하자는 차원에서 전국수평사全國水平社가 결성되었다. 수평사는 교토 및 오사카 주변지역 등 지방의 부라쿠 청년그룹이 "사람 사는 세상에 뜨거움 있으라, 인간에 빛 있으라(人の世に熱あれ, 人間に光あれ)"29를 슬로건으로 내걸고 호적 투쟁, 차별반대 운동을 전개했으며 시혜를 구하는 입장이 아니라 부라쿠의 권익을 주장하는 자주적인 인권운동으로 확산되었다. 하지만 1930년대 들어 침략전쟁이 확대되고 치안유지법과 국가총동원체제를 거치면서 수평사는 정부의 분열공작과 압력으로 1942년 소멸되고 말았다.

수평사 운동은 패전 직후 재건되었으며 1955년에는 부락해방동맹으로 이름을 바꾸어 오늘에 이른다. 부락해방동맹은 1960년 제15회 전국대회에서 "천황제 폐지, 모든 귀족적 특권과 대우 및 지위를 완전히 폐지할 것"을 주장했다. 전전의 수평사 운동에서도 천황제 비판론이 대두되었으나 40년대 이후 수평사 대회에서조차 궁성요배(천황의 거처[황궁]를 향해 하는 인사), 기미가요君が代 제창, 히노마루日の丸 의례가 강요되었을 정도로 조직이 유명무실하

• • •

신성한 이유, 제실의 존엄성·신성성을 유지하기 위한 방안 등을 설파하고 있다.

28 川元祥一의 앞 책, 110~114쪽.

29 1922년 3월 3일 전국수평사 창립대회에서 채택된 '수평사 선언'은 "전국에 산재해 있는 부라쿠민이여 단결하라"를 시작으로 이 슬로건을 마지막으로 맺고 있다. 자료는 다음을 참조. 塩見鮮一郎, 『부라쿠 차별은 없어졌는가?(部落差別は無くなったか?)』, 綠風出版, 2005, 246쪽.

게 되었던 것을 감안하면 1960년대 이후의 부라쿠해방운동은 드디어 핵심에 다다른 셈이었다.

그러나 해방운동의 성과는 쉽게 나타나지 않았다. 전후 일본국헌법이 등장하면서 직접적인 천황 지배체제는 소멸되었고 '이에 제도'도 파기되었지만, 더구나 1976년 신호적법에 입각해 차별기록을 그대로 담고 있었던 임신호적 열람금지 조치가 시행되었지만 부라쿠 차별 문제는 전후에도 사라지지 않았다. 보이지 않는 차별은 지금도 이어지고 있다는 얘기다.

부라쿠해방동맹의 등장과 더불어 일본 정부도 구 부라쿠민촌의 참담한 주거환경을 더 이상 방치하기 어렵게 되었다. 1969년 '동화대책사업특별조치법'[30]을 통해 타지역보다 낙후된 주거환경을 개선하기 위해 5년 시한의 특별사업지원을 폈다. 부라쿠민촌 거주자의 상급학교 진학률을 높이는 교육비 지원도 시행되었다. 예를 들어 특별법이 시행되기 전인 1963년 조사에서는 전국의 고교진학률이 66.8%인데 비해 부라쿠민촌은 30%를 밑돌았지만 1975년 전국 평균과 부라쿠민촌은 각각 91.9%, 87.5%, 또 1997년에는 각각 96.5%, 92.0%로 격차가 줄어들었다.[31] 특별법은 이후 '동화'라는 표현을 일부러 삭제하고 '지역개선대책재정특별조치법'으로 이름을 바꾸어 2002년까지 계속되었다.

하지만 차별은 없어지지 않았다. 임신호적 열람금지를 했지만 일본 정부는 부라쿠민차별 기록에 대한 정부차원의 반성을 분명히 하지도 않았

• • •

30 동화(同和)란 부라쿠 해방과 관련해 차별을 없애는 것을 의미한다(『広辞苑』). 동화정책은 주로 주거환경개선정책과 교육을 통해 차별을 철폐하고 차별의식을 없애자는 동화교육이 주축을 이룬다. 그러나 '동화'란 말 자체가 차별을 의미하는 뉘앙스를 풍기는 듯한 느낌을 지울 수 없다. 더구나 동화교육은 이미 1930년대부터 거론되었기 때문에 어떤 내용을 어떻게 다루느냐가 문제로 지적되고 있다. 구미사카 부라쿠해방동맹 중앙위원장은 이러한 문제를 '부라쿠해방운동의 빛과 그림자'라는 표현하고 있다. 組坂繁之・高山文彦의 앞 책, 48~89쪽.
31 앞 책, 60~61쪽.

으며 재발 방지를 위한 그 어떠한 조치도 취하지 않았다. 당연히 임신호적의 차별기록 실태에 대한 정확한 조사도 이루어지지 않았다. 그 와중에 흥신소 등이 중심이 되어 구 부라쿠지명을 파악하여 만든 자료 '동화지구지명총람同和地區地名總覽 전국판'(1975)을 비롯하여 비슷한 지명총람이 9종류나 발견되었다(읽을거리 7 참조).[32]

'지명총람'이 등장했다는 것은 수요자가 있었기 때문으로밖에 볼 수 없다. 기업이 신입사원을 뽑을 때 활용하거나 결혼을 앞두고 배우자 가계를 파악하려는 의도가 엿보인다. 물론 지명총람이 알려지면서 구입한 회사들은 사과를 하고 해당 서적은 판매가 금지되었다. 일본 사회의 뿌리 깊은 부라쿠 차별의 모습이다.

특히 기업이 지명총람의 적극적인 수요자였다는 점은 일본자본주의와 부락차별이 무관하지 않다는 것을 의미한다. 그것은 일본형 경영의 한 특징으로 거론되는 종신고용과 관계가 깊다. 종신고용은 대략 러일전쟁 이후 자리를 잡았다. 그 이전까지 전직이 잦고 작업장의 리더(오야카타親方) 중심으로 몰려다니면서 쟁의에 참가하던 노동자들을 개별적으로, 안정적으로 확보하려는 대기업들이 종신고용과 재직연수에 따라 급료가 많아지는 임금체계(年功給) 등을 인센티브로 제공하게 되었기 때문이다. 이에 기업은 종신고용에 앞서 사원의 신원조회를 강화했다. 평생을 한 직장에서 근무하는 것이므로 사원들의 출신과 성향을 파악하겠다는 의도였으나 그 배경에는 부라쿠민을 배제하는 데 더 큰 목적이 있었다.[33] 신원조회를 강화해온 기업의 관행은 전후에도 계속 되었으며 그 연장선에서 '지명총람' 구입으로

"극비로 취급해 주시기 바랍니다. 취직이나 결혼 등에 있어서 신분차별은 오늘날 사회적 문제가 되어 있음은 여러분도 다 잘 알고 있을 것입니다. 부라쿠해방동맹의 해방운동의 전개와, 내각 동화(同和)대책심의회의 동화정책 등에 의해 동화교육이 추진되고 있으며, 호적열람·교부 제한, 이력서 등에 본적지 기입의 생략 등, 차별에 대한 방어책이 취해졌으며 채용면접 때 주소를 묻거나 가족의 직업을 묻는 것이 금지되고 있고, 만에 하나 잘못하여 이런 사항을 어기게 되면, 이유를 불문하고 차별의도가 있다고 해석되어 엄한 제재를 받는 것이 오늘날의 현실입니다. 그러나 **대부분의 기업, 가정에는 오랜 세월에 걸쳐 형성된 사풍이나 가풍이 있기 때문에 일조일석에 전통을 뒤집을 수는 없습니다. [……] 이러한 고민을 조금이나마 덜어드리기 위해 조금 세상의 흐름과 역행하여 본서를 제작하게 되었습니다.**"(굵은 글씨는 인용자)

이어졌던 것이다. 일본형 자본주의의 형성이 부락차별과 동일 연장선상에 있었다는 점은 오늘날 일본 사회의 부라쿠민 문제 현실을 웅변해주는 대목이 아닐 수 없다.

채용 차별과 더불어 차별 사례 중 많이 차지하는 것이 결혼 차별이다. 전후 민주주의 교육이 자리를 잡으면서 차별 그 자체는 좋지 않은 것으로 사람들은 인식하지만 사회 내부에 깊이 뿌리내린 부라쿠에 대한 차별의식은 불식되지 않은 것으로 보인다. 예컨대 1993년 총무청의 '차별의식 조사' 결과가 차별의 현실을 잘 보여 준다.[35] 일반인 응답자의 87%는 '차별의식을 가지고 있지 않다'고 답했다. 반면 동화지구의 응답자의 43%는 '차별을 받고 있다고 느낀다'고 답했다. 또 2003년 후쿠오카현에서 행한 조사에 따르면 응답자의 70%가 '차별은 잘못된 것'이라고 응답하고 있으나 '친척 중 부라쿠 출신과 결혼한다면 어떻게 하겠느냐'는 질문에 대해서는 40%가 반대한다고 응답했다.

언어폭력도 심각한 상황이다. 『에도·도쿄의 피차별부라쿠의 역사』의 저자 우라모토 요시후미浦本譽至史는 책 후기에서 자신이 경험한 부라쿠 차별 사례를 소개하고 있다.[36] 그의 저서는 원래 부라쿠해방동맹의 기관지인 「해방신문 도쿄판」에 2002년 10월부터 1년 동안 연재되던 것이었는데 그 과정에서 그는 차별과 마주하게 되었다. 2003년 5월부터 주문도 하지 않은 고가물품이 계속해서 배달되어왔다. 처음엔 누군가가 잘못 배달을 시킨 것으로 알았지만 회가 거듭될수록 누군가가 자신을 난처하게 만들려는 의도적인 시도라는 것을 알게 되었다. 그와 동시에 익명의 엽서가 날아오

• • •

34 앞 책, 170~171쪽에서 재인용.
35 組坂繁之·高山文彦의 앞 책(200쪽)에서 재인용.
36 浦本譽至史의 앞 책, 234~237쪽.

기 시작했다. 엽서에는 "에타인 주제에 건방지다. 죽여버리겠다"는 글이
쓰어 있었는데, 필체는 고가물품 주문서에 쓰인 것과 같은 것으로 보였다.
이후 연재가 끝날 때까지 협박 엽서는 계속 배달되었고, 차별은 점차 정도를
더해가더니 어느 날은 그가 살던 지역의 이웃 주민들 우편함에 "당신 근처에
사는 우라모토는 에타 출신이니 조심하라"는 내용의 엽서가 뿌려지기도
했다. 우라모토는 2003년 5~10월에 도쿄에서만 100건 이상의 차별엽서가
나왔고, 전국적으로는 200건이 넘는 차별엽서와 고가물품 배달 등의 악의
적인 차별행위가 벌어졌다고 밝히면서 자신이 체험한 것은 그 한 예에 불과
하다고 지적한다(앞 책 235쪽).

부라쿠에 대한 언어적 차별은 공중화장실의 차별발언 낙서를 비롯해
인터넷상에서도 출몰하고 있다. 혐한嫌韓론으로 악명이 높은 인터넷 포털
사이트 2채널(http://mamono.2ch.net/rights/)의 인권문제 코너에 들어가 보면 제
목은 "인권문제"로 되어 있지만 내용은 비인권적 발언으로 가득차 있다.
각 지역별로 무수히 많은 내용이 연일 쏟아지고 있어서 일일이 다 옮길 수조
차 없을 정도다. 물론 여기에 참가하는 사람은 전체 일본인 중에서는 소수에
불과하다. 그렇지만 소수가 되었든 다수가 되었든 차별을 당연하게 여기는
풍토가 깊이 뿌리내려 있다는 것은 부인하기 어려운 일본의 현실이다.

부라쿠 차별은 일본 사회의 현재이지만, 그 뿌리는 깊다. 천황제를 비
롯한 지배권력의 안위와 더불어 차별은 만성화되었다. 일본은 전후 민주주
의국가로 변신했고, 세계에서 손꼽히는 경제대국으로 부상했지만 차별로
부터의 단절은 완성되지 못한 채 지금에 이르고 있는 것이다.

형식적으로는 전후 천황제가 상징천황제로 바뀌고 과거 전전의 천황
제 지배구조는 과거의 유물이 되었고 일본 사회에는 민주주의와 자유와
인권사상이 뿌리를 내렸다. 그럼에도 부라쿠 차별이 계속되고 있는 것은

천황제에서 비롯된 차별구도가 여전히 일본인의 심정적 계급의식을 자극하고 있기 때문이다. 엄밀히 말하자면 이번 장의 제목을 '천황제 지배구조의 저변'보다는 '상징천황제의 심정적 계급지배구조 저변'이라고 쓰는 편이 더 적당할 것이다. 심정적 계급구조는 바로 핏줄과 혈연의식 중시, 이른바 과거 '천황제 가족국가'에서 영향을 받은 일본인들의 '이에家 중심주의'에서 비롯되고 있다.

핏줄이라는 의식이 부라쿠 문제의 심연에 자리 잡고 있지만 그 실체는 대단히 허망한 것이다. 이는 만세일계의 천황이라는 주장도 마찬가지다. 예를 들어 아들은 아버지의 핏줄, 정확하게는 아버지 DNA의 1/2을 물려받고, 손자는 할아버지의 1/4, 증손자는 1/8, 고손자는 1/16, 5대손은 1/32······식으로 멀어지는 것이 핏줄이다. 10대손에게 10대조 할아버지의 DNA는 겨우 0.09%(1/1024=$1/2^{10}$) 남아 있을 뿐이다. 현재 천황이 125대라고 강조하면서 만세일계 운운하지만 125대를 그대로 받아들인다고 하면 진무神武 천황과 지금의 아키히토明仁 천황과의 관계는 거의 제로에 가깝다($1/2^{125}$). 이런 구조임에도 불구하고 아직까지 혈연의식에 입각한 천황제, 부라쿠 차별은 참으로 이해하기 어렵다.

6장

국체를 위해 버려진 섬, 오키나와

'국체'의 희생양

자와와**1** 자와와 자와와 넓은 사탕수수밭은

자와와 자와와 자와와 바람이 스쳐 지나갈 뿐

오늘도 눈에 보이는 건 일렁이는 초록빛 물결

그 옛날 바다 저편에서 전쟁이 밀려 왔네

그 날 아버지는 '철 폭풍**2**'에 죽었지

그리고 내가 태어난 날 그 싸움은 끝났어

바람소리에 들릴락 말락 하는 어머니의 자장가소리

본 적도 없는 아버지의 손에 안기는 꿈을 꾸었지

• • •

1 자와와(ザワワ)는 사탕수수가 바람에 서로 부딪히는 소리를 나타내는 의성어. 예전부터 있었던 표현은 아니다. 시를 쓴 데라시마 나오히코가 바람 부는 사탕수수밭 풍경을 담아내기 위해 고민 끝에 만들어낸 말이다. 원 가사는 첫째·둘째 줄이 각 행 다음에 반복되고 각 행마다 '여름햇살 속에서'라는 후렴구가 따라붙지만 생략했다.
2 오키나와에서는 오키나와전 당시 미군의 함포사격을 '철 폭풍'이라고 부른다. 미군은 상륙을 시도하기 직전에 함포사격을 퍼부었는데 그 위력은 오키나와의 지형이 달라졌을 정도로 대단했다.

아버지의 목소리를 찾다가 다다른 사탕수수밭 길

아버지는 어디 있는 거야, '아버지' 하고 부르고 싶어

이대로 초록물결 속으로 빨려 들어 가버릴 것 같네

오늘도 눈에 보이는 건 일렁이는 초록빛 물결

바람이여 이 슬픔을 바다로 되돌려주렴

자와와 자와와 자와와 바람에 눈물은 다 말라버렸지만

자와와 자와와 자와와 이 슬픔은 없어지지 않네

데라시마 나오히코寺島尚彦(1930~2004)가 시를 쓰고 곡을 붙여 1967년에
발표한 '사탕수수밭さとうきび畑'이라는 노래다. 10절까지 이어지는 이 노래
는 6월 23일 오키나와 지상전이 끝난 날 태어난 아이가 화자가 되어 이야기
를 이끌어 가는 슬픈 서사시이다. 이제는 오키나와 현대사의 아픔을 상징하
는 노래가 되었다.

몇년 전 오키나와沖縄현 기노완宜野灣시 사키마佐喜眞미술관 로비에서
성악가 마에나카 에이코前中栄子 씨가 부르는 이 노래를 들을 기회가 있었다.
사키마미술관은 사키마 미치오佐喜眞道夫 씨가 미군기지로 징발됐던 조상의
토지 중 일부를 돌려받아 1994년 미군기지와 담장 하나로 접하는 곳에 만든
것으로 미군기지와 시민생활, 전쟁과 평화, 죽음과 삶, 천황제의 뒷모습
등의 문제가 실감나는 곳이다. 특히 반전 화가 마루키 이리丸木位里(1901~1995)
와 마루키 도시丸木俊(1912~2000) 부부의 작품 "오키나와전의 그림沖縄戰の図"
연작이 상설 전시되어 있는 것으로 유명하다. 바로 옆 미군기지에서 굉음을
내고 발착을 거듭하는 무장헬기의 부산한 소음이 귀에 쟁쟁한 가운데 오키
나와전의 참상을 그린 마루키 부부의 그림을 통해 보면서 듣는 '사토키비바
다케'는 대단히 인상적이었다(읽을거리 8 참조).

오키나와는 지난 태평양전쟁 때 일본 내에서 유일하게 지상전투가 벌어졌던 곳으로 지금도 곳곳에 전쟁의 상처가 남아 있다. 특히 전쟁 막바지 무렵이던 1945년 4월 1일부터 6월 23일까지 오키나와에서 벌어진 지상전은 본토 결전에 대비하려는 일본제국이 시간 벌기 차원에서 오키나와를 죽음으로 내몬 것이나 다름없었다.

일본제국은 1941년 12월 8일 하와이 진주만 기습공격으로 태평양전쟁의 기선제압에는 성공했으나 시간이 지날수록 전세 역전을 피하기 어려웠다. 특히 일본제국 해군은 1942년 6월 미드웨이 해전에서 항모 4척을 잃은 후 수세에 몰리기 시작했고 이듬해부터는 후퇴를 거듭했다. 급기야 1944년 7월에는 사이판을 연합군에 내주었고 이후 사이판기지를 확보한 미군은 본격적인 일본 본토 공습을 개시했다. 전세는 이미 돌이킬 수 없는 상황이었다고 해도 과언이 아니었다. 더구나 1945년 3월에는 도쿄에서 남쪽으로 1200㎞ 떨어진 전략적 요충지 이오지마硫黄島마저 미군의 손에 떨어졌다. 사실상 일본 열도로 들어가는 해로, 공로가 열린 상황에서 전쟁을 계속하는 것은 무모한 일이었다. 그럼에도 전쟁을 총괄해온 대본영大本營은 연전연승의 가짜 전황을 발표하고 국민을 오도하면서 전쟁을 독려했고, 한편에서는 오키나와를 미군의 본토상륙을 저지하는 마지막 카드로 내세웠던 것이다.

사실 1945년 4월 현재 오키나와 수비군의 전력은 절대적인 열세였다. 오키나와 수비대인 일본제국 32군의 병력은 육군 8만 6400명, 해군 1만 명, 학도대 2만 명 등 총 11만 6400명에 불과했다. 학도대를 제외하고도 총 병력 중 2만 명은 오키나와 현지에서 징집한 17~45세의 보조병력에 지나지 않았다. 반면 연합군은 상륙 부대만 18만 명에 후방 보급부대까지를 포함하면 총 54만 8000명이나 되었다.[3]

오키나와전은 1945년 3월 25일 1500여 척에 달하는 미군 함대가 포격을 시작하고 4월 1일에는 지상군 병력이 상륙을 시도하면서 본격화되었다. 오키나와 섬 중부의 동부 해안 요미탄讀谷에 상륙한 미군은 부대를 남북으로 나누어 오키나와 수비군을 압박해 들어갔다. 북쪽은 비교적 수월하게 4월 중순 경 미군의 손에 넘어갔지만 남쪽은 오키나와 수비군이 지하 방어 진지전을 펴면서 강력하게 저항한 결과 전투는 수비군이 당초 계획한 대로 지구전으로 이어졌다. 오키나와 수비대사령부는 남쪽으로 이동하면서 전투를 독려했고 최종적으로 오키나와 섬 남동쪽 해안 마부니摩文仁 언덕의 동굴로까지 밀려갔다. 마침내 6월 23일 우시지마 미쓰루牛島滿 사령관이 그곳에서 자결함으로써 조직적인 전투는 막을 내렸다. 요미탄에서 마부니에 이르는 겨우 수십㎞에 불과한 육로를 통과하는데 미군은 무려 석 달 가까이 걸린 셈이었다. 그만큼 오키나와 수비대의 저항이 격렬했음을 말해준다.

전투에서 전력열세로 인한 패배는 어쩔 수 없는 것이다. 지휘관은 이러한 상황을 빨리 파악하여 사상자를 최소화하는 것이 마땅하겠지만 당시 오키나와 수비대의 우시지마 제32군 사령관은 끝까지 항전할 것을 명령했다. 우시지마의 명령은 대본영의 의도에 따른 것이었겠으나 주된 내용은 두 가지로 요약된다. 우선 일본의 국체国体(천황·천황제) 보전과 본토 결전을 대비한 시간 끌기 차원에서 오키나와전을 지구전으로 몰아가려는 데 있었다. 다음으로 일본 패전 이후의 사태에 대비하는 것이다. 즉 일본이 최종적으로 연합군에 항복하게 되더라도 일본군이 끝까지 강한 저항을 보임으로써 그 결과 패전 이후 패전국의 부담을 최소화하겠다는 계획적인 항전이었다.

문제는 우시지마 사령관을 앞세운 일본 군부가 오키나와 수비대 뿐

• • •

3 오키나와전 당시 상황에 대해서는 安仁屋政昭, 『오키나와전 이야기(沖縄戦のはなし)』, 沖縄文化社, 1994를 참조.

아니라 민간인들을 희생 제물로 삼았다는 데 있다. 일본은 미군 상륙을 앞두고 겉으로는 민간인들을 고지대로 피난하도록 했지만 전쟁의 의미, 즉 '천황과 조국을 위해 기꺼이 몸 바쳐 싸워야 한다'며 천황제 이데올로기를 강요했다. 더구나 만에 하나 미군의 포로가 되면 여자들은 능욕을 당하고 남자들은 사지가 찢겨 죽게 될 것이라는 내용을 끊임없이 반복 학습시켜 직접 싸움에 참여하지 못하는 민간인들 사이에서는 도처에서 '집단 자결'이 빚어졌다. "살아서 포로의 굴욕을 받지 말라"는 일본군의 전진훈戰陣訓을 민간인들에게도 적용한 결과였다. 그리고 그러한 비극적 사태에 대해 일본 제국은 국체를 위해, 천황을 위해, 나라를 위해 '교쿠사이玉碎'했노라고 미화했다.

일본제국군은 먼저 부상자들을 대상으로 강제적인 '집단 자결'을 유도했다. 전투가 일본군의 압도적인 열세로 진행되면서 수비군에는 무수한 부상자가 생겼다. 수비군이 후퇴에 후퇴를 거듭하다보니 육군병원도 계속해서 후퇴를 하지 않을 수 없었다. 처음엔 나하那霸시에 있던 오키나와 수비군의 육군병원이 남쪽의 히에바루南風原로 옮겨졌으며 다시 제1, 제2, 제3 외과호外科壕로 분산되었다. 호壕란 지하 동굴을 의미하는데 오키나와엔 천연 종유鐘乳동굴이 산재하기도 하지만 미군의 공습을 피해 인공으로 만들기도 했다. 육군병원은 후퇴를 거듭하면서 이동할 수 없는 환자들에게 청산가리를 약이라고 속여 죽이기도 했으며, 환자들을 간호하기 위해 나이 어린 여학생들을 동원했는데 전세가 악화되면서 이들에게도 마찬가지로 동반 자살을 강요했다.

간호보조 임무를 띤 여학생 40여 명이 집단자살을 강요당했던 것도 바로 그러한 상황에서 빚어진 것이다. 현재 그곳에는 1989년 건립된 '히메유리 평화기념자료관'이 자리 잡고 있다. '히메유리'란 당시 희생을 당했던 여학생들을 총칭하는 말인데, 2001년 현장을 방문했을 당시 5명이 생존자로 남아 자료관 내에서 매일같이 돌아가면서 당시의 정황을 증언하고 있었다. 그 날 증언자 시마부쿠로 도시코島袋淑子(당시 73세) 씨는 눈물을 글썽이며 당시의 정황을 소개했다. 그의 이야기는 더운 날씨에도 불구하고 소름이 돋을 지경이었다. 시마부쿠로 할머니는 천황제의 부당성은 직접 거론하지는 않았지만 당시 일부 우익들(새로운 역사를 만드는 모임의 '역사교과서')이 히메유리들의 집단죽음을 마치 조국을 위해 몸 바친 여학생들의 모습으로 왜곡하고 오키나와전이 마치 성전聖戰인 것처럼 묘사하는 것에 대해 크게 분노하며 엉뚱한 방향으로 오키나와 이야기가 그릇 전해지는 것을 우려했다. 자신들은 조국을 위해 몸 바친 게 아니라 조국이 억지로 자신들에게 죽음을 강요한 것이라는 점을 강조했다.

일반 민간인들 사이에서도 '집단 자결'은 예외가 아니었다. 오키나와 섬 전투가 시작되기 전 부근의 여러 크고 작은 섬에서 먼저 집단 자결 사태가 벌어졌다. 오키나와 섬 남쪽에 있는 게라마慶良間제도에서는 700명이 넘는 주민이 집단 자결로 희생되었으며, 미군이 직접 상륙했던 요미탄에서도 똑같은 비극이 빚어졌다. 요미탄의 지비치리가마4에서는 82명이 집단 자결한 것으로 드러났고 그 절반이 12세 미만의 어린이들이었다. 가족끼리, 친척끼리, 이웃집 식구들끼리 서로를 죽이는 참담한 사태는 '자결'로 표현되지만 '천황제 이데올로기'가 만들어낸 타살이라고 볼 수밖에 없다. 오키나와 국제대학의 이시하라 마사이에石原昌家 교수는 "집단 자결이란 말은

• • •

4 '가마'는 천연 종유(鐘乳)동굴을 가리키는 오키나와 말. 통풍이 잘 되어 내부에서 밥을 지어도 공기가 탁해지지 않으면 내부에 물이 자연적으로 솟아 흐르기 때문에 숨어서 생활하기 좋은 조건을 구비하고 있다. 이 때문에 오키나와전에서는 군·민 할 것 없이 가마에서 피신생활을 한 경우가 적지 않았고 이는 결과적으로 '집단 자결'이 벌어지는 폐쇄적인 환경으로 작용했다.

자신의 의지에 따른 자결이 아니기 때문에 옳은 명칭이 아니다. 그것은 일본군의 작전에 따른 강제, 유도, 명령에 입각해 벌어진 것이기 때문에 '집단 강제사'라고 불러야 맞다"[5]고 주장한다. 사실 어린 희생자들에게까지 '집단 자결'이라고 말하는 것 자체가 말이 안 된다.

그런데 이 '강제 집단사'는 1980년대 들어와서야 비로소 일반에게 알려졌다는 사실에 더욱 놀라지 않을 수 없다. 구사일생으로 살아남은 이들조차도 그때의 아픈 기억을 떠올리기 싫어할 정도로 심리적인 저항감이 적지 않았던 때문이다.

오키나와전은 주민의 3분의 1을 죽음으로 내몰았다. 1976년 3월 오키나와현 생활복지부 원호과의 발표에 따르면 오키나와전 당시 일본 측 전몰자 및 행방불명자는 18만 8136명이다. 이 중 오키나와 출신자는 12만 2228명이었는데 민간인 희생자는 9만 4000명에 이른다. 그렇지만 충분히 파악되지 않은 희생자까지 포함하면 전몰자는 20만 명이 넘을 것이라는 것이 일반적인 주장이다.

1945년 2월 고노에 후미마로近衞文麿 전 총리가 쇼와 천황에게 일본의 패전은 이미 피할 수 없는 지경에 이르렀으니 항복의 결단을 내리는 게 옳겠다는 진언에 대해 쇼와 천황은 조금 더 전과를 올리고 나서 거론해야 하지 않겠느냐고 되물었다는 일화[6]는 유명하다. 그 전과가 바로 오키나와전이었음은 말할 나위도 없다. 조금이라도 일본이 먼저 항복을 했더라면 그토록 많은 인명손실은 없었을 것이다. 한 걸음 더 나아가서 조금 일찍 오키나와전이 끝을 맺었더라도 일본의 패전은 빨라질 수 있었을 것이고 그렇다면 소련

• • •

5 「沖繩タイムス」 2005년 7월 3일자, "집단 자결을 생각한다('集団自決'を考える) 19".
6 아라사키 모리테루, 정영신・미야우치 아키오 옮김, 『오키나와 현대사』, 논형, 2008, 139~140쪽(원서는 新崎盛暉, 『沖繩現代史』, 岩波新書, 2005, 100~101쪽). 아라사키 교수는 이러한 인식 하에서 오키나와방송(RBC)이 1988년 6월 23일 '오키나와 위령의 날'의 특별프로그램으로 "너무 늦은 성단(聖斷)"을 제작해 큰 반향을 일으켰다고 지적한다.

"수치를 당하기 전에 죽자/수류탄을 달라/낫으로, 곡괭이로, 면도날로 해치워라/
부모는 자식을, 남편은 아내를, 젊은이는 늙은이를/에메랄드 바다는 핏빛으로 변
하고/집단 자결이란 손을 대지 않고 행하는 학살이다"

　지난달 말(2001년 10월), 일본 교계의 지인들이 오키나와 본토반환 30주년을
한 해 앞두고 오키나와가 갖는 현대사적 의미를 되씹어보기 위해 기획한 오키나와
역사탐방 프로그램에 참여했다. 출발 전엔 에메랄드빛 상하(常夏)의 바다로 떠난다
는 생각에 수학여행 전야처럼 들떴지만 도착하고부터는 시종 마음이 무거웠다.
앞서 인용한 글귀와 같은 오키나와전의 상흔을 좇는 가운데 남국의 정취도 이국적인
현란함도 이미 뇌리에서 사라지고 말았다.

　그 글귀는 사키마미술관의 제3전시실에 걸린 일본의 대표적인 반전 작가 마루키
도시와 마루키 이리의 "오키나와전의 그림"(400×850cm, 1984년 작)에서 발견했
다. 이 그림은 마루키 부부가 오키나와전을 소재로 한 총 14편의 연작 중 하나다.
작가가 직접 써넣었다고 하는 그 글귀도 그렇지만 실화를 바탕으로 하여 대형 화폭
에 담은 집단 자결의 메시지는 전율 바로 그것이었다.

　오키나와전은 1945년 4월1일 오키나와에 상륙한 미군과 오키나와 방위부대인
일본제국 32군 사이에 석 달간에 걸쳐 벌어진 지상전을 말한다. 대부분의 전쟁이
그렇지만 오키나와전 만큼 민간인의 희생이 큰 전쟁은 없었다. 그것은 열악한 군세
의 32군이 지상병력만 18만 명에 해군 및 후방보급부대를 포함하면 총 54만 명에
이르는 미군을 맞아 싸워야 했기 때문은 아니다.

　문제는 오키나와에 대한 당시 일본제국 수뇌부의 인식이었다. 일본은 당시 본토
방어를 위한 시간 벌기 차원에서 오키나와를 선택하고 최후의 한 사람까지도 싸우
도록 독려했다. 그 와중에 수많은 주민들은 '가마'(천연종유동굴)에 숨어 지내다가
자국군대의 총칼에 죽는, 그리고 형제자매·부모자식·부부간에 서로 죽고 죽이는
아비규환을 겪었던 것이다.

　당시 주민의 3분의 1가량인 12만 명을 죽음으로 내몰았던 그 본토방어의 목적이
다름 아닌 국체호지(国体護持), 즉 천황제의 유지·보호에 있었다니 분통이 터진다.
지배 권력의 존립을 위해 철저히 유린된 민초들의 아픔을 오키나와에서 만난다.
동시에 이 문제를 일본 정부가 철저히 인식하지 않으면 일본의 역사왜곡과 침략전
쟁에 대한 반성은 불가능할 것이라는 점에서 오키나와 민중들과의 연대 필요성을
절감하게 된다.

사실 오키나와는 철저히 버려진 섬이었다. 전쟁 때는 물론이고 패전 후 지금까지도. 일본은 점령국 미국의 눈치를 살피면서 오키나와를 미국의 별도 지배하에 놓는데 적극 동의했다. 냉전이 시작되던 당시 미국은 지리적인 군사요충지로서 오키나와를 필요로 했기 때문이었다. 결국 오키나와의 질곡은 전쟁이 끝나고서도 이어질 수밖에 없었다. 1972년 오키나와가 일본에 반환된 이후에도 그 사정은 크게 바뀌지 않았다. 우리 한반도가 해방 이후 냉전체제로 인해 또 다시 분단이라고 하는 고통을 겪어야 했던 점을 새삼 돌아보게 한다.

　　예컨대 사키마미술관 바로 옆에 있는 거대한 해병항공대(MCAS) '후텐마기지'의 경우를 보자. 후텐마기지는 기노완시(市)의 한 가운데 자리고 있으며 특히 면적(480ha)이 시 면적(1937ha)의 4분의 1에 육박하고 있어 주민들의 삶을 크게 위협하고 있다. 거대한 공격용 헬기가 지척에서 뜨고 내리는 가운데 살아가는 사람들. 우리나라에도 도처에 널린 미군기지, 그로 인해 발생하는 민생의 불편, 잊혀질 만하면 발생하는 미군범죄, 그리고 불평등한 한미주둔군협정 등이 잇따라 떠올라 가슴이 저리는 것은 지나친 민감증 때문일까.

　　20세기를 상징하는 말들은 여러 가지이지만 가장 핵심적인 것은 역시 전쟁이다. 19세기를 '혁명·자본·제국의 시대'로 자리 매김 했던 영국의 에릭 홉스봄은 20세기를 '극단의 시대'로 보았다. 일본의 와다 하루키도 20세기를 '세계전쟁의 시대'로 규정한 바 있다(『역사로서의 사회주의』, 1992). 그런가 하면 원로사학자 강만길은 특히 우리나라의 20세기를 주저 없이 '한(恨)의 세기'로 특징짓는다.

　　모두가 전쟁으로 빚어진 시대의 아픔을 표현한 것이다. 그러나 세기가 바뀌었지만 야만의 시대는 여전하다. 오키나와에서도, 한반도에서도, 지금 아프가니스탄에서도, 중동에서도 죽음의 역사는 이어지고 있다. 그곳에 살아가는 민초들의 한은 언제나 풀릴까. 아니 지금 우린 무엇을 할 수 있을 것인가.

('세상만사' 2001년 12월 6일자)

의 2차 대전 개입도 없었을 것이며 당연히 한반도의 남북분단 상황도 벌어지지지 않을 수 있었다.

또 하나의 일본

태평양전쟁 말기 오키나와가 일본제국의 국체 신화가 빚어낸 희생양이었다면 그 이전의 오키나와는 도쿠가와막부와 메이지유신 정부의 필요에 따라 자유자재로 그 용도가 결정되는 기묘한 존재였다. 때로는 침략을 겪고, 때로는 무관계의 관계를 표방하고, 그리고 다시 일본제국에 복속되는 등 오키나와의 지난 400년은 일본에 의한 질곡의 역사라고 해도 과언이 아니다.

오키나와는 사실 인종적, 언어적, 문화적으로 일본열도와 많이 다르다. 물론 지금은 언어도 일본어로 통일되어 있으며 대중문화 역시 여느 일본의 다른 지방과 크게 다르지 않다. 하지만 오키나와는 아직도 고유한 전통문화를 갖추고 있으며 현지인들 사이에서는 오키나와 말이 부분적으로 쓰이고 있다.[7] 중요한 것은 오키나와가 적어도 1609년 이전까지는 일본 외부에 존재하면서 독자적인 문화와 왕국을 이루고 있었다는 사실이다.

오키나와에는 14세기 말 독립왕국(류큐왕국(琉球王國))이 등장했다. 류큐왕국은 규슈 바로 남쪽의 오스미제도大隅諸島에서 대만에 이르는 1300km 거리에 활처럼 펼쳐져 있는 200여개의 섬으로 이루어진 류큐열도를 배경

. . .

[7] 오키나와 말은 일본어와 같은 계통이며 일본어의 방언 중 하나라는 것이 정설이다. 아라사키 모리테루, 김경자 옮김, 『오키나와 이야기』, 역사비평사, 1998, 28쪽. 그렇지만 지금도 오키나와 사람들은 스스로를 '니혼진(일본인)'이라고 말하기보다 일본 본토사람들을 '야마톤추(大和人)'로, 자신들은 '우치난추(沖繩人)'라고 구별해서 지칭한다.

으로 자리 잡은 해상국가였다. 일찍부터 중국과 조공관계를 유지하면서 교역을 하는 이른바 진공進貢무역을 비롯해 한반도, 일본, 동남아시아 등과 해상무역을 활발하게 펼쳐왔다. 해상무역이 활발하게 진행되는 과정에서 오키나와 각지에 아지按司라고 불리는 호족이 탄생했고 12세기 들어와서는 오키나와 섬을 중심으로 북산, 중산, 남산의 3개 왕가가 등장했다. 그 중 중산中山 왕계의 쇼하시尚把志(1372~1439)에 의해 3개 왕가는 통일왕국으로 통합되었다. 이어 쇼하시는 명나라로부터 정식으로 군왕 책봉을 받았다. 이로써 명실 공히 류큐왕국은 국제적인 공인을 받게 되었다.[8]

그러나 류큐왕국은 1609년 도쿠가와막부 휘하의 사쓰마번薩摩藩(현재의 가고시마현)의 침략을 받아 사실상 막부의 정치·경제적 종속상태에 놓이게 된다. 침략의 직접적인 계기는 류큐왕국에 대한 사쓰마의 불만이었다. 사쓰마가 16세기 말부터 류큐왕국에 다양한 요청을 했지만 류큐왕국은 적절하고 신속하게 대응하지 않았다는 것이었다. 우선 조선출병(임진·정유왜란)을 앞두고 도요토미 히데요시의 명을 받은 사쓰마가 류큐왕국에 군량과 축성 인력 지원을 요청했으나 류큐왕국은 이에 응하지 않았다. 또 도쿠가와막부가 출범한 직후인 1603년 때마침 표류해온 류큐의 선박과 선원을 되돌려주는 과정에서 사쓰마는 류큐왕국이 막부에 사절단을 파견해 예물을 바칠 것을 강요했다. 여기에 류큐왕국의 사절단 파견이 늦어지자 사쓰마는 마침내 '류큐왕국의 무례함을 바로 잡는다'는 것을 이유로 내걸고 막부의 양해 아래 1609년 3월 침략을 결행했다.

독립왕국이 이웃나라의 터무니없는 요구를 무시하는 것은 당연한 일이었음을 감안하면 사쓰마의 불만은 처음부터 침략을 위한 빌미에 불과한

8 新田重清·座安政侑·山中久司, 『오키나와의 역사(沖縄の歴史)』, 沖縄文化社, 2000, 15~23쪽.

것이었다. 사실 사쓰마와 도쿠가와막부의 류큐침략의 이유는 다른 데 있었다. 그것은 바로 류큐왕국을 통한 명나라와의 교역 재개였다. 임진·정유왜란 이후 일본은 당시 선진문물을 갖춘 중국과의 관계가 악화되어 교역도 단절되었던 탓에 새로 출범한 도쿠가와막부로서는 신문물의 유입통로가 막혀있다는 점이 적잖은 부담이었다.

사쓰마는 류큐를 무력으로 정벌한 이후에도 쇼尙 왕조가 류큐를 계속 다스리는 것처럼 행동할 것을 요구했다. 이는 류큐왕국이 일본의 지배하에 들어갔다는 사실이 중국에 알려지면 기존의 류큐왕국과 중국의 진공무역에 차질이 빚어질까를 염려한 때문이었다. 류큐의 진공무역이 계속되기 위해서는 무엇보다 류큐왕국의 존속이 전제되어야 했던 것이다.

사쓰마는 류큐 침략 직후 류큐왕 쇼네이尙寧(1564~1620)와 주요 가신들을 포로로 끌고 갔다가 2년 반 만인 1611년 귀환시키면서 네 가지 조건을 강요했다. 첫째 오키나와 섬 북쪽에 위치한 아마미奄美제도를 사쓰마에 양도할 것, 둘째 사쓰마에 매년 연공年貢(조세)을 바칠 것, 셋째 '규정 15개조'9를 지킬 것, 넷째 사쓰마의 류큐정벌이 정당한 것이었다는 내용의 서약서를 쓸 것 등이다. 이로써 류큐왕국은 겉으로는 독립왕국이었지만 실제로는 사쓰마의 식민지로 전락했다. 일본과 중국의 공동지배상황이라고 할 수 있는 류큐의 이른바 '일지양속日支兩屬'시대가 시작된 것이다. 중국은 류큐왕국을 정치적으로 지배한 것은 아니었지만 진공무역이라는 측면에서 보면 류큐가 중국의 영향 하에 있었다고 볼 수 있기 때문이다. 일지양속 시대는 도쿠가와

• • •

9 '규정 15개조(掟15箇条)'는 류큐왕국이 사쓰마의 명령에 따라야 할 내용을 15개 항목으로 요약한 것이다. 예를 들면 "사쓰마의 허가 없이 명(중국)과 교역해서는 안 된다", "사쓰마가 발급한 허가증을 갖지 않은 일본 상인은 받아들이면 안 된다", "연공(年貢) 등은 사쓰마가 나하(那覇)에 설치한 관청의 관리(자이반부교[在番奉行])가 정한 대로 따를 것"……. 사쓰마가 막부를 등에 업고 사실상 자신들의 경제적 이익을 도모한 내용이 대부분이다. 앞 책, 30쪽.

막부가 무너지고 1868년 메이지유신 직후까지 그대로 이어졌다.

류큐의 '일지양속' 상태는 표리부동하고 애매모호한 일본의 대외정책의 한 단면을 보는 듯하다. 필요할 때는 무력을 동원하고, 목표를 이루기 위해서는 표면적으로 류쿠왕국과 무관함을 앞세우는 이중적인 태도를 유지하면서 실리를 취하는 행태는 이후 일본의 오키나와 대응방식에서 계속적으로 등장한다.

아편전쟁(1840~1842) 이후 사쓰마를 비롯한 도쿠가와막부는 서세동점西勢東漸의 기운이 일본까지 미치지 않도록 실질적인 막부의 식민지이자 형식적으로 독립국가인 류큐왕국을 이용해 막아보려고 했다. 영국을 비롯한 네덜란드, 프랑스 등 서구 열강은 앞을 다투어 아시아 각국에 교역 개방을 요청하기에 이르렀고 류큐왕국은 막부의 묵인 하에 이들 나라들과 수호조약을 맺기에 이르렀다.

예컨대 구로후네黑船라는 별명으로 유명한 미국의 페리함대가 개항을 요구하는 미 대통령의 친서를 들고 1853년 7월 에도(도쿄) 서남쪽 해안의 우라가浦賀에 등장하기 이전에 이미 페리함대는 류큐왕국에 도착해서 개국을 요청했다. 그해 5월 페리함대는 류큐왕국의 나하那覇에 입항하여 류큐왕부王府가 있던 슈리성首里城 입성을 강행했다. 에도에서 다시 나하로 돌아온 페리함대는 류큐왕국과 수호조약 체결을 요구하고 최종적으로 1854년 7월 11일 류베이수호조약琉米修好條約을 체결하였다.

이어 류큐왕국은 1855년 11월 프랑스, 1859년 7월 네덜란드와 수호조약을 맺었다. 각 수호조약의 공통적인 관심사는 '자유무역'이었다. 이 때문에 사쓰마는 서구 열강과의 자유무역이 기존의 '규정 15개조'에 반하는 것이라며 이 항목을 수정할 것을 류큐왕국에 명했다. 하지만 수호조약 자체가 상대국과 맺은 것인 만큼 수정은 이루어질 수 없었다. 류큐왕국이 맺은 여러 수호조약은 대부분 상대국의 영사특권을 인정하는 등 전형적인 불평등조약이었지만 한편으로 보면 그것은 류큐왕국이 독립 왕국으로서 행사한 마지막 활동이었다. 도쿠가와막부도 1858년 미국과 통상수호조약을 맺으면서 류큐왕국의 대중국 진공무역은 사실상 의미를 잃게 되었기 때문이다.

이 뿐 아니라 메이지유신으로 류큐와 사쓰마와의 관계도 새롭게 바뀌지 않을 수 없게 되었다. 사쓰마가 메이지유신의 주역으로서 사실상 새 정부의 중심이 되었기 때문에 과거처럼 류큐왕국이 겉으로는 독립국, 실질적으로는 사쓰마의 식민지와 같은 애매모호한 상황은 메이지 정부의 대외적 위신 차원에서도 바람직하지 않았다. 이에 메이지 정부는 류큐를 일본에 병합하는 것을 적극적으로 고려하기 시작했다. 다만 형식적으로는 류큐왕국이 여전히 청나라의 책봉국이었기 때문에 메이지 정부로서도 청나라의 눈치를 살피지 않을 수 없었다.

그러던 차에 1871년 오키나와의 어민 54명이 대만에 표류하여 현지 원주민에게 살해당한 사건이 일어났다. 이 기회를 이용해 일본은 1872년 류큐왕국을 류큐번琉球藩으로 삼았다. 1874년에는 대만 원주민 징벌을 내세워 대만에 출병하고 같은 해 청나라와 협의 끝에 오키나와인은 일본 속민이며 류큐왕국은 더 이상 청에 속하지 않음을 확인했다. 사쓰마의 침입 이래 263년 만에 류큐의 '일지양속' 시대가 막을 내리고 동시에 류큐왕국도 최종적으로 멸망했다.

그러나 메이지 정부의 류큐에 대한 대응은 여러 가지 측면에서 본국과 약간 다른 행보를 보인다. 예를 들어 메이지 정부는 1872년 일방적으로 류큐왕국을 폐하고 류큐번으로, 류큐국왕을 번왕藩王으로 처분(1차 류큐처분)했으나 본국에서는 이미 1871년 지방제도개혁 차원에서 막부시대의 번을 폐지하고 현으로 바꾸는 폐번치현廢藩置縣이 실시되었다. 폐번치현은 구

다이묘大名 권력을 배제하기 위한 것으로 부·현 지사를 중앙정부에서 직접 파견하였으나 1년 늦게 적용된 류큐한에 대해서는 구 류큐왕을 그대로 번왕으로 임명하였다는 점이 조금 다르다. 일본의 부·현과 같이 류큐번이 실제로 오키나와현으로 바뀌는 것은 1879년이었다(2차 류큐처분).**10**

이는 멸망에 이른 류큐왕국의 반발을 최소화하기 위한 조치라고 볼 수 있겠으나 본국과는 다른 차별적인 정책적용이 아닌가 생각된다. 메이지 초기 새 정부는 무수한 개혁정책을 실시하지만 각 정책이 류큐에 적용되는 것은 언제나 본토보다 상당히 나중의 일이었기 때문이다.

메이지 정부가 구 봉건지배층의 경제적 특권을 폐지하기 위해 1876년 실시한 질록처분秩祿處分도 오키나와에서는 1910년에서야 비로소 실시되었다. 이 뿐 아니라 1889년 시행된 메이지헌법(일본제국헌법)에 입각해 본토에서는 1890년 최초의 중의원 선거가 있었으나 오키나와에서는 1912년에 처음 선거가 실시되었다. 메이지 정부가 오키나와에 대해 구습舊習 온존책을 편 데에는 류큐의 구 지배층을 회유하려는 목적이 있었겠으나 결과적으로 오키나와의 제도적 근대화는 본국보다 상대적으로 늦어질 수밖에 없었다.

도쿠가와막부가 단절된 대중국 교역 루트를 확보하기 위해 시작된 일본과 오키나와의 관계는 무력 침입, 배후 조종, 메이지 정부의 최종적인 오키나와 복속으로 막을 내렸다. 하지만 그것으로 오키나와와 일본의 오랜 질곡의 관계가 마무리되는 것은 아니었다. 필요에 따라 합쳤다가 때로는

●●●

10 1, 2차 류큐처분을 둘러싸고 류큐왕국, 특히 류큐왕국의 마지막 왕 쇼타이(尚泰)의 반발이 적지 않았다. 아무리 이름뿐이라고 해도 명색이 독립국가에서 한 나라의 일개 지방으로 편입된다는 것은 류큐왕국으로서는 대사건이었기 때문이다. 쇼타이는 2차 류큐처분에 대해 끝까지 거부했고 번왕으로라도 존속할 것을 메이지 정부에 끊임없이 탄원했다. 마침내 메이지 정부는 1879년 수백명의 군인과 경찰을 동원해 오키나와현 설치를 강행했고 쇼타이는 메이지 정부의 의도대로 거주지를 도쿄로 옮겨야 했으며 작위로서 후작 대우에 만족해야 했다. 앞 책, 49쪽.

천황의 신민으로 살 것을 강요받기도 했고, 다시 상황이 바뀌어 '국체를 위하여', '나라를 위하여'란 미명하에 일본에서 잘려져 나가는 세월을 보내야 했기 때문이다.

미국의 조차지로: 기지의 섬 오키나와

일본의 패전 후 오키나와는 냉전체제의 소용돌이 속에서 미군의 직접 지배하에 놓였으며 사실상 동아시아 주둔 미군의 모⺟기지 역할을 맡았다. 패전국 일본은 국체(천황·천황제) 보전을 위해 기꺼이 오키나와를 미국에 제공했다. 일본은 패전 후 샌프란시스코 평화조약(대일평화조약)이 시행되던 1952년 4월 28일 직전까지 연합국군총사령부(GHQ/SCAP)의 점령을 받는 상황이었고 그 이후 미국의 극동 주둔지가 되었으나 오키나와는 그보다 앞선 1947년부터 미군의 극동기지로서 부상하게 되었다.

2장에서 전후 일본국헌법(평화헌법) 탄생 배경에 대해 거론한 바와 같이 평화헌법은 일본의 민주주의화를 단기에 정착시키려는 미국의 섣부른 실용주의와 천황제를 온존시키려는 일본 보수층의 형식주의가 교묘하게 결합된 것이었다. 특히 평화헌법 9조에 담긴 전쟁포기 규정은 전전의 천황제가 상징천황제로 계승되는 것과 밀접한 관련성이 있었다.

마찬가지로 일본의 비무장, 전쟁포기 문제와 미국의 오키나와에 대한 분리지배 역시 당시 미국과 일본의 수뇌부가 서로 다른 이해관계 속에서 연계된 사안이었다. 우선 미국으로서는 일본군국주의를 완전히 뿌리 뽑겠다는 의지의 표명에서 헌법 9조를 피력하는 한편 전후 미국의 동아시아 군사적 거점으로서 오키나와의 미군기지화를 염두에 두고 있었다. 또한 일본은 미국이 요구하는 헌법 9조를 수용하고 여기에 오키나와를 미국에 분리 할양함으로써 천황제의 완벽한 온존을 기대할 수 있게 되었다고 판단한 것이다.

미·일 양국의 기대는 평화헌법이 1947년 5월 시행되자마자 구체적으로 드러나기 시작했다. 먼저 GHQ의 맥아더 원수는 이미 그해 7월 도쿄를 방문한 미국인 기자단에게 "오키나와를 미군이 지배하고 공군을 요새화하면 비무장국가 일본이 군사적 진공상태에 빠질 일은 없을 것"이라고 밝혔다.11 이어 쇼와 천황은 맥아더의 발언에 마치 응답이라도 하는 것처럼 측근을 통해 "미국이 일본에 주권을 인정하고 조차하는 형식으로 25년 내지 50년, 혹은 그 이상 오키나와를 지배하는 것은 미국의 이익일 뿐 아니라 일본의 이익도 된다"고 밝혔다.12

그때까지만 해도 일본의 비무장과 오키나와에 대한 분리, 미군기지화가 한 세트로 움직인 것으로 보였다. 하지만 1949년 소련의 핵무장과 중국 공산당의 베이징 입성, 1950년 한국전쟁 발발 등 극동정세가 급변하면서 미·일 양자 간의 당초 의도는 새로운 국면을 맞는다. 미국은 당장 1950년 8월 현재의 자위대의 전신인 경찰예비대13를 창설시키고 미군의 항구적인 일본 주둔을 위해 1951년 9월 미·일 안보조약을 맺기에 이른다. 미·일 안보조약의 시행은 샌프란시스코 평화조약(대일평화조약)과 마찬가지로 1952년 4월 28일부터였다. 오키나와의 지위는 대일평화조약 제3조에서 거론되고 있다. 내용은 "일본국은 '오키나와와 오가사와라小笠原'를 미국이 유일의 시정권자로서 미국의 신탁통치 아래 두도록 하자는 유엔에 대한 미국의 모든 제안에 동의한다"고 밝히고 있다. 오키나와의 운명은 다시 미국의 신탁통

• • •

11 新崎盛暉의 앞 책, 5쪽.
12 앞 책, 5~6쪽.
13 경찰예비대는 2년 후인 1952년 보안대로, 또 1954년에는 자위대로 이름을 바꾸어 오늘에 이른다.

치로 귀결되고 말았다.

오키나와는 그로부터 30년 동안 미군의 배타적 지배하에 군사기지로서 역할을 감당할 수밖에 없었다. 이미 일본의 패전과 더불어 오키나와는 미군정부의 지배하에 있었음을 감안하면 총 37년 동안 미국의 신탁통치를 받은 셈이었다. 오키나와는 일본 지배권력의 필요에 따라 적당히 버려지고 지배당하는 그런 섬이었다. 1972년 오키나와가 일본에 반환될 때까지 오키나와는 미국의 완전한 식민지였으며 동시에 미군기지의 섬이었다.

그 사이 오키나와 주민의 국적은 일본이었지만 류큐제도를 드나들자면 미군의 도항증명서, 즉 미군이 발행하는 별도의 비자가 필요할 정도로 오키나와는 엄격하게 관리되었다. 일본에 대한 연합국의 점령정책이 일본의 비군사화와 토지개혁은 물론 노조활동의 자유 등 민주주의 시스템의 정착에 초점을 두었지만 오키나와에서는 정반대의 상황이 이어졌다. 오키나와의 기지건설이 본격화되면서 미군정(1950년 이후 '미국 민정부'로, 1952년부터 류큐정부로 개칭)은 기지건설노동자들의 노조활동을 억압하는 쪽으로 정책을 몰아갔다. 류큐정부 행정주석은 민정부 부장관에 의해 임명되었으며, 류큐입법원은 주민의 직접선거로 선출되기는 했지만 의원활동은 미군의 포고령이 인정하는 범위 내에서만 허용되었을 뿐이었다.

그 와중에 오키나와에서는 미군에 의한 토지강탈이 자행되었다. 정상적인 사법체계보다 미군의 포고령이 상위법의 지위에 있었던 탓에 기지가 필요한 곳에서는 얼마든지 토지 강제수용이 가능했다. 이는 '총칼과 불도저'에 의한 토지강탈이라고 해도 과언이 아니었다. 예컨대 과거 일본제국군의 군용비행장이었던 오키나와 나카(中)비행장은 미군에 의해 40배로 확장되어 가데나嘉手納비행장으로 변신했다. 특히 미국은 1953년 '토지수용령'을 발포해 군용지 우선 정책을 폈고 군용지로 지정된 곳에는 해당 지역 주민의 귀환을 막기까지했다. 1945년부터 샌프란시스코 평화조약이 발효되는 1952년까지 미군은 군용지에 대해 아예 사용료조차 내지 않았다. 오히려 필요에 따라 무수한 농지와 택지가 군용지로 강제 편입되었다.

반면 일본 본국에서는 미·일 안보조약에 따라 일본은 미국에 기지를 제공할 의무가 있었지만 토지소유자의 승낙을 얻지 못하면 기지로 활용하기가 쉽지 않았다. 이 때문에 1950년대 일본에 설치되었던 미군 군용지는 미군의 철수 등으로 점차 축소되었지만 군용지확보에 전혀 문제가 없었던 오키나와에는 계속해서 군용지가 늘어났으며 일본에서 철수한 미군은 오키나와로 집중되는 상황이 이어졌다. 그 결과 1960년 현재 일본 전토의 0.6%에 불과한 오키나와와 99.4%의 일본 본토에 있는 미군 군용지 규모가 거의 비슷했다.[14]

1972년 오키나와가 일본에 반환된 이후에도 미군기지의 섬인 오키나와의 위상은 달라지지 않았다. 예를 들면 2006년 10월 1일 현재 재일 미군기지 전용지 시설의 74.3%가 오키나와에 있으며, 2006년 9월 말 기준으로 주일미군 총 3만 2803명 중 2만 2720명, 69.3%가 오키나와에 주둔하고 있다.[15] 그 외에도 오키나와에는 방대한 훈련공역空域과 수역水域이 정해져 있기 때문에 기지는 큰 장애가 되었다. 도시형성은 물론 교통, 산업 등 지역진흥에 걸림돌이 되고 있으며 환경파괴, 소음피해, 미군으로 인한 사건·사고가 줄을 잇는 등 주민들의 생활에 엄청난 위협을 주고 있다. 예컨대 지난 1959년 미군 비행기가 초등학교를 덮쳐 초등학생 12명이 죽고 127명이 부상을 당한 사건도 있었으니 주민들의 불안은 가위 상상을 초월한다.

• • • •

14 앞 책, 20쪽.
15 沖縄県知事公室基地対策課, 『오키나와의 미군 및 자위대 기지: 통계자료집(沖縄の米軍および自衛隊基地: 統計資料集)』, 2008 참조.

오키나와의 인구 증가와 함께 주택지가 기지 바로 옆까지 이어지는 상황이다. 처음부터 미군 기지가 도시 중심에 자리 잡은 상태였기 때문이다.

오키나와의 미군 기지를 둘러싸고 시민과 미군·미국·일본 정부의 힘겨루기는 아직도 이어지고 있다. 처음에는 미군 군용지로 토지를 강제로 수용당한 지주들을 중심으로 헐값의 토지사용료 지불에 대한 반발운동으로 시작되었으나 오키나와가 일본에 반환된 이후로는 군용지 사용연장 승인 보류투쟁으로 점화된 바 있다.

최근에는 기노완시 한복판에 자리 잡고 있는 해병항공대 후텐마기지 이전을 둘러싸고 시민들의 반대투쟁이 이어지고 있다. 당초 후텐마기지 이전 문제는 1995년 미군병사의 소녀 성폭행사건 이후 오키나와 시민을 중심으로 대대적인 반미데모가 벌어지자 이를 무마하기 위한 차원에서 거론되었다. 게다가 1997년 4월 미국과 일본 사이에 마련된 '신가이드라인'16이 한국과 중국을 비롯한 주변 여러 나라들에게 지나치게 강하게 비춰질 것에 대한 미국의 염려가 반영된 결과이기도 하다. 미국은 오키나와의 군사기지 축소 등을 상징적으로 내세우기 위해 후텐마기지 반환 및 이전을 본격적으로 거론하게 되었다.

그러나 후텐마기지가 지나치게 낡아 단순한 기지반환이 아니라 기지를 새롭게 보수해야 한다는 차원에서 거론했을 것이라는 지적이 최근 기지 반대 운동단체들 사이에서 적지 않다. 실제로 미군이 후텐마기지의 대체예정지로 거론해온 헤노코辺野古의 신기지 개발계획은 그 규모가 후텐마기지

· · ·

16 신가이드라인은 일본의 주변에 비상사태가 발생했을 때 일본자위대가 출병할 수 있다는 것과 아울러 미군의 후방지원을 적극적으로 모색한다는 내용을 담은 것으로 일본의 군사적 행동범위를 확대한 것이 특징이다. 본래 이름은 '미일방위협력을 위한 지침'이며 1978년에도 같은 이름의 지침이 있었는데 이를 '가이드라인'이라고 하고 1997년의 것은 '신가이드라인'으로 부른다.

보다 3배나 더 크다. 이에 헤노코가 속해 있는 나고名護시는 이미 1997년 12월 21일 주민투표를 통해 헤노코 신기지 건설 반대를 분명히 했지만 미군 측의 이전계획은 착착 진행되고 있다. 더구나 2001년 12월 나고 시장은 주민들의 반대결정에도 아랑곳없이 기지건설을 승인한 바 있다.

그럼에도 오키나와 주민은 줄기차게 헤노코 신기지건설 저지투쟁을 계속 해오고 있다. 2008년 6월 오키나와현 의원선거에서는 신기지 건설에 반대하는 야당의원이 26석을 획득해 여당 21석을 웃돌았으며, 7월 18일 현 의회는 신기지 건설 반대를 결의하고 의견서를 통과시켰다.[17]

아무도 책임지지 않는 전쟁

앞에서 오키나와에서 벌어진 집단 강제사集團强制死('집단 자결')가 1980년대에 와서야 비로소 그 실체가 조금씩 드러나기 시작했다고 지적했다. 그 이유를 지비치리가마의 조사에 참여했던 논픽션작가 시모지마 데쓰로下嶋哲朗는 이렇게 꼽았다.

마을사람들은 개인의 살인사건으로 받아들이고 있었다. 지비치리가마를 거론하는 것은 개인의 살인 책임을 추궁하는 것이며 결과적으로 이웃 간의 단절, 공동체의 분열, 생활기반의 붕괴를 초래한다고 생각했다. [……] 마을사람들은 전쟁을 일으킨 국가의 책임을 추궁하는 게 아니라 그리고 그러한 국가가 등장하는 것을 막지 못했던 민중의 한 사람으로서의 책임을 반성하는 것이

* * *

17 日米軍事同盟打破・基地撤去2008年日本平和大会実行委員会, 『미일안보의 현재(日米安保のいま)』, 2008, 18쪽.

아니었다. 그저 특정의 개인을 비난하고 그 때문에 자신들 스스로가 마음의 상처를 받았다.[18]

그래서 사람들은 지비치리가마를 잊고 싶어 했다는 것이다. 그런데 그 비극적인 사건이 일어난 지 38년째 되던 1983년 처음으로 조사가 벌어졌다. 그들의 막혔던 마음이 열리고, 금기로 생각해왔던 잔혹한 기억을 다시 떠올릴 수 있기 위해서는 수십 년의 시간이 필요했던 모양이다. 조사를 진행하는 과정에서 '당시의 군국주의 교육이라고 하는 국가의 범죄'가 명확하게 드러나게 되면서 마을사람들은 비로소 그동안 아무렇지도 않게 사용했던 '집단 자결'이란 말에 의문을 품기 시작했다고 한다. 자신들을 자책해왔던 기억들이 그들의 잘못 때문이 아니라 국가가, 군국주의 교육이 만들어낸 것이었음을 확인하게 된 것은 그들에게 복음과도 같은 소식이었을 터다.

전쟁의 소용돌이 속에서 희생자들이 되레 스스로를 자책하게 되는 오키나와의 기묘한 구도는 지난 전쟁의 본질이 정확하게 알려지지 않은 탓이 크다. 전후 60여 년이 지난 지금도 일본은 전쟁의 비극만을 강조할 뿐 전쟁의 원인이나 책임에 대해서는 입을 다물고 있다. 아무도 책임지지 않는 전쟁이라고 해도 과언이 아니다. 그저 초등학교 도덕책에서나 등장할 만한 문구로, 제3자적인 말투로 전쟁의 참상을 거론할 뿐이다(읽을거리 9 참조).

오키나와전 최후의 격전지였던 오키나와 남동부 해안 마부니언덕에 자리하고 있는 오키나와 평화기념공원에는 1999년 '오키나와현 평화기념자료관'이 들어섰다. 오키나와전통건축양식으로 지어진 대형 자료관은 1, 2층의

• • •

18 下嶋哲朗, 『오키나와・지비치리가마의 집단 자결(沖繩・チビチリガマの集団自決)』, 岩波 ブックレット, 1992, 43~44쪽.

전시실을 통해 오키나와전의 상흔을 그대로 보여주면서 전쟁의 비극을 재현하고 평화의 중요성을 호소하고 있다. 하지만 그 어느 전시실에도 '오키나와전이 왜 이토록 비극적이어야만 했는가?', '그것은 누구의 잘못 때문인가?', 더 나아가서 '태평양 전쟁의 본질은 무엇인가?', '왜 이런 전쟁이 빚어졌는가?'하는 점은 전혀 거론하고 있지 않았다. 그저 전쟁은 비참한 것이며 평화는 인류가 마땅히 가꾸어가야 할 지고의 선으로만 묘사되고 있을 뿐이다.

전쟁의 참화를 보고 배우고 역사적 교훈으로 삼아 두 번 다시 전쟁이 없는 세상을 위해 노력해야 한다는 메시지는 대단히 중요하다. 평화기념자료관의 설립 이념에도 드러나 있는 것처럼 "이 전쟁의 체험이야말로 전후 오키나와인들에게는 미국의 군사지배에 저항하면서 가꿔온 오키나와 마음의 원점"[19]인 것은 분명하다. 하지만 오키나와전이 아무도 책임지지 않은 전쟁으로서 전투 경위와 민간인들의 피해만 묘사되고 있다는 점은 안타까운 일이다. 오키나와전은 민간인을 볼모로 잡고 벌인 것이라는 점에서, 민간인들의 피해가 너무도 컸다는 점에서 더더욱 그렇게 된 배경을 따져 물어야 마땅한 게 아닐까.

물론 오키나와가 전전 전후를 통해 일방적으로 일본의 지배 권력에 의해 휘둘림을 당했다는 점에 대한 오키나와 사람들의 반발은 적지 않았다. 그 대표적인 것이 1987년 10월 오키나와에서 열린 전국체전 소프트볼 경기장에 게양된 '히노마루日の丸'를 끌어내려 태워버린 '히노마루 소각사건'이다.[20] 당초 촌村의회 결의와 촌민의 서명운동에 따라 히노마루 게양 없이 경기를 치르기로 했지만 일본소프트볼경기협회장 히로세 마사루広瀬勝의

---

19 沖縄県平和記念資料館 홈페이지 참조.(http://www.peace-museum.pref.okinawa.jp)
20 知花昌一, 『불태워진 히노마루: 기지의 섬 오키나와 요미탄에서(焼き捨てられた日の丸: 基地の島・沖縄読谷から)』, 新泉社, 1988 참조.

6장 국체를 위해 버려진 섬, 오키나와 147

■ 읽을거리 9: 두 얼굴의 평화

일본의 8월에는 곳곳에 추모행사가 많이 열린다. 우선 우리의 추석에 견줄 만한 오봉(御盆)이 15일이다. 오봉 때는 성묘를 비롯해 조상들을 기리는 가족행사가 이어지고 15일을 전후로 한 오봉 휴가는 귀성 시즌이다.

국가적 추모행사는 히로시마와 나가사키에서 시작된다. 1945년 8월6일 히로시마, 9일 나가사키에 투하된 원자폭탄으로 순식간에 약 20만 명이 죽었다. 해마다 이곳에서 절절하게 추모행사가 벌어지는 까닭이다.

이어 패전기념일 15일. 정부 차원의 전국전몰자추도식에서는 중일·태평양전쟁 때 죽은 약 310만 명의 일본인 혼백을 기린다. 올(2008) 추도사에서 후쿠다 야스오 총리는 "과거를 겸허하게 직시하고 비참한 전쟁의 교훈이 풍화(風化)되지 않도록 하겠다"고 밝혔다.

전쟁에서 죽은 혼백을 신으로 떠받들고 있어 전전 국가신도의 잔영이 남아 있는 야스쿠니신사도 이 날 추모행렬로 북적인다. 야스쿠니신사와 달리 종교 색채가 없는 지도리가후치 무명전몰자묘지에 참배하는 사람들도 적지 않다.

모든 추모제의 주제는 '평화'다. 8월 들어서는 여기저기 거리에 "전쟁 싫어요" "평화 기원을" 등의 슬로건이 내걸리고 매스컴들도 전쟁의 참혹함과 평화의 존귀함을 앞 다투어 보도한다. 그런데 올 8월은 예년과 달리 조용하다.

기름 값 급등에다 올 2분기 경제성장률이 -0.6%를 기록하는 등 경기침체 기미가 가시화되고 있는 탓에 귀성행렬도 예년만 못했다. 베이징올림픽에 이슈를 선점당해 추모행사도 관심에서 밀려난 듯하다. 재임 중 야스쿠니신사 참배를 하지 않겠다는 후쿠다 총리의 방침도 한 몫 했다. '조용한 8월'이란 지적이 나올 정도다.

하지만 근본적으론 일본이 평화를 인식하는 데 문제가 있는 것으로 보인다. 평화기원이 지나칠 정도로 전쟁피해의식에 의존하고 있기 때문이다. 지난 전쟁이 왜 일어났는지, 누가 일으켰는지에 대한 철저한 인식이 빠진 평화기원은 공허하다.

일본인 전몰자가 약 310만 명이라지만 일본군에 의해 아시아에서만 2000만 명 이상이 죽임을 당했다는 사실은 관심 밖이다. 연전에 가 본 오키나와평화기념공원 자료관에는 1945년 오키나와전에서 죽은 십 수만 명을 추모하며 전쟁의 참화만 강조할 뿐 전쟁의 원인을 따지는 건 소홀했다.

히로시마 나가사키의 피폭자들의 죽음과 고통이 아직도 끝나지 않았지만 일부 보수정객들은 일본의 핵무장마저 주장한다. 야스쿠니가 여전히 문제로 남아 있고 침략사에 대한 사죄도 애매모호한 선에서 멈춰있다. 이것이 일본 사회에 겉으로 드러나 있는 평화의 한 얼굴이다.

그럼에도 평화는 전후 일본의 가장 중요한 키워드다. 특히 전후 뿌리내린 풀뿌리 평화시민운동은 우경화의 역풍 속에서도 꿋꿋하게 살아 있다. 이들에겐 피해자의 식에서 벗어나 평화를 위해 무엇을 어떻게 할지를 따지고 실천적으로 접근한다는 공통점이 있다. 이들의 평화는 말이 아니라 실천이다.

지난 15일 방문했던 나가노현 마쓰시로 대본영 지하벙커에서 활동하는 자원봉사그룹도 그 한 예다. 60대 할머니 고바야시 유키에 씨는 "이곳은 일본뿐 아니라 아시아의 평화를 짓밟았던 일본 군부가 최후 발악을 꾀했던 부끄러운 현장"이라고 소개하고 "참담한 과거를 직시하는 것이 평화기원의 첫걸음"이라고 말한다.

연간 약 13만 명이 가족끼리 또는 초·중·고교생들이 평화학습을 위해 방문하는 대본영 지하벙커, 지난 4월 개축한 지 12년 만에 방문객 1000만 명을 돌파한 나가사키원폭자료관 등에서 활동하는 평화운동그룹과 그들에 동조하는 사람들이 적지 않다. 평화를 지향하는 일본의 또 다른 얼굴이다.

두 얼굴의 평화는 일본의 현실이다. 중요한 건 참 평화를 향한 불꽃이 꺼지지 않았다는 점이다. 대일 외교의 초점도 여기에 맞춰야 하겠다.

('여의춘추' 2008년 8월 19일자)

강요로 히노마루가 게양되었다. 이에 요미탄讀谷에서 슈퍼마켓을 경영하는 지바나 쇼이치知花昌一가 히노마루의 소각에 나섰던 것이다. 태워진 히노마루는 전전과 전후의 일본 지배권력, 천황제를 앞세워온 모든 권력에 대한 상징이었다. 히노마루 소각사건으로 오키나와에서는 이미 천황제 및 일본의 지배체제에 순응하기 시작했던 대부분의 사람들과 이에 반발해온 사람들의 대립이 본격화되었지만 오키나와의 본질은 표면화되지 않은 채 지금에 이르고 있다.

지배권력, 즉 국체를 위해 버려진 섬 오키나와의 현실은 이제 일본 내부의 문제뿐 아니라 아시아, 세계를 향해 문제를 제기하고 있다. 오키나와현 평화기념공원이 비록 전쟁의 본질, 책임 규명에는 소홀했지만 평화에 대해서는 바른 방향을 제시하고 있기 때문이다. 오키나와 평화기념공원이 1995년 오키나와전 및 태평양전쟁 종결 50주년을 기념하여 건립한 '평화의 초석The Cornerstone of Peace'의 의도가 바로 그렇다. 전쟁의 고통은 비단 군인만이 겪게 되는 것이 아니며, 평화의 대상은 피아를 불문하고 누구에게나 열려 있어야 한다는 발상이 '평화의 초석'에 담겨져 있기 때문이다.

바닷가에 면한 '평화의 초석'은 부채꼴 모양의 부지 중심부문을 차지하고 있고 그 바깥쪽으로는 군인, 민간인 및 국적을 불문하고 오키나와전과 관련하여 죽은 모든 이들의 이름이 출신국가별로 새겨진 돌비석이 나열되어 있다. 총 23만 9184명(2005년 6월 23일 현재)의 사자死者의 이름 중에는 패전국 일본의 군인과 민간인 전몰자 22만 4643명(이중 오키나와 출신은 14만 8702명), 미군 전몰자 1만 4008명, 영국군 82명. 그리고 징용으로 끌려와 죽음을 맞은 한국, 북한, 대만 출신 전몰자가 각각 341명, 82명, 28명 포함되어 있다.[21]

• • •

21 沖繩県平和記念資料館, 「'평화의 초석'의 통계자료('平和の礎'の統計資料)」.

오키나와는 일본의 현대사의 아픈 이면이며, 동시에 천황제 지배—그것이 전전의 아라히토가미現人神를 내세운 직접 지배이든 전후의 상징천황제에 의한 지배이든 관계없이—를 고수하려는 자들에게는 감추고 싶은 역사다. 반면 일본의 양심세력은 오키나와 문제를 일본 현대사의 원점으로 파악한다. 왜냐하면 오키나와는 제국주의 일본의 지배 권력에 의해 민중이 처참하게 유린당한 역사를 증언하고 있을 뿐 아니라 오늘날까지도 강대국 미국이 힘의 논리로 지역주민의 생존권을 위협하고 있는 현장이기 때문이다.

오키나와의 현대사는 전율 그 자체다. 자국군대에 의해 직·간접적인 학살, 아니 천황제 권력에 의한 민중의 지배와 죽임의 역사 바로 그것이 오키나와의 과거였다. 그리고 그 과거는 아직도 완전히 봉합되지 않은 채 현재로 이어지고 있다. 오키나와의 과거는 비단 이웃나라의 문제가 아니라 인류 보편의 이슈로 부각될 수 있으며 바로 그 때문에 우리 자신의 문제로 받아들일 수밖에 없다.

7장
단일민족 신화의 허상, 아이누의 눈물

단일민족 신화

우리는 근대화 과정에서 다수의 아이누ㄱ ㅓ ㅈ(아이누 말로 '사람'이라는 뜻) 사람들이 법적으로 동등한 국민이면서도 차별을 받고 그 때문에 빈궁한 처지에 놓이게 되었다는 역사적 사실을 엄숙히 받아들이지 않으면 안 된다. 이에 정부는 아래의 시책을 시급히 강구해야 한다.

1. 정부는 유엔의 '선주민족先住民族 권리선언'에 입각하여 아이누 사람들이 일본열도 북부 주변, 특히 홋카이도에 선주先住해 독자적인 언어, 종교와 문화의 독창성을 보유한 선주민족임을 인정해야 한다.

2. 정부는 유엔의 '선주민족 권리선언'이 제기하고 있는 관련항목을 참조하고 전문가들의 의견을 깊이 경청하여 지금까지의 아이누정책을 더욱 내실있게 추진하는 한편, 종합적인 시책 확립에 힘써야 한다.[1]

2008년 6월 6일 일본 중·참 양의원 본회의에서는 이례적인 만장일치의 결의가 있었다. 바로 '아이누 민족을 선주민족으로 받아들이는 것을 요구하는 국회결의'이다. 이에 일본 정부도 관방장관 담화를 통해 국회결의를 전면적으로 받아들이겠다고 바로 화답했다. 아울러 담화는 총리관저에 전문가 의견을 수용하는 '전문가간담회'를 설치하고 아이누 사람들의 이야기를 구체적으로 귀담아듣고 일본의 실정에 걸맞은 정책을 검토하겠다고 밝혔다.

실로 엄청난 변화가 아닐 수 없다. 그동안 일본 정부는 선주민에 대한 특별조치가 모든 국민이 법 앞에 평등하다는 법 정신에 어긋난다는 이유를 내세워 피해왔기 때문이다. 이번 국회결의와 관방장관 담화가 아이누의 존엄성 회복에 어떠한 성과를 내게 될 것인지는 더 지켜봐야 하겠지만 지난 1997년 5월 8일 '아이누 문화의 보급과 아이누 전통 등에 관한 지식의 보급 및 개발에 관한 법률(아이누 문화진흥법)'²이 중의원에서 통과된 이래 아이누 문제는 이제 새로운 전기를 맞은 것으로 보인다.

국제사회에서 선주민의 권리문제가 본격적으로 거론되기 시작한 것은 유엔이 1993년을 '국제 선주민의 해'로 지정하면서부터였다. 1997년 '아이누 문화진흥법'은 당시의 유엔 '선주민의 해' 지정과 더불어, 때마침 1994년 가야노 시게루萱野茂가 아이누 출신으로서는 처음으로 참의원(사회당 비례대표)에 당선되고 '홋카이도 우타리(아이누 말로 '동포'라는 뜻)협회'가 100년 전의 '홋카이도 구토인보호법北海道旧土人保護法(아이누 구법)'의 폐지 및 새로운 법(아이누 신법)

· · · ·

1 '아이누 민족을 선주민족으로 받아들이는 것 요구하는 국회결의' 요지. 「아사히신문」, 2008년 6월 7일자.
2 '아이누 문화진흥법'으로 줄여서 말하기도 하고 '아이누 신법'이란 표현도 쓰인다. '아아누 신법'이라 함은 1899년 3월 2일 공포된 '홋카이도 구토인보호법(北海道旧土人保護法)'을 '아이누 구법'이라고 할 때 그에 대비해서 지칭하는 것이다.

제정을 요청하면서 등장한 것이다.[3]

　'아이누 문화진흥법'은 일본이 최초로 복수의 민족국가임을 시인하고 있어,[4] 아이누 민족을 일본인으로 동화시키는 데 목적을 두었던 '아이누 구법'과는 큰 차이를 보이고 있는 것은 사실이다. 하지만 이 법은 '우타리협회'가 당초 요청했던 '신법안' 내용과 상당한 거리가 있었다. '우타리협회'는 '신법안'에서 ① 아이누의 선주성先住性 인정 및 아이누의 차별 근절, ② 굴욕적 지위회복을 위한 중앙·지방정치 참여 기회 제공(특별의석제 도입), ③ 교육·문화진흥, ④ 경제적 자립 등 크게 네 가지를 주장했다. 하지만 '정부안=아이누 문화진흥법'에서는 ①, ②, ④의 요구가 무시되었고 ③ 교육·문화진흥에만 초점을 맞췄다. 이 때문에 오가사와라 노부유키小笠原信之는, 정부안은 '아이누 신법'이라고 부르기 어려울 뿐 아니라 어디까지나 '문화진흥법'에 불과하고 사실상 '아이누 신법'은 아직 등장하지 않은 셈이라고 지적한다.[5]

　2008년 6월의 국회결의가 주목되는 이유가 바로 여기에 있다. 국회결의에는 1997년 '아이누 문화진흥법'이 제정되는 과정에서 우타리협회가 주장했던 '아이누의 선주성' '아이누 차별 문제' '경제적 빈곤' 등이 거론되고 있기 때문이다. 다만 국회결의는 의견제시일 뿐 법적·제도적 틀이 마련된

* * *

3 아이누 최대 단체인 홋카이도 우타리협회는 이미 1984년 '아이누 신법안'을 마련해 홋카이도지사와 홋카이도의회에 진정했고 이에 홋카이도지사는 자체 '간담회'를 조직해 논의를 거듭해왔지만 중앙정치무대에 이 법안이 논의되기 시작한 것은 1995년이었다. 浪川健治,『아이누 민족의 궤적(アイヌ民族の軌跡)』, 山川出版社, 2008, 2~3쪽.
4 '아이누 문화진흥법' 1조에서 거론하고 있다. "제1조. 이 법률은 아이누 사람들의 긍지의 원천인 아이누 전통 및 아이누 문화가 처해 있는 상황을 감안해 아이누 문화의 진흥 및 아이누의 전통 등에 관해 국민의 지식 보급 및 계발을 촉진하기 위한 시책을 추진함으로써 **아이누 사람들이 민족으로서 자부심을 갖고 존중되는 사회실현**을 모색하고 아울러 우리나라의 다양한 문화발전에 기여하는 것을 목적으로 한다."(굵은 글씨는 인용자)
5 小笠原信之,『아이누 차별문제 독본(アイヌ差別問題読本)』, 緑風出版, 2004, 216쪽.

것은 아니다. 실질적인 법제화가 이루어지려면 얼마나 많은 시간이 더 필요하게 될 것인지 알 수 없다. 더구나 아이누 민족을 '토인' 또는 '구舊토인' 등 차별적인 칭호로 불러왔던 시대착오적인 '아이누 구법'(1899)이 1997년까지 존속했었음을 감안하면 제도적 변화가 쉽게 이루어지기를 기대하는 것은 지나친 낙관인지 모른다.

일본 정부가 그토록 오랫동안 아이누 문제를 회피해온 것은 다름 아닌 '단일민족 천황제 국가' 이데올로기에서 벗어나지 못했던 까닭이다. 아이누 민족의 존재를 있는 그대로 수용하는 것은 '단일민족 천황제 국가'의 존재근거를 스스로 부정하는 꼴이 되기 때문이다. 그동안 일본의 고위 정치가들은 기회 있을 때마다 단일민족국가임을 자부하고 그에 입각한 발언을 끊임없이 쏟아내 왔다.

그 중에서도 가장 압권은 나카소네 야스히로中曾根康弘 전 총리의 발언이다. 1986년 여름 자민당 연수회에서 당시 나카소네 총리는 미국에 대해 흑인, 히스패닉계 사람들이 있기 때문에 '지적수준'이 낮다는 취지의 발언을 했고, 이 발언이 미국 언론을 통해 소개된 후 미국 내에서 나카소네 비판 여론이 들끓었다. 이에 대해 나카소네 총리는 해명 발언을 하는 과정에서, "미국은 다민족국가이기 때문에 교육 등에서 미치지 못하는 부분이 있다. 일본은 단일민족국가이기 때문에 미치지 않는 부분이 없다는 뜻에서 한 말이다"고 둘러댔다. 뜬금없는 '단일민족국가' 발언이 터져 나온 것에 아이누 민족을 비롯해 재일한국·조선인, 재일 중국인 등은 당연히 반발했다. 자신들의 존재를 부인하는 국가 최고지도자의 발언에 분노하지 않는 것이 되레 이상한 일이었다.

도쿄 중심으로 활동하는 '간토 우타리협회'는 그 해 10월 나카소네 총리에게 공개서한을 보냈다. 이에 나카소네 총리는 "신문보도의 왜곡이 있었으며 이 때문에 심려를 끼쳐 미안하다"는 것으로 책임회피성 내용으로 응답 했다.6 이러한 나카소네의 무성의한 대응이 결과적으로 우타리협회의 '아 이누 구법' 폐지 및 '아이누 신법안' 제정 요구 운동으로 번지게 되었다.

이후에도 고위 공직자들의 '단일민족국가' 발언은 줄기차게 이어졌다. 중진의원인 야마사키 다쿠山崎拓 전 자민당 간사장은 1995년 고베대지진 당시 "한 민족, 한 국가, 한 언어라는 일본의 국가체계가 지금의 일본을 만들 어냈으며 일본인이 일본인을 염려하는 마음이 재난구호에 그대로 나타나 고 있다"고 말했다. 아소 다로麻生太郎 총리는 2005년 10월 총무대신 재임 중 규슈국립박물관 개관식 축사에서 "한 문화, 한 문명, 한 민족, 한 언어의 나라는 일본을 제외하고는 없다"고 강조했다. 그 외에도 보수 정치가들의 망언은 헤아릴 수 없을 정도로 많다. 단순한 실언이나 망언 수준이 아니라 거의 확신범 수준에서 자연스럽게 터져 나왔다는 것이 더 정확한 표현일 것 같다.

그릇된 인식은 비단 보수 정치가들만이 아니었다. 게이오대학 총장을 지낸 도리이 야스히코鳥居泰彦 교수는 중앙교육심의회 회장으로 재임 중이던 2003년 2월 중의원 헌법조사회 '기본적 인권 보장에 관한 조사소위원회' 참 고인으로 출석하여 "일본의 범죄율이 낮은 것은 단일민족국가이기 때문이 다"라는 취지의 발언을 했다. 정계, 학계를 불문하고 '단일민족국가론' 타령 이 벌어지고 있는 것이 오늘의 일본이다. 그만큼 일본 사회에 '단일민족국가 신화'가 깊이 뿌리내려 있다는 것을 단적으로 드러내 보여주고 있다.

재일한국·조선인 등 정주定住 외국인의 경우는 일본 국적이 아니라는

• • •
6 앞 책, 187~188쪽. 나카소네의 답신은 그가 직접 작성한 것이 아니라 그의 사무실 직원이 대필한 것으로 알려져 우타리협회의 반발은 더욱 거세졌다고 한다.

점을 감안하다면 일본에서 단일민족국가 신화에 장애가 되는 것은 아이누 민족이었을 것이다. 1999년 홋카이도의 조사에 따르면 홋카이도 아이누 민족은 도내 73개 시·정·촌市町村에 산재해 거주하고 있는 총 2만 3767명이 다.[7] 혼슈나 그 외 일본 본토에 거주하고 있는 아이누인, 차별 문제로 인해 아이누인임을 밝히지 않는 이들을 포함하면 실제 아이누 민족의 총수는 그보다 더 많을 것이겠지만 그럼에도 10만 명 단위에는 이르지는 않을 것으로 예상된다. 거우 수만 명의 아이누 민족은 당시 일본 총인구 1억 2667만 명에서 보면 대단히 적은 집단이다. 홋카이도 아이누인만을 백분율로 따진다면 총인구의 0.02%가 채 안 된다.

그러나 일본 사회가 단일민족 신화에 매몰되어 있다는 사실은 마치 수만 명의 아이누인들의 존재가 일본 전체 인구 규모에서 무시할 수 있는 존재, 또는 아예 존재조차 하지 않는 것으로 간주하는 것과 같다. 하지만 인간의 존재를 수량으로 따질 수는 없는 법이다. 1억 명의 인권을 대수롭지 않게 생각하는 것과 단 1명의 존재를 귀하게 여기지 않는 것은 인간의 존엄성을 무시한 점에서는 조금도 다르지 않다. 마찬가지로 일본 사회가 1억 2600여만 명을 중시하고 수만 명의 존재를 무시하는 것 또한 인간의 존엄성을 대수롭지 않게 여긴다는 비난에서 자유롭지 않을 것이다. 인간의 존엄성은 한 사람 한 사람의 존재 그 자체가 중시되지 않으면 결코 지켜지는 것이 아니기 때문이다.

국체론国体論에 대해서는 이미 여러 번 거론했지만 그 핵심을 다시 한 번 정리 해본다면 '일본은 천손인 천황을 부모(선조)로 하고 국민은 자녀가 되는 가족국가'라는 인식체계로 요약할 수 있을 것이다. 모든 국민이 한

• • •

7 나미카와 겐지(浪川健治)의 앞 책, 1쪽에서 재인용.

부모(선조)로부터 태어났고, 온 국민이 한 형제자매라고 하는 혈연적 유대관계에 입각한 가족국가를 전제할 때 가족국가의 가장 큰 어른인 천황을 떠받들고 지키기 위해 자녀들이 몸 바쳐 노력해야 마땅하다는 주장이 자연스럽게 이어지게 되었던 것이다. 이것이 국체(천황·천황제)를 유지하고 지킨다는 이른바 '국체호지國体護持'이다. 마찬가지로 국체호지의 대전제는 당연히 단일민족국가이다.

그런데 아이누 민족의 존재는 단일민족국가의 대전제가 흔들리는 것을 의미했다. 국체호지 차원에서 아이누는 존재하지 않는 것으로 간주되든지 아니면 아이누 민족을 가족국가 일본의 구성원으로 철저히 동화시키는 작업을 꾀하지 않을 수 없었다. 이 문제에 대해서는 뒤에서 다시 다루기로 하고 여기서는 '일본 단일민족국가'의 명제에 대해서 조금 살펴보기로 한다. 그것은 메이지유신 이후 일본이 직면한 상황에 따라 단일민족국가의 주장도 변해왔기 왔기 때문이다. 이렇듯 상황에 따른 주장의 변화야말로 단일민족국가론이 국체호지를 위해 만들어진 신화에 불과했음을 보여주는 반증이다.

일본에서 단일민족을 전제로 한 가족국가의 탄생 근원은 에도 시대에 등장한 고쿠가쿠国学다. 원래 국학의 출발은 고사기, 일본서기 등의 고전 문헌과 문헌 연구를 바탕으로 하는 고대 문화 연구에 있었으나 점차로 유교, 불교에 영향 받기 이전의 일본 고유의 가치(신, 신도)를 중시하는 쪽으로 기울었다. 이후 국학은 도쿠가와막부 말기의 존황양이론과 결합함으로써 일본의 국가와 민족의 본질을 만세일계의 천황가의 지배에서 찾고자 하는 국체론의 모태가 되었다. 따라서 당시 단일민족국가론은 메이지유신 직후 천황 지배의 당위성을 국민에게 설파하려는 새 정부가 쏟은 노력(3장 참조)의 논리적 귀착점이었을 것으로 보인다.

그러나 1895년 청일전쟁에서 승리한 일본제국이 대만을 식민지로 경영하기 시작하고 1910년 조선을 식민지로 집어삼키면서 단일민족국가론은 동요하지 않을 수 없었다. 천황 지배의 대상이 일본열도를 뛰어넘어 조선, 대만으로 확산되었기 때문이다. 이로써 어디까지가 일본인가, 대만과 한국은 일본인가 외국인가 하는 문제가 등장하면서 이전까지 강조해왔던 메이지 정부의 가족국가론에 입각한 국체호지, 천황 지배의 당위성에 혼돈이 발생한 것이다.

　　이를 두고 메이지 중기부터 전후에 이르기까지 일본민족론의 변천사를 논한 오구마 에이지小熊永二는 "단일민족 신화는 일본이 조선, 대만을 포함한 다민족 제국으로 자리 잡았던 시대에는 논단의 주류가 아니었으며 오히려 일본이 이들 조선, 대만을 상실한 전후에 와서 정착한 것"[8]이라고 지적한다. 따라서 그는 전전의 일본은 다민족국가, 혼합민족국가를 표방했다고 주장한다. 하지만 문제는 그것으로 끝나지 않는다. 오구마에 따르면 침략을 통해 다민족 제국으로 자리 잡은 일본은 태평양 전쟁 말기에 이르러 피침략 민족의 인적자원마저 동원하지 않으면 안 되는 상황에 직면하면서 조상이 같다는 동조론同祖論을 피력하고, 아시아의 피의 연대를 주장하기에 이르는 등 더욱 더 혼합민족론 쪽으로 기울게 되었다는 것이다.[9]

　　전전 일본의 민족정책이 혼합민족론을 주류로 삼았다고 해도 천황 지배의 기초가 단일민족 신화에 기반을 둔 것임은 부인하기 어렵다. 우선 메이지 정부 초기 등장한 정한론征韓論의 배경은 일본과 조선이 같은 조상의 같은 뿌리에서 출발한 것이라는 일선동조론日鮮同祖論[10]에 근거했으며, 이

• • •

8 小熊永二, 『단일민족 신화의 기원: 일본인 자화상의 계보(単一民族神話の起源: 日本人の自画像の系譜)』, 新曜社, 1995, 446쪽.
9 앞 책, 331쪽.

는 천손 천황의 단일민족 신화를 주장하는 연장선이었다. 또 1940년부터 아시아의 일치단결을 외치며 내세우기 시작한 일본의 대동아공영권大東亞共榮圈 주장은 일본을 중심으로 아시아의 연대를 도모하자는 것으로 이 역시 일본 단일민족 신화의 우월성을 빼놓고는 거론하기 어려운 것이었다. 무엇보다 전전 일본제국이 동조론이나 아시아 연대론을 아무리 강조해왔다고 하더라도 그 이면에는 야마토(일본)민족 우월주의에 입각한 뿌리 깊은 차별구조가 만연해 있었음을 감안할 때 그것은 피식민지 국민을 호도하기 위한 상황주의적 대응에 불과했고 속내는 단일민족 신화론에 입각한 것이었다.

오구마의 지적대로 일본의 단일민족 신화가 전후 전개된 것이라고 하더라도 그것은 이제 더 이상 일본이 피식민지 민족을 호도할 필요가 없어진 마당에 자연스럽게 표출된 것에 지나지 않다. 오히려 전후에 위태로워진 천황 지배를 더욱 굳건히 하기 위한 이데올로기 차원에서 단일민족 신화가 보수층을 중심으로 강조되었던 것으로 보인다. 전전에는 겉으로는 혼합민족론을 앞세우면서 실제로는 단일민족 신화를 골간으로 삼아왔고, 전후에는 겉과 속을 모두 드러낸 채 단일민족 신화를 표방해 왔다고 할 때 결국 일본의 단일민족 신화는 전전이나 전후가 조금도 다르지 않게 이어지고 있다는 것을 말해주는 것이라 하겠다. 이제 우리는 일본의 소수민족 무시 내지 말살 사례로서 아이누 민족의 수난사를 살펴보게 될 때 일관되게 나타난 일본 단일민족 신화의 왜곡된 모습을 구체적으로 접하게 될 것이다.

• • •

10 정확하게 말하자면 정한론이 거론되던 당시 '일선동조론(日鮮同祖論)'이 등장했던 것은 아니다. '일선동조론'은 언어학자 가나자와 쇼사부로(金沢庄三朗, 1872~1967)가, 한국어가 일본어의 방언에 해당된다고 주장한 이후 같은 제목의 저작을 1929년에 발표하면서 확산된 개념이다. 정한론은 진구(神功) 황후의 삼한정복설 등을 비롯해 고대 일본이 한반도를 지배하고 있었다는 날조된 주장에 입각한 것이다. 일본·조선이 고대 같은 천황 지배하에 있었으니 지금 병합한다고 해도 다시 원래로 돌아가는 것이니 문제가 없지 않느냐 하는 입장, 즉 한 마디로 요약하자면 가나자와의 '일선동조론'과 같은 맥락이라고 하겠다(3장의 '주 8' 참조).

수렵·어로·해상교역민족 아이누의 좌절

오늘날 아이누 민족은 홋카이도에 주로 거주하고 있지만 근대 이전에는 활동범위가 대단히 넓었다. 북쪽으로는 사할린(가라후토樺太島) 남부, 쿠릴열도(지시마千島]열도) 등 오호츠크해에 이르렀으며 남쪽으로는 일본 혼슈本州 아오모리青森 일부에 걸쳐 있었다(자료 6 참조).12

아이누 민족은 독자적인 언어를 구사했으나 문자는 갖지 못했다. 아이누 민족의 활

[자료 6] 중세·근세의 아이누 민족 분포11

동범위가 워낙 광범위하게 분포하고 있기 때문에 아이누어도 지역별 차이를 보이기도 한다. 대체로 아이누어를 모국어로 사용하는 사람들이 공유하고 있는 전통적인 생활양식을 '아이누 문화'라고 한다. 아이누어는 일본어와 어순이 비슷한 점도 있지만 언어학적으로는 같은 계열 관계는 아니라고 평가되고 있다.

아이누 민족 고유의 문자가 없기 때문에 아이누의 역사와 문화는 고고

• • •

11 앞 책, 15쪽 지도에서 재인용.
12 瀬川拓郎, 『아이누의 역사: 바다와 보물의 유랑민(アイヌの歴史: 海と宝のノマド)』, 講談社, 2007, 14쪽.

학에 의존할 수밖에 없다. 현재의 고고학적 성과로는 철제냄비鐵鍋, 칠기 주발, 제사용 젓가락, 골각제骨角製 수렵도구, 연어 포획용 도구, 평지주거, 다리를 편 채 매장한 묘 등이 아이누 문화의 특징으로 꼽힌다. 중세에서 근세에 이르기까지 주로 많이 등장하는 철제냄비는 혼슈(규슈, 시코쿠를 포함함. 이하 동일)에서 교역을 통해 유입된 것으로 아이누 문화를 특징짓는 출토품들 은 꼭 아이누가 자체 생산을 한 것은 아니다. 일본 북방사 연구자 세가와 다쿠로瀨川拓郎는 고고학적으로 볼 때 아이누 문화가 대략 12세기 경 헤이안平安 시대에서 가마쿠라鎌倉 시대(1185~1333)로 전환되는 시기에 자리를 잡은 것으 로 평가한다.[13] 하지만 나미카와 겐지浪川健治는 아이누 문화 정착 시기를 13~14세기로 보는 등[14] 아이누 민족에 의한 아이누 문화의 정착시기에 대 해서는 연구자들 사이에서도 이견이 분분하다.

다만 고대 일본 문헌에 아이누를 지칭하는 말이 8세기에 쓰인 '기키'에 이미 등장하고 있음을 감안할 때 중요한 것은 아이누가 민족으로서, 하나의 독특한 문화로서 언제 뿌리를 내렸는가 하는 문제가 아니라 아이누가 혼슈 북쪽(지금의 아오모리[青森]) 이북에 선주하고 있었다는 점이다.

아이누에 대한 칭호는 시대별로 조금씩 다르다.[15] 일본서기에서는 아 이누를 '蝦夷하이'라고 기록하고 '에미시' 또는 '에비스'라고 읽었다. '蝦夷' 란 한자 뜻으로 보면 일본판 중화사상의 흔적을 느낄 수 있다. 동쪽의 오랑 캐를 뜻하는 동이東夷와 유사한 표현이기 때문이다(3장의 자료 4 참조). '에미시' 란 표현은 혼슈를 세상의 중앙으로 간주하고 동쪽에 있는 천한 인종을 뜻하 는 표현이었던 셈이다. 헤이안 시대 말기부터는 '에미시'는 '에조蝦夷'로 불

• • •

13 앞 책, 16~18쪽.
14 浪川健治의 앞 책, 11쪽.
15 小笠原信之의 앞 책, 45쪽.

리기 시작했으며 '에조치蝦夷地'는 '에조'가 사는 곳을 뜻했다. '에조치'와 더불어 '에조가시마蝦夷島(또는 에조가치시마蝦夷千島), 에조가 사는 섬)'란 말도 같은 뜻으로 사용되었고, '에조치'란 용어는 메이지유신 이후 홋카이도로 공식 개칭되었다. 하지만 멸칭인 '에조蝦夷'는 지금까지 사용되고 있다.

아이누 민족은 수렵과 어업에 종사해왔고 그와 동시에 오호츠크해 중심의 북방 해역지역, 아무르강(흑룡강) 하류 지역, 혼슈 등과 활발한 교역을 맡아온 해양유목민으로 일찍부터 자리를 잡았다. 이 때문에 일본 중세사에 대해 새롭게 접근을 시도해왔던 아미노 요시히코網野善彦는 아이누는 미개 세계에 갇혀 살았던 것이 아니라 북방의 바다를 자유롭게 왕래하면서 교역을 해왔다며 '교역민 아이누'[16]로 자리매김해야 한다는 주장을 편다.

일본 역사학계에서도 아이누에 대한 견해는 통일되어 있지 않다. 하나의 민족으로 봐야 한다는 주장이 있는가 하면 '에조'는 일본판 중화사상의 사고에서 비롯된 지역명일뿐 민족으로 보기에는 무리가 따른다는 반론도 적지 않다. 여기에는 중세 일본의 동쪽 끝 경계를 어디로 볼 것인가 하는 문제도 동반된다. 아오모리 북쪽 쓰가루津軽까지를 경계로 삼을 것인지, 현재의 홋카이도는 동북쪽 국경 밖에 존재하는 것으로 볼 것인지 의견이 분분하다. 또 홋카이도를 포함한 그 이북의 지시마千島열도(러시아 이름의'쿠릴열도')와 가라후토樺太(사할린) 남부는 어떻게 볼 것인지 의문은 이어진다.

분명한 것은 '에조'가 중세, 특히 헤이안 시대부터 센고쿠 시대에 이르기까지 일본의 정치중심에서 비켜나 존재해온 아이누의 자유로운 삶의 터전이었다는 점이며, 점차 중세 후기로 넘어오면서 중앙 권력은 아이누와

. . .

16 아미노 요시히코, 박훈 옮김, 『일본이란 무엇인가』, 창작과 비평사, 2003, 59~61쪽(원서는 網野善彦, 『日本とは何か』, 講談社, 2000, 56~59쪽).

의 교역 루트를 독점, 통제하는 데 힘을 쏟았다는 사실이다. 우선 헤이안 시대 말기에는 히라이즈미平泉(현재 도호쿠지방의 이와테현 남부)에 거점을 둔 지역 호족 후지와라藤原 가문을 통해 도호쿠지방에 대한 중앙권력의 힘이 미치게 되었다. 이어 가마쿠라막부 말기에는 막부가 에조 지역의 대관代官, 에조칸레이蝦夷管領를 임명해 아이누와의 교역을 통제하기 시작했다. 에조칸레이로 임명된 안도安藤(또는 安東) 역시 중앙에서 파견된 인물이 아니라 이미 쓰가루반도 북쪽 해안의 주요 포구를 장악하고 있었던 호족이었다. 안도 가문은 이후 센고쿠 시대에 이르기까지 아이누와의 공식적인 독점교역권을 유지하면서 쓰가루 이북의 에조치 교역을 맡아왔다. 안도 가문은 1433년 마침내 쓰가루 북부에서 홋카이도 남부에 진출해 에조치 전체를 지배하기에 이른다. 당시 안도 가문은 에조치시마 왕夷千島王을 자칭하면서 당시 조선에 특사를 파견할 만큼의 세력을 떨쳤다.[17]

안도는 센고쿠 시대 말기에 아키타秋田로 이름을 바꾸고 현재의 아키타현으로 남하하면서 에조 지배권은 안도의 대관이었던 가키자키蠣崎로 넘어갔다. 가키자키 가문은 도요토미 히데요시豊臣秀吉의 전국 통일 이후 1593년 도요토미로부터 이 지역의 다이묘大名 격으로서 아이누 교역의 독점권을 인정받았으며[18] 1599년에는 이름을 마쓰마에松前로 바꾸었다. 이것이 바로 홋카이도 남부 오시마渡島반도를 거점으로 한 마쓰마에번松前藩의 출현

• • •

17 앞 책, 179쪽(원서, 169쪽). 가이호 미네오(海保嶺夫)는 조선 성종 13년(1482년)의 기록에 '에조치시마 왕'이 대장경의 하사를 요구하는 사절을 보내왔다고만 되어 있어 에조치시마 왕이 곧 안도임을 확인하기는 어렵지만 에조치시마 왕이 안도일 가능성이 높다고 본다. 海保嶺夫, 『에조의 역사: 북방 사람들과 일본(エゾの歴史: 北の人々と日本)』, 講談社, 2006, 124~132쪽.
18 마쓰마에번이 1만 고쿠(石)의 소령(所領, 1石은 쌀 10말. 1만 고쿠는 쌀 1만 섬을 연공미로 받을 수 있는 규모의 토지를 지배한다는 것)을 갖춘 다이묘로 정식 인정된 것은 1719년이었다. 그러나 마쓰마에번은 도요토미 시대 이후로 에조가시마의 주인으로서 대우를 받았다. 浪川健治의 앞 책, 34쪽.

이다. 마쓰마에번은 당시의 막번幕藩체제 안에서 유일하게 연공미年貢米를 징수할 수 있는 영지를 보유하지 않은 번藩이었다. 아이누와의 교역독점권, 즉 마쓰마에 3대 항구(마쓰마에, 하코다테[函館], 에사시[江差])에 출입하는 교역선에 대한 과세가 한의 유일한 수입원이었던 만큼 마쓰마에번의 아이누 교역에 대한 관리, 아이누 및 에조치에 대한 지배는 대단히 치밀하고 집요했다. 이 때문에 아이누의 반발도 적지 않았으며 결과적으로 이후 끊이지 않는 아이누의 봉기를 야기하는 원인이 되었다. 아이누의 반발은 에조칸레이 안도 씨의 교역독점 때부터 있었으나 마쓰마에번에 이르러 그 강도가 더욱 심화되었다고 할 수 있다.

마쓰마에번의 에조가시마 지배 구조를 거론하기 앞서 북방 아이누의 자유분방한 활동에 대해서 조금 더 살펴보자. 홋카이도를 중심으로 혼슈 북부, 지시마열도, 가라후토(사할린)에 이르기까지 광범위하게 존재했던 아이누는 일본의 고문서(『諏訪大明神絵詞』, 1356)에서 대략 히노모토日の本, 가라코唐子, 와타리토渡党로 분류하고 있다.[19] 이 중 와타리토는 와진和人[20]과 생김새가 비슷하지만 털이 많고 말도 조금 통하는 반면, 히노모토와 가라코는 전혀 말도 통하지 않고 금수와 같은 모습을 하고 있다고 전한다. 또 지역적으로 에조치(현 홋카이도)의 동쪽 해안을 중심으로 히노모토, 섬의 서쪽 해안을 중심

• • •

19 小笠原信之의 앞 책, 46~48쪽. 그러나 와타리토에 대해서는 아이누가 아니라 와진(和人)일 것이라고 보는 연구자(海保嶺夫)도 있고 아이누와 와진이 혼재해 있다는 중간설(菊池勇夫) 주장도 있다. 그럼에도 세가와 다쿠로(瀬川拓郎)는 고고학적으로 볼 때 와타리토는 아이누라고 단정한다. 瀬川拓郎의 앞 책, 226~228쪽.
20 '일본'이란 칭호가 일반적으로 쓰이게 된 것은 에도막부 말기다. 그 이전까지 일본인, 일본어에 해당하는 말은 와진(和人), 와고(和語)라고 칭했기에 여기에서도 그대로 쓰기로 한다. 일본국은 7세기 말에 성립되지만 그것이 열도 전체를 점유한 국가가 아니었기 때문에 중세, 근세의 도호쿠지방 사람들을 일본인, 일본어로 묶어내는 데는 문제가 있기 때문이다. 網野善彦의 앞 책, 25쪽(원서, 23쪽) 참조.

으로 가라코, 섬 남쪽에는 와타리토가 자리잡고 있었으며 와진과의 교역은 와타리토가 주로 맡았다.

한편 가라후토 북쪽 끝으로 연결된 대륙, 즉 아무르강(흑룡강) 하류의 여러 민족은 강을 따라 일찍부터 중국의 중심지역과 교류를 하고 있었다. 그 연장선상에서 아이누도 이들과 주로 모피 - 비단교역을 통해 중국의 비단 등을 북쪽에서 받아들이는 한편 이를 다시 혼슈로 연계하는 역할을 맡았다. 여기에 아이누의 일부 세력이 이미 원나라에 복속된 니부흐(기리야크)족을 공격함으로써 원과 아이누 간의 전쟁이 빚어지기도 했다.[21] 아이누의 활동 범위가 대단히 활발하였음을 보여주는 예가 아닐 수 없다.

그러나 북방지역에서 활동하던 아이누는 막부(가마쿠라와 무로마치) 권력의 북진으로 점차 힘을 잃어갈 수밖에 없었다. 특히 에조칸레이 안도 가문이 1433년 에조치 남부에 정착한 이후 아이누와의 대립은 도드라지기 시작했다.

당시 에조치 남부(주로 지금의 마쓰마에와 하코다테를 중심으로 하는 오시마반도 남부해안)에는 혼슈 북부의 쓰가루반도에서 건너온 와진들이 군웅할거식으로 다테(館)[22]를 건설하고 해당 지역 거주자들인 아이누와 교역을 벌이고 있었던 상황이었으며 안도 가문의 독점적인 에조치 지배는 아직 완성되기 이전이었다.

• • •

21 海保嶺夫의 앞 책, 92~104쪽. 원은 1278년 정동원수부(征東元帥府)를 설치하고 아이누 정벌을 감행했고 이에 아이누는 최종적으로 원에 조공을 바치는 것으로 '원-아이누 전쟁'은 마무리되었다. 가이호(海保)는 당시의 아이누가 어떤 지배조직과 체계를 갖추었는지는 확실하지 않지만 적어도 40여 년 동안 끌어온 전쟁의 최종 결과가 원의 일방적인 승리로 마무리된 것은 아니었다는 사실이 주목할 만하다고 지적한다.
22 오늘날 홋카이도 오시마(渡島)반도(더 정확하게는 오시마반도 남동쪽으로 뻗어 있는 가메다[亀田]반도) 남부 해안에 위치한 '하코다테(函館)'란 지명도 당시의 주변에 산재하던 '다테(館, 다테의 본래 뜻은 관리가 머무는 숙사(宿舍))' 중의 하나였음을 보여주는 것이다. 당시 총 12곳의 '다테'가 형성되어 있었다. 瀬川拓郎의 앞 책, 23쪽.

이 때문에 다테 영주들이 경쟁적으로 아이누와 교역을 추진하는 과정에서 아이누와의 대립이 빈발하였다. 특히 자유롭게 해상교역을 해왔던 아이누로서는 갑작스런 교역 규제는 불만의 씨앗이 될 수밖에 없었다. 대립과 간헐적인 싸움은 16세기 중반에 이르기까지 계속적으로 이어졌으나 그 중 하나가 1457년 고샤마인이 중심이 된 아이누의 집단적 봉기였다. 아이누와 와진 다테 영주와의 대립이 장기화되었던 이유로는 당시만 하더라도 아직 병기 및 병력 측면에서 아이누와 와진의 우열이 그리 크지 않았고, 다테 영주의 역량이 지엽적인 수준에 지나지 않았던 점 등이 지적된다.[23] 따라서 에조가시마는 아이누 민족이 국가를 형성하지 못했던 탓에 국경이 애매모호하여 와진들에 의해 점차 침식되어가면서 자립성을 잃어가기 시작했지만 17세기 초에 이르기까지는 배타적이고 독점적인 아이누의 영토(아이누 말로 '아이누 모시리')라고 볼 수 있다.

그렇지만 마쓰마에번이 에조치 유일의 다이묘로서 인정되기 시작한 후부터는 상황은 크게 바뀌었다. 마쓰마에번은 아이누에 대해 개별적인 차원이 아니라 공동체의 수장과의 정치적인 지배·피지배 구조를 통해서 에조치를 지배했다. 특히 마쓰마에번은 아이누와 교역을 전제로 하면서도 아이누의 와고和語(일본어) 및 혼슈 화폐 사용을 금하고, 생산물(해산물, 모피 등) 교역도 번이 지정한 청부인('장소청부인')을 통해서만 하도록 했다. 사실상 마쓰마에번은 아이누와 에조가시마에 대해 외국과의 교역으로 자리 매김했다. 이러한 금제禁制와 이화異化 정책은 북방민족 아이누가 혼슈 도호쿠지방과 자유롭게 교역해왔던 기존의 틀과 대립하는 것을 의미했다.

이는 17세기 초에 등장한 상장지행제商場知行制를 통해서 관철되었다.

- - -

23 海保嶺夫의 앞 책, 153~155쪽.

번藩은 교역이 벌어지는 '아키나이바商場'를 번藩의 가신들에게 주는 봉록의 일종인 '지교知行'로서 제공하고 가신들로 하여금 교역을 담당하도록 하였다. 가신들은 '아키나이바' 주변을 와진과 아이누 거주지로 구분하고 아이누 - 와진 간의 교역 관리, 와진 촌락 관리, 주변 하구에서의 연어잡이 권리 등을 획득하는 등 아이누와 와진 사이의 자유로운 문화접촉을 차단하고 사실상 교역을 직영했다. 상장지행제를 통한 교역은 아이누에게 파는 상품의 구입에서 교환, 아이누로부터 얻은 상품의 판매에 이르는 전 과정을 포함하는 것으로 아이누는 물론 혼슈의 타 지역 권력이나 상인의 개입을 차단하는 것이었다.

상장지행제는 아이누 사회에도 여러 가지 변화를 가져왔다.[24] 우선 아이누는 교역의 주체성을 상실하게 되었으며, 일방적으로 결정되는 교역 상품 거래비율 때문에 경제적으로도 위축되지 않을 수 없었다. 예컨대 17세기 초 '곡물 2말=말린 연어 100마리'의 교환 비율은 18세기 후반에는 '곡물 8되=말린 연어 140마리'로 변질되었다. 아이누로서는 같은 곡물을 얻기 위해 이전보다 3.5배나 더 많은 생산물을 제공해야 했다. 또 교역이 개별적이지 않고 아이누의 수장首長들과 독점적으로 이뤄진 탓에 아이누 사회 내부에서도 계층분화가 진행되었으며 이로써 아이누 사회 각지에 공동체 전체를 통괄하는 리더들이 출현하기 시작했다. 이 뿐 아니라 일방적으로 교역상품의 교환비율이 악화되었기 때문에 보다 더 많은 생산물을 확보하기 위한 아이누들간의 지역적인 다툼이 빈발하게 되었으며 동시에 어로 및 수렵에 있어서도 기존의 생산 질서가 파괴되는 등 아이누 사회는 이중 삼중의 어려움에 직면하게 되었다.

• • •

24 浪川健治의 앞 책, 39~41쪽.

그 결과가 헤나우케의 봉기(1643), 샤크샤인의 봉기(1669) 등 아이누 민족의 반복되는 저항으로 나타났다. 특히 샤크샤인의 봉기는, 발단 자체는 에조가시마 동남쪽 해안의 리더격 공동체인 슈무웅크르와 메나시웅크르의 어업·수렵장을 둘러싼 대립에서 비롯되었지만 결과적으로는 메나시웅크르의 수장 샤크샤인을 중심으로 반 혼슈(和人), 반 마쓰마에를 내건 전면적인 아이누 민족의 봉기로 비화되었다.25 원인은 교역상품의 교환비율 악화와 폭력적 교역규제 강제에 있었음은 말할 나위도 없다.

마쓰마에번 가신들에 의한 상업직영체제였던 상장지행제는 1700년을 전후로 상인들에게 경영을 맡기는 장소청부제場所請負制로 바뀐다. 독점권을 위임받은 청부 상인들은 상업교역뿐 아니라 아키나이바商場(場所) 주변 하구와 해안의 조업권을 앞세워 아이누를 강제로 어업에 종사하도록 했다. 청부 상인들은 지속적인 노동력 확보를 위해 아이누들이 아키나이바에서 자유롭게 밖으로 나가지 못하도록 하는 등 사적인 권력을 휘두르기에 이르렀다. 이제 아이누는 교역의 주체에서 어업노동자로 전락하였다. 아이누들은 낮은 임금에도 공사公私조차 구분 없는 온갖 잡역의 부담을 지지 않을 수 없는 상황에 직면했다. 이에 대한 구체적인 아이누 민족의 저항이 '구나시리·메나시의 봉기'(1789)로 나타났다.

자연촌락에서 더 이상 거주하기 어렵게 된 에조치의 아이누 민족은 장소청부제하에서 강제연행 노동을 강요당하고 아키나이바 안에서는 와진이 휘두르는 폭력적 상황에 직면해야 했다. 게다가 와진 접촉이 늘어나면서 생긴 각종 질병이 퍼지면서 아이누 민족의 출생률은 저하되기 시작했으며 이 때문에 19세기 이후 막부 말기에 이르기까지 아이누 인구는 급격하게

----

25 浪川健治의 앞 책, 50~61쪽.

[자료 7] 아이누 민족 약사

12세기경	오호츠크해를 중심으로 번창했던 고대 사쓰몬(擦文)문화의 변형으로 아이누 문화 형성.
1264~1308	아이누 민족 아무르강 하류에 진출해 원군(元軍)과 교전해 패배.
14세기 중엽 이후	에조가시마(蝦夷島=현재의 홋카이도) 남쪽에 와진(和人=혼슈 사람)의 거주 시작.
15세기 전반~1456	히야마 안도(檜山安藤 또는 檜山安東)가 에조가시마와 혼슈의 교역 주도.
1457	고샤마인의 봉기.
1514	가키자키(蠣崎)가 에조가시마 서남쪽 끝 마쓰마에(松前)의 다이칸(代官, 안도가 임명). 이후 가키자키(마쓰마에로 개명), 도쿠가와막부 성립과 더불어 마쓰마에번 다이묘(大名)로서 막번체제(幕藩体制) 편입.
1643	헤나우케의 봉기.
1669	샤크샤인의 봉기.
1789	구나시리·메나시의 봉기.
1799	도쿠가와막부, 에조치(蝦夷地)를 직할체제로.
1869	메이지 정부 개척사(開拓使) 설치. 에조치를 홋카이도(北海道)로 개칭.
1877	홋카이도 지권(地券) 발행조례. 메이지 정부, 아이누 민족의 거주지를 관유지로 삼음.
1878	개척사가 아이누 민족의 칭호를 '구(舊) 토인'으로 통일.
1886	홋카이도 도청 설치. 홋카이도 토지불하규칙 공포. 관유 미개척지를 불하받은 아이누 민족은 대상에서 제외.
1899	'홋카이도 구토인 보호법' 공포. 아이누 민족의 공유재산은 정부가 관리.
1946	홋카이도아이누협회 설립(1961년 홋카이도우타리협회로 개칭).
1986	나카소네 총리 "일본은 단일민족국가"라고 발언.
1993	유엔이 지정한 '국제 선주민족의 해'
1994	가야노 시게루(萱野茂) 아이누 출신으로 첫 국회의원(참의원) 당선.
1997	니부다니(二風谷) 댐 재판, 댐을 위한 토지수용을 둘러싼 행정소송에서 아이누 민족을 선주민족으로 인정.
1997	'아이누 문화진흥법' 공포(시행은 1999년).
2007	유엔 '선주민족 권리선언' 채택.
2008	"아이누 민족이 선주민족임을 인정"하는 일본 국회결의.
2009	홋카이도우타리협회, 홋카이도아이누협회로 개칭.

감소했다.[26]

한편 에조가시마 동북쪽의 '메나시'와 그곳에서 지시마(쿠릴)열도로 이어지는 첫 번째 섬인 '구나시리国後'에서 벌어진 아이누 민족의 봉기는 에도 막부의 북방정책의 골간을 바꾸는 계기가 되었다.[27] 18세기 들어 줄곧 개항을 요청해온 북방 러시아를 의식하지 않을 수 없었기 때문이다. 청부 상인의 폭력적인 사적 지배를 빌미로 만에 하나 러시아가 이 지역에 개입할 수도 있다는 막부의 우려가 작용했다. 이에 막부는 지금까지 막부체제 밖의 존재로서 대응했던 아이누 민족, 에조가시마를 체제 내부로 끌어들여 정치·군사적으로 직접 지배하겠다는 쪽으로 전환한 것이다. 러시아라고 하는 '외압外壓'에 의해 그간의 일본판 화이華夷질서(소중화주의)에 입각한 막부와 에조가시마의 관계가 붕괴되고, '에조치=내국'이라는 논리가 자리잡게 되었다. 당장 막부는 1802년 에조치에 '에조치부교蝦夷地奉行(부교奉行는 막부의 직할 관직)'를 두었다.

그동안 아이누 민족을 이민족으로 격리하고, 이화異化를 통한 막부의 아이누 문화 압살체계는 이제 정반대로 아이누 민족성을 부정하는 와진동화책和人同化策으로 바뀌었다. 그렇지만 아이누 민족에 대한 대우가 본질적으로 달라진 것은 아니었다. 이는 메이지유신 이후에도 마찬가지였다.

아이누의 눈물

막부에 의한 에조치 직할화直轄化는 아이누 민족을 훈육·개화한다는

• • • •
26 앞 책, 68쪽.
27 앞 책, 78~85쪽.

명목으로 추진되었으나 실제로는 아이누 민족의 자립적인 생산기반을 파괴하는 내용으로 치달았다. 아이누 민족의 정체성을 훼손하는 동화정책, 즉 강제 일본인화 정책은 19세기에 들어와 농경작, 와고和語 사용, 와후쿠和服(일본옷) 착용, 충효의 유교 덕목 교육, 글자 사용 등을 강제하는 것으로 본격화되었다. 강제적으로 농경민으로 개조하려는 노력은 수렵, 채집, 교역활동에 주력했던 일부 아이누 민족에게는 전통과의 단절을 의미했다. 예를 들어 아이누 문화 중 대표적인 종교의례의 하나인 '곰사냥 의식'(아이누 말로는 '이오만테')조차 금지되었다.

그럼에도 동화정책은 기본적으로 차별을 전제로 한 것이었다. 1856년 막부는 아이누에 대해 '에조진蝦夷人' '이진夷人'이라는 호칭을 '토인土人'으로 바꾸었다. 러시아의 외압을 의식해 '오랑캐'를 의미하는 용어를 사용하지 않았지만 거꾸로 일반 내국인과 구분하기 위해 토인이란 칭호가 부여된 것이었다.

메이지유신 이후 신정부는 1869년 이 지역에 개척사開拓使를 설치하고 에조치를 홋카이도北海道로 개칭했다. 이제 아이누의 영토(아이누 모시리)는 일본국가의 직접 지배지역으로 편입되었다. 악명 높았던 장소청부제場所請負制는 폐지되고 청부 상인에 의해 독점적·배타적으로 점유되었던 어장과 토지도 해방되었다. 하지만 청부 상인은 아키나이바商場(또는 場所) 안에 있는 아이누들의 훈육 역할을 맡도록 했던 탓에 청부 상인의 권한은 여전했다. 청부 상인의 권리가 완전히 폐지된 것은 1870년대 중반에 들어서의 일이다.

1871년 호적법공포와 더불어 아이누 민족도 '평민'으로 편입되기에 이르지만 메이지 정부는 1876년 아이누를 일반 평민과 구분하기 위해 '구토인'으로 칭하도록 했다. 5장에서 부라쿠민들이 1871년 '천민폐지령' 이후에도 '신평민'으로 불리면서 차별을 받았던 것과 아이누의 '구 토인' 칭호는 동일선상에 있는 문제임을 알 수 있다. 더구나 법률적 용어로서 '구 토인' 칭호는 앞서 소개한 대로 '아이누 문화진흥법'이 시행된 1999년에 와서야 비로소 없어지게 되었다는 점은 아이누에 대한 차별구조가 만만치 않았음을 보여주는 것이다.

메이지 정부는 홋카이도를 관유지로 삼고 1877년 '홋카이도지권발행조례北海道地券発行条例'를 통해 아이누 민족에게도 토지를 불하하는 조치를 취했으나 그 규모는 와진에 대한 불하규모에 비할 수 없을 정도도 미미했다. 이러한 배경이 결과적으로 아이누의 경제적 빈곤을 야기했으며 1899년 '홋카이도 구토인 보호법'(이하 보호법)이 제정되게 되는 배경이 되었다.

보호법은 총 13개조로 구성되었는데 제1~4조의 농업장려 조항이 주축을 이루고 있다. 농업에 종사하려는 아이누에게 호戸 당 1만 5000평 이내의 토지를 무상으로 부여하고, 불하 토지는 상속 이외의 방법으로 타인에게 양도할 수 없으며, 30년간은 제반 세금이 면제되는 조건이다. 또 불하받은 지 15년이 되도록 개간하지 않을 경우는 토지를 몰수하며, 가난한 아이누를 위해 농구와 종자를 무상으로 보급하도록 하는 내용도 담고 있다. 그 외 조항에서는 의료비와 교육비를 '홋카이도 구 토인 공유재산'에서 원조하도록 하며, 홋카이도 장관이 공유재산을 관리하는 내용을 규정하고 있다.

무상으로 토지를 부여하는 것은 아이누의 경제활동 보호 차원에서 바람직한 내용으로 이해될 수도 있으나 사실은 전혀 다르다. 우선 원래부터 아이누의 토지를 메이지 정부가 강제적으로 관유지로 삼고 이를 다시 불하한다는 것 자체가 난센스이며, 아이누의 삶의 배경을 무시한 채 일방적으로 권농 일변도의 조건을 내세워 강요하는 것은 당시 일본이 처했던 식량부족 현상을 메우기 위해 나온 정책이었음을 부인하기 어렵다.

이 뿐 아니라 이미 아이누 민족이 막부 말기부터 개간을 시작해온 땅이

와진에 의해 강제로 빼앗긴 부분에 대해서는 전혀 언급이 없는 것도 문제점으로 거론된다.[28] 후모토 신이치麓慎一는 제국의회에서 '보호법'이 통과되기 3년 전의 보호법 초안에서는 당초 법의 취지가 아이누가 개간한 토지를 보호하는 데 있었으나 정작 보호법에서는 이 내용이 누락되었다고 지적한다.[29]

더구나 아이누 공유재산을 홋카이도 장관(현재는 지사)이 관리하도록 하는 것은 아이누 민족이 열등하다는 것을 전제로 한 것이며, 이는 나중에 관의 재산관리 소홀로 공유재산의 대부분이 소실되는 결과를 초래하기도 했다. 1997년 '아이누 문화진흥법'이 공포되면서 홋카이도는 총 26건에 대해 은행 구좌에 보관하고 있던 147만 엔이 공유재산의 전부라고 밝히고 관보에 반환 공고를 게재했다.[30] 원래 공유재산은 메이지 정부 초기 아이누들이 관영사업에 부역하여 얻은 임금을 비롯해 궁내성의 은사금과 문부성의 교부금(아이누 교육기금)으로 구성되어 있었으나 아이누에게는 금전 관리 능력이 없다는 이유로 관이 대신 관리해 왔었다.

'보호법'이 논의되던 19세기 말에 이미 공유재산 관리문제가 지적되었으나 '보호법'에서는 일방적으로 관이 총괄해서 관리하는 것으로 결정했다. 이후 100년 가까이 지난 뒤에 전 아이누의 공유재산이 겨우 147만 엔에 불과하다는 것은 보호법 자체가 하나의 형식적인 내용에 지나지 않았음을 보여주는 반증이 아닐 수 없다. 이에 대해 홋카이도청은 공유재산은 그동안 아이누의 빈곤자 부양, 치료비, 학비지원, 주택개량자금 등으로 사용되었다고 해명했다. 하지만 공유재산 관리규정에는 부동산이든 현금이든 원자산을 묶어두고 이자를 활용하여 지원하도록 되어 있었기 때문에 공유

• • •

28 麓慎一, 『근대 일본과 아이누 사회(近代日本とアイヌ社会)』, 山川出版社, 2002, 16쪽.
29 앞 책, 12쪽.
30 小笠原信之의 앞 책, 224쪽.

재산이 전부 소진되었을 것으로 보기는 어렵다. 이는 결국 관의 관리 소홀과 의도적인 공유재산 규모 축소 등이 자행되었던 결과라고 대부분의 아이누 민족 관계자들은 보고 있다.

이에 24명의 아이누 유지들이 중심이 되어 1999년 홋카이도 지사를 상대로 행정소송을 제기했다.[31] 원고 측은 행정소송의 이유를 애매모호한 상태로 반환공고를 하고 슬그머니 처리하겠다고 하는 것은 문제의 본질을 회피하는 것이라고 지적하고 선주·소수민족의 권리를 존중하는 국제적 조류와 헌법 13조의 인권보장 조항에 입각해 충분한 조사를 요구했다. 공유재산의 발생 원인을 비롯해, 발생 장소, 관리 경과, 금액의 추이 등에 대해 명확히 밝히는 것을 거듭 촉구했다.

반면 피고인 홋카이도 지사 측은 '아이누 공유재산 반환 공고' 절차에 따라 추진하고 있으며 이는 원고에게 오히려 이익이 되는 내용이라고 되받았다. 물론 원고 측이 요구한 공유재산의 원인과 절차에 대해서는 전혀 거론하지 않았다. 2002년 3월 삿포로札幌 지방법원은 피고 측 주장을 전면적으로 받아들이는 판결을 내렸다. 이어 같은 해 8월부터 2심이 시작되었으나 2004년 5월 삿포로 고등법원도 1심 판결을 옹호하고 나섰다. 이후 최고심 항소가 이어졌으나 2006년 3월 24일 최고재판소는 원고단 측의 상고 기각을 결정했다. 원고 측 패소가 확정된 것이다. 국가에 의한 아이누 차별 구조는 완전히 해소된 것이 아니라 현재진행형이라는 사실을 보여주는 사례다.

결국 보호법은 선주민인 아이누에게 농업강제와 교육, 위생을 철저히 하는 것에 초점을 두었을 뿐 아이누 민족의 권리나 문화를 보호하는 것은 아니었다. 아이누에게 토지를 제공하여 그들을 토지에 결합시켜 생활안정

* * *

31 앞 책, 225~231쪽.

을 기도한 측면도 있었으나 그러나 보다 중요한 것은 아이누의 독자적인 문화를 부정하고 동화를 꾀하는 점에 있었다. 사회진화론 또는 우승열패론에 기초해서 패자가 승자에 흡수되는 것은 당연하며 선주민족의 권리를 고려하지 않고 자기와는 다른 문화를 부정하는 교육은 천황제를 앞세운 단일민족, 이른바 황민화 학습을 통한 황국신민의 양성에 초점을 둔 것이었다. '아이누 민족 저항사' 연구자로 잘 알려진 신타니 교新谷行는, 메이지 정부의 홋카이도정책, 북방정책은 "(와진) 이주자를 자꾸자꾸 입주시켜서 이식 식민지화함으로써 러시아와 대항하는 것이었기 때문에 원주민인 아이누 민족에 대한 진정한 의미에서의 구제책은 아무 것도 없었다"[32]고 단언한다. 도쿠가와막부가 에도 시대 말기에 형식적으로나마 아이누를 일본인으로 귀속시키고 일본의 일원임을 주장하고 영토권을 주장하려고 했다면 천황제 절대국가 메이지 정부는 한 발 더 나아가 무력을 동원하여서라도 홋카이도를 내지 식민지로 삼으려 했던 것이다.

'구 토인'으로 지칭되어 왔던 아이누는 전후 들어 일본 사회의 표면적인 차별 대신 은밀한 차별 대상으로 나타났다. 아이누 민족 최대의 단체인 홋카이도아이누협회가 단체 이름에서 '아이누'를 빼고 1961년 '홋카이도우타리협회'로 개칭한 데에도 일상적인 아이누에 대한 차별이 있었음을 보여주는 대목이다. 지금도 아이누에 대해서는 '아, 이누犬(개)'[33]이라는 차별인식이 만연되어 있음을 감안하면 부라쿠민의 차별과 그리 다르지 않다. 한 때는 의도적으로 국외 지역으로 단절을 꾀하다 외부 상황이 바뀌면서 동화정책

• • •

32 新谷行, 『아이누 민족과 천황제 국가(アイヌ民族と天皇制国家)』, 1977, 330쪽.
33 中本俊二, 『어느 아이누의 생애(あるアイヌの生涯)』, 民族歷史研究所, 1994, 32쪽. 나카모토 슌지(中本俊二)는 초등학교 때 "아 이누(개)가 왔다"고 친구들에게 이지메를 당했다고 고백하고 있다.

으로 반전되었던 아이누 민족이 처한 현실은 사실 부락쿠민의 처지보다 더 혼란스러운 것이었다.

　부라쿠민들의 진학률이 낮았던 것처럼 아이누 민족의 경우도 낮다. 홋카이도우타리협회의 조사[34]에 따르면 1993년 홋카이도 내 아이누 민족이 거주하는 지역의 고교진학률, 대학진학률 평균은 각각 96.3%, 27.5%였으나 그 지역의 아이누 민족 진학률은 각각 87.4%, 11.8%에 불과했다. 생활보호대상자의 상황을 보더라도 1994년 아이누가 거주하고 있는 지역의 평균은 16.4%였으나 아이누 민족은 38.8%에 이르렀다. 이 모두가 아이누 민족에 대한 오랜 차별과 가난이 빚어낸 결과일 것이다.

　일본 근현대사 속 아이누의 역사는 '격리와 멸시'에서 '동화와 차별'로 이어지는 또 다른 일본의 모습을 보여준다. 홋카이도는 일본제국이 본격적으로 대외 식민지 경영을 하기에 앞서 '내지 식민지'로서 식민정책학의 실험을 펼친 곳이었다. 예를 들어 1876년 삿포로에 세워진 농업학교(현 국립 홋카이도대학)는 초기 식민정책학의 중심지가 되었으며, 특히 이곳에서는 인종학 연구를 행해온 것으로 잘 알려져 있다. 지난 1982년, 홋카이도대학 의학부 내 창고에는 1004구의 아이누 유골이 보관되어왔음이 밝혀지기도 했다.[35] 두개골 수집을 통한 인종학적 연구는 식민정책의 정당성을 마련하기 위한 매우 중요한 수단이 되었을 것을 감안하면 천황제에 입각한 일본제국의 식민정책과 아이누의 연관성이 뚜렷하게 확인되는 셈이다. 한편에서는 아이누 민족의 존재를 부인하는 단일민족 신화를 주장하면서, 즉 아이누 민족은 이미 와진으로 흡수·동화되었음을 전제로 하면서 다른 한편에서는 아이누

• • • •

34 앞 책, 93~94쪽.
35 中本俊二의 앞 책, 218~219쪽. 나카모토는 1004구의 유골 중 자신의 고향 출신도 두 사람이나 있다고 밝히고 있다.

민족을 식민정책학 차원에서 전혀 별개의 대상으로 사실상 인정해온 이중구조가 존재하는 셈이다.

아이누와 관련한 이러한 이중구조는 아이누의 눈물을 전제로 하여 마련된 것이었고 일본 사회가 앞으로 어떤 모습으로 사태를 수습해 갈 것인지는 두고두고 주목되는 대목이다. 이미 일본 국회와 정부는 적어도 구두로는 아이누 민족의 독자성과 그에 입각한 정책을 마련하겠다고 밝힌 상황이지만 그 최종적인 귀착점에 이르기까지는 더 많은 시간이 필요할지도 모르겠다.

8장

마지막 칙령의 희생자, 재일한국·조선인

천황의 마지막 칙령

2008년 4월 7일 오후 1시. 일본 오사카 이바라키_{茨木}시 '닛쿠호텔 이바라키'에서는 경사스러운 행사가 있었다. 재일교포 자녀를 대상으로 한 '코리아국제학교_{KIS}' 개교식을 겸하여 신입생 26명(중학생 11명, 고교생 15명)을 맞는 제1회 입학식이 열린 것이다. 교포 사회의 글로벌인재를 양성하겠다는 취지에서 출발한 KIS는 교포 상공인들이 십시일반으로 기금을 모아 만든 것이기에 그 의미가 더욱 컸다. 김시종 이사장이 "몸이 죄일 듯한 감격을 느낀다"며 인사말을 꺼내자 참석한 이들 모두가 박수로 응답을 했다.

　한국에서라면 특수목적고와 유사한 성격인 코리아국제학교의 출발은 특별한 것도 아니고 그리 감동적일 이유도 없었을 것이다. 하지만 교포들에게는 코리아국제학교는 특별했다. '재일'[1]이란 차코(올가미)를 늘 지니

. . . .

1 '재일(자이니치[在日])'은 '일본에 있음'이라는 뜻의 보통명사가 아니다. 일본에서는 일본에 거주하고 있는 한국인, 조선인(북한 국적자)를 지칭하는 고유명사로 흔히 통용된다. 더불어 '재일'은 차별을 뜻하며, 재일한국·조선인이 겪어온 그리고 지금도 직면하고 있는 모든 문제의

고 살아온 그들에게는 지난 세월의 응어리가 한몫에 솟구쳐 오르는 감격적인 순간이었음에 틀림없다. 원치 않는 타국에서의 삶, 태어나 자란 일본 사회에서 철저한 이방인으로 지내오면서 직·간접적으로 받아온 차별, 민족교육 실현을 달가워하지 않는 일본 정부의 압력2과 무관심으로 일관해온 조국 사이에 느꼈을 갈등, 그리고 그 와중에 남북분단 현실을 일상 속에서 겪어야 했던 대립의 세월에 이르기까지 굴곡의 역사를 떠올렸을 법했다.

그럼에도 이제 재일 3세, 4세 소년·소녀들이 글로벌 시대를 준비하는 첫 걸음을 시작한다니 어찌 흐뭇하지 않았겠는가. 특히 신입생 대표 박원진 (중1) 양이 "우리는 모두 경계를 뛰어넘어 활약하는 '월경인越境人'이 되겠다" 고 선언하자 식장은 뜨겁게 달아올랐다. 학교 이름에 들어있는 '코리아'는 한국과 북한을 가름하지 않겠다는 의지의 표현이라는 점에서 경계를 뛰어 넘겠다는 신입생의 '월경인' 선언은 남다른 의미로 다가왔다. 그런데 이번 신입생 중에는 곤조 다카히로今庄貴博(고1)란 일본인 학생도 있었다. 한국과 북한의 경계를 뛰어넘고, '재일'과 일본 사회의 경계마저 극복하겠다는 그들의 창창한 미래가 눈에 보이는 듯 했다.

행사가 끝나고 다카히로군의 아버지 곤조 마사키今庄征樹 씨를 만나보았다. 어떻게 해서 KIS에 자녀를 보낼 생각을 하게 되었냐고 물었더니 되레

• • •

총칭이기도 하다. 또 '재일'은 재일한국·조선인의 연대를 의미하기도 한다. 말하자면 '재일'은 전후 일본 사회가 만들어낸 특수 역사용어인 셈이다.
2 KIS는 일본의 '학교교육법' 1조에서 규정하고 있는 학교(유치원, 초등학교, 중·고등학교, 중등교육학교, 대학[전문학교, 대학원 포함], 고등전문학교), 이른바 '1조 학교'가 아니다. KIS 관계자에 따르면 '1조 학교'에 속하면 일본 문부과학성 검정교과서 사용의무 및 학습지도요령을 따라야 하기 때문에 고유의 교육을 펴기가 어려워 KIS는 '1조 학교'가 아닌 '각종학교' 자격으로 학교를 운영할 계획이라고 한다. 대부분의 재일동포 민족학교가 '각종학교'로 운영되고 있다.

의아해 한다. '재일'과 일본 사회에는 대립만 있는 것으로 규정하는 스테레오타입의 질문이 아니냐는 표정이다. 중국과의 무역업에 종사한다는 그는 외아들인 다카히로군이 앞으로 동아시아 각 나라의 경계를 넘나드는 인물로 자라주기를 바란다고 설명했다.

곤조 씨의 마음가짐이 신선하게 다가왔다. 재일과 일본 사회를 같은 지위로 받아들이면서 함께 미래를 열어갈 수 있다는 인식은 그 동안 일본 사회에서는 찾아보기 어려웠기 때문이다.

재일한국·조선인들은 '재일'이라는 이유 때문에 일자리를 얻기도 어렵고 집을 구하는 것도 쉽지 않다. 사정이 이렇다보니 교포들은 '재일'을 감출 수밖에 없고 일본이름, 이른바 통명通名을 사용하는 이들이 아직도 적지 않다(읽을거리 10 참조).

재일교포의 존재는 당연히 일본의 한반도 식민지 지배에서 유래한다. 흔히 재일교포들은 강제로 끌려왔다는 이야기를 하지만 강제적인 징용, 징집은 1930년대 후반에 등장한 것이다. 정확하게 따지자면 1910년대에는 값싼 노동력으로 팔려온 경우가 많았고, 1920년대 들어와서는 일본의 쌀 부족을 식민지 조선에서 메우기 위해 조선총독부가 실시한 산미증식계획으로 농토를 잃은 수많은 농촌 주민들이 살길을 찾아 일본으로 밀려들어갔다. 게다가 일본으로 일하러 간 남편을 찾아 일본에 온 가족들도 적지 않았다. 하지만 값싼 노동력으로 팔려왔거나 살길을 찾아 가족을 찾아 도일한 것도 따지고 보면 일본제국의 가혹한 식민지 수탈에서 빚어졌다는 점에서는 반강제적으로 끌려온 것과 크게 다르지 않다.

대한제국이 식민지로 전락한 1910년 일본 내 조선인은 790명에 불과했고 그 대부분은 유학생들이었다. 1차 대전(1914~1918) 중 참전하지 않았던 일본은 세계적인 군수軍需 급증으로 노동력 부족에 직면해 조선의 값싼 노동

■ **읽을거리 10: "재일 오사카인을 아시나요?"**

"어, 사람들은 제게도 '조박(趙博)'이라고 합니다. '조 박사(博士)'를 줄여서 부르는 애칭인 셈이지요."

"······아하. 사실 제 원래 이름은, 아니 일본식 통명(通名)은 '니시야마 히로시(西山博)'이죠. 어렸을 때 본명은 영태. 조선이름을 쓰기 시작하면서 외국인등록증에 써 있는 대로 '조박*'이라고 부르고 있어요."

느닷없이 통명, 애칭, 본명, 일본이름, 조선이름이 뒤죽박죽 얽힌 사연 속으로 빨려 들어간 것은 지난 11월(2004년) 둘째 주 주말. 일본 후지산 기슭에서 벌어진 한 세미나에 참석했을 때 강사로 온 조박 씨를 만나면서부터였다.

세미나 주제는 '재일한국·조선인을 생각한다'. 매년 한국과 일본을 오가면 열리는 한·일 민간교류 세미나이지만, 이번 주제는 조금 무거웠다. 하지만 무겁다고 피해갈 수만 없는 게 세상의 이치.

재일교포를 둘러싼 문제는 결코 단순하지 않다. 식민지, 강제연행, 일본의 패전, 한반도의 분단, 차별적인 정주(定住)외국인 정책, 한·일 국교정상화, 북·일 수교 협상 중, 한·일 신선언과 월드컵 공동주최 이후의 교류 확대 등 지난 100년 간 한·일의 역사 속에서 응어리진 문제이기 때문이다.

내년(2005년)은 한·일 국교정상화 40주년, 해방 60주년, 을사늑약 100주년이 된다. 세월은 흘렀지만 아픈 역사는 계속 되고 있고, 그 한 가운데서 재일교포들은 역사의 광풍을 정면으로 맞닥뜨리면서 그 어느 쪽의 비호도 받지 못한 채 휘둘려 살아왔다.

최근 한·일 교류는 급증 일로다. 지난해 방일 외국인 중 한국인은 전체의 27.6%(143만여 명)로 가장 많았으며, 몇 년 전부터 방한 외국인 중 일본인이 수위를 차지하고 있다(지난해 180만여 명, 전체의 37.9%).

양국의 교류가 이처럼 활발하지만 일본 사회의 재일교포 차별은 여전하다. 일본 식 통명이 아니면 하다못해 아르바이트 자리도 구하기 어렵고, 집을 구하는 데도 애로가 적지 않다. 근본 요인은 정주외국인에 대한 일본의 이중적 대응이다. 정주 외국인이란 말에서부터 차별의 냄새가 진하게 배어 있다. 일본에 뿌리내려 살고 있지만 외국인이라고 하는 정주외국인은 사실상 재일교포를 칭하는 용어다.

일본의 평화헌법이 공포되기 하루 전날 나온 쇼와 천황의 마지막 칙령('외국인등록령', 1947년 5월 2일)에 따라 차별은 본격화되었다. 조선인학교에 대한 차별근거로 일본 정부는 일본 거주자는 당연히 일본 법률에 따라야 한다고 내세우면서도, 정작 정주외국인의 사회보험과 관련해서는 일본인이 아니라는 이유로 가입 권리를 박탈하기도 했다.

이후 재일교포들의 권리투쟁과 이에 협력해왔던 일본 내 양심세력의 노력으로 지문날인제도도 없어졌고, 사회보험 가입제한도 사라졌다. 하지만 재일교포들은 여전히 정주외국인으로서 외국인등록증 상시휴대 의무를 지는 일본 정부의 관리 대상이다. 사회보험의 경우도 중간부터 가입이 허락된 재일교포에 대한 경과조항을 두지 않아 현재(2004년) 65세 이상인 재일교포 8만 1000여 명 중 6만여 명은 무연금 상태다.

일본의 단일민족 신화 속에서 타자에 대한 철저한 배제의 논리가 21세기에도 작동되고 있는 셈이다. 더 큰 문제는 조국의 무관심이다. 한국 정부의 예만 들더라도 1965년 한·일 국교정상화 이전에 한국 정부는 재일교포에 대한 기민정책으로 일관했고, 그 이후에도 이렇다 할 지원이나 차별구조 시정에 대한 관심은 부족했다.

조박 씨는 자신을 '자이니치 오사카진(在日大阪人)'이나 '자이니치 간사이진(在日關西人)'으로 칭한다. 한국 국적자이지만 한국의 배려는 별로 받은 바 없으며, 일본 사회의 시민으로서 권익은 부여되지 못한 상황을 감안할 때 그저 나서 자란 오사카와 간사이 지방의 말과 문화에 익숙한 사람이라는 뜻이라고 그는 그 의미를 설명했다.

배제의 일본과 무관심의 한국 사이에서 '자이니치 오사카진'의 울분은 때론 노래가 되고 때론 열변이 되면서 참석자들의 가슴을 후벼 팠다. 때마침 후지산 자락은 단풍이 한참이었지만 낯이 불거지는 느낌은 쉽게 지워지지 않았다.

('한일학생연대(www.kjsc.org)'의 계간보 게재 칼럼, 2004년 가을호)

• • • •

* 조박 씨는 2004년 9월 13일 KBS 1TV에서 방영된 '한민족리포트'의 주인공이다. 趙博, 『나는 재일관서인: 노래하는 오사카의 거인·파기양(조박의 별명) 분전기(ぼくは在日関西人: 歌う浪速の巨人·パギやん奮戦記)』, 解放出版者, 2003 참조.

연도	1905	1910	1915	1920	1925	1930	1935	1940	1945
명	303	790	3,989	30,175	133,710	298,091	625,678	1,190,444	2,365,262

자료: 姜徹, 『在日朝鮮人の人権と日本の法律』, 雄山閣, 2006, 24쪽에서 재인용.
1945년은 8월 현재 추계치.

력에 의존하기 시작하면서 1915년 이후 재일조선인[3]이 크게 늘기 시작했다. 중일전쟁으로 산업현장의 일꾼들이 전선으로 속속 투입되면서 노동력 부족사태에 직면한 일본제국은 1938년 4월 국가총동원령을 공포하고 본격적인 조선인 강제동원이 시작되었다. 마침내 1940년 재일조선인은 100만 명을 돌파했다. 전황이 불리하게 돌아가면서 일본제국은 국가총동원령에서도 포함시키지 않았던 조선인에 대한 징병을 1944년부터 실시했으며 그에 앞서 1942년부터는 징용을 확대하면서 일본의 군수공장과 탄광에 조선인들을 강제 연행했다. 결과적으로 일본이 패전한 1945년 8월 현재 재일교포는 236만 명을 웃돌았다(자료 8 참조).

천황제를 지킨다는 이른바 국체호지国体護持를 위해 일본제국은 조선인들을 전선으로, 군수공장으로, 탄광으로 내몰았다. 일본제국은 한편으로는 일선동조론日鮮同祖論, 내선일체内鮮一體 등을 앞세워 조선인을 일본인과 동등한 천황의 백성, 이른바 황국신민이라며 부추기고 다른 한편에서는 조선인들을 일본 각지로 끌어들여 강제노역을 요구했다. 그럼에도 패전 직후 일본은 자신들의 필요에 따라 강제·반강제로 불러들인 재일교포를 귀찮은 대상으로 분류했다. 일본은 전전 천황제 가족국가 틀에서는 조선인

• • •

3 이 책에서는 '재일조선인' '재일한국·조선인' '재일교포(재일동포)'를 구분해서 사용한다. 우선 '재일교포'는 일본에 거주하고 있는 한민족을 통칭하고, '재일조선인'은 1952년 샌프란시스코조약 발효까지의 시점까지, '재일한국·조선인'은 그 이후의 시점에서 지칭하는 재일교포를 말한다. 최근에는 남북통일을 염두에 두고 '재일코리아'라는 칭호도 등장하고 있다.

을 황국신민으로 동화할 것을 강요하면서도 실제로는 서자庶子 취급을 하면서 차별을 해왔고, 패전 후에는 아예 재일조선인에 대한 노골적인 배타주의를 견지한 것이다.

전전의 대표적인 재일조선인에 대한 차별과 탄압은 1923년 9월 1일 도쿄와 요코하마를 포함하는 간토대지진 때의 조선인 대학살이다.[4] 재난에 처한 민중들 사이에 "조선인들이 우물에 독을 탔다", "조선인들이 각지에서 무장폭동을 벌이고 있다" 등의 유언비어가 확산되면서 각지에서 결성된 민간 자경단自警團들이 앞장서 조선인사냥을 벌였다.[5]

한국어에는 일본어의 탁음濁音 발음이 없기 때문에 지금도 그렇지만 당시 재일조선인들도 'か(ka)'와 'が(ga)', 'ちゃ(cha)'와 'ざ(za)', 'た(ta)'와 'だ(da)'를 잘 구분하지 못하고 각각 '가', '자', '다'로 발음하는 것이 보통이다. 각 지역의 민간 자경단들은 행인들을 대상으로 '15엔 50전'을 발음하도록 해서 조선인을 색출했다. 'ju-goen goju-sen'이라는 탁음 발음이 서툴렀던 조선인들은 사실무근의 허위 유언비어에 떼밀려 이유 없는 폭행을 당해야 했다.[6] 그 결과 6400여 명이 살해되었고 수천 명이 부상을 입었다.[7] 그 과정에서 탁음 발음이 잘 안 되는 방언을 쓰던 지방출신 일본인들이나 청각장애인, 중국인, 대만인들까지도 덩달아 조선인으로 몰려 살해되는 상황이었다.

문제는 재난 과정에서 자연발생적으로 유언비어가 퍼지면서 민중이

• • •

4 姜德相·琴秉洞編, 『현대사자료 제6권, 간토대지진과 조선인(現代史資料 第6卷, 関東大震災と朝鮮人)』, みすず書房, 1963; 山岸秀, 『간토대지진과 조선인학살: 80년 후의 철저검증(関東大震災と朝鮮人虐殺: 80年後の徹底検証)』, 早稲田出版, 2002 참조.
5 姜德相·琴秉洞編의 앞 책의 '목격자증언' 168~202쪽 참조.
6 壺井繁治, 「15엔 50전(15円50銭)」, 『센키(戦旗)』, 戦旗社, 1929년 9월 호. 山岸의 앞 책(96~99쪽)에서 재인용.
7 살해된 조선인의 수에 대해서는 여러 가지 설이 있다. 당시 일본 사법성 조사에 따르면 233명, 요시노 사쿠조(吉野作造) 도쿄제국대학 교수의 조사에서는 2711명, 상하이에서 발행하던 「독립신문」 조사로는 6415명이다.

동요하기 시작한 것이 아니라는 사실이다. 당시 아카이케 아키치赤池濃 도쿄 경시총감은 치안유지 차원에서 계엄령 발포를 내무성에 진언했고 이에 미즈노 렌타로水野錬太郎 내무대신의 명으로 고토 후미오後藤文夫 경보국장은 다음과 같은 내용의 전문을 각 지방장관에게 타전했다.

"도쿄 부근에 일어난 지진을 이용해 조선인이 각지에서 방화하고 불온한 목적을 달성하려고 한다. 실제로 도쿄 시내에서 폭탄을 소지한 채 석유를 뿌리고 방화하는 조선인들이 있었다. 이미 도쿄 일부에서는 계엄령을 시행하려고 준비하고 있으니 각 지역에서도 주도면밀한 경계를 펴고 조선인들의 행동에 대해 엄밀한 단속을 펴기 바란다."

행정 당국의 터무니없는 대응이 결과적으로 민중의 유언비어로 나타난 것이었다. 1918년 쌀 부족 때문에 빚어진 '쌀 소동' 이후 쌓일 대로 쌓인 민중의 불만이 재난으로 인해 더욱 거세질 것을 우려한 일본 정부가 민중의 불만해소 대상을 모색하기 시작했던 것으로 보인다. 여기에는 언론도 가세했다. 오사카 「아사히신문」은 1923년 9월 3일자 호외에서 "조선인들이 폭도로 변해 여기저기 방화를 했다"고 보도하고 있다. 그 해 9월 중순이 되어서야 일본 정부는 테러를 금하도록 했지만 자경단이 해산된 것은 그 해 11월이었다.

한편 패전 직후 일본의 노골적인 재일조선인에 대한 배타·차별주의는 바로 1947년 5월 2일 발포, 발포 즉시 시행된 '외국인등록령'이다. 외국인등록령은 구 일본제국헌법 체계하에서 나온 천황의 마지막 칙령이다. 외국인등록령에 따라 조선인은 "'당분간' 외국인으로 간주"되었다. '당분간'이라는 뜻은 당시 일본이 연합국의 점령통치를 받고 있으며 독립국가로 인정받지 못하는 상황이기 때문에 나중에 독립국가로 자리 잡을 때까지라는 시점을 나타내는 것이다. 문제는 일본의 신헌법이 시행되기 하루 전날 절차가 따로 필요 없이 바로 법적 효력을 발생하는 천황의 칙령이 발포되었다는 사실이다. 그것도 연합군 점령치하에서 이미 폐기된 제국헌법에 입각해 칙령을 공포하면서까지 조선인들을 올가미로 묶어두려는 일본 정부의 의도가 엿보인다. 재일교포는 천황제 지배구조가 만들어낸 최대의 피해자였던 셈이다.

재일조선인들은 하루아침에 자신들이 살아온 삶의 터전에서 외국인으로 전락했다. 외국인등록령이 발포된 배경에는 연합국군총사령부GHQ의 구 일본인(조선인 및 중국인 등)에 대한 대응과 일본의 패전 직후 재일조선인들의 열악한 귀국 상황을 빼놓을 수 없다.

우선 GHQ는 1946년 2월 17일 '조선인, 중국인, 류큐인(오키나와인) 및 대만인의 등록에 관한 각서'를 발표하고 구 일본인에 대한 외국인 처리, 귀국 등의 업무를 일본 정부에 맡겼다. 사실상 이때부터 일본 정부는 구 일본인에 대한 관리태세를 갖췄던 것으로 보인다. 법적인 배경으로 보자면 외국인등록령은 GHQ의 지시에 의해 만들어진 것이나 여기에 일본 정부는 한 술 더 떠 재일조선인의 실태파악과 단속을 위한 이른바 치안입법 차원에서 칙령을 시행했다. 1946년 7월 24일 기무라 고자에몬木村小左衛門 내무상은 중의원 본회의에서 '재일조선인에 대한 단속방침'을 명백히 했으며, 같은 해 8월 17일 요시다 시게루吉田茂 총리를 비롯한 내무, 법무 등 주요 각료들은 중의원 본회의 답변에서 "조선인은 경찰력으로 철저하게 단속할 필요가 있다"고 공공연하게 떠벌였다.[8]

또 일본 패전 당시 236만여 명이나 되었던 재일조선인들의 귀국은

• • •

8 姜徹, 『재일조선인의 인권과 일본의 법률(在日朝鮮人の人権と日本の法律)』, 雄山閣, 2006, 65쪽에서 재인용.

80% 정도만 이루어졌다. 한반도의 분단을 비롯한 한반도의 정치정세 변화를 비롯해 귀국선 승선화물이 1인당 250파운드(약 113㎏)로 제한되는 등 귀국을 망설이게 하는 여러 가지 상황들이 발생했다. 여기에 자녀들의 교육문제를 비롯해, 상공업에 종사했던 이들의 경우는 사업을 갑자기 정리하고 귀국하기에는 무리가 적지 않았을 것이다. 최종적인 공식귀국 시한이 1946년 말로 제한되는 가운데 그 해 말 현재 재일조선인은 약 58만 명이 일본에 남았고 그 이듬해 외국인등록령에 따라 등록된 교포는 총 53만 5803명이었다.[9]

재일교포는 일반 외국인처럼 여권을 가지고 일본에 입국한 것이 아니라 식민지 지배라는 역사적 특수성에 의해 존재하는 것임에도 불구하고 일본 정부는 이를 인정하지 않고 오히려 재일교포들을 천덕꾸러기 취급을 하기 시작한 것이다. 일본 정부가 50여만 명에 이르는 피식민지 출신인구 일본인, 즉 재일조선인의 존재에 대해 불안감을 가지고 이들을 단속대상으로만 삼고 대응했다는 사실은 뒤집어 보면 천황제 보전을 위해 그동안 재일조선인을 소모품으로 이용했음을 스스로 고백하는 것이나 다를 바 없다. 재일조선인들이 행여 라도 과거의 울분을 일본 사회를 향해 터뜨리지나 않을까 전전긍긍한 일본 정부는 천황의 마지막 칙령을 동원해 재일조선인들을 감시, 단속하겠다는 의도를 노골적으로 드러냈던 배경이 바로 그것이다. 예컨대 1949년 9월 16일 일본 외무성이 연락국장 이름으로 법무부法務府(법무성의 옛 명칭) 법제장관에게 보낸 '외국인등록령에 관한 질문서'에서는 "특히 본건 외국인등록은 재일조선인을 주된 목적으로 한다"고 밝히고 있다.[10] 천황의 마지막 칙령으로 시작된 전후 재일교포의

• • •

9 1947년 법무성 자료. 앞 책 61쪽에서 재인용.

인권적 차별 문제는 전후 60여 년이 지난 지금까지도 본질적으로 달라지지 않았다(읽을거리 11 참조).

"싫으면 돌아가라"

재일조선인은 전전 천황제 가족국가의 틀에서 황국신민으로 동화를 강요당하며 동시에 내지인(일본인)으로부터 차별을 받아오다가 일본의 패전과 더불어 내팽개쳐지는 상황에 직면했다. 무엇보다 연합국 점령기 재일조선인은 일본 정부의 일방적인 관리대상에서 벗어나지 못했으며 법적 지위는 대단히 애매모호했다.

1947년 외국인등록령에 따라 '당분간 외국인으로 간주된' 재일조선인은 우선 참정권이 박탈되었다. 전전에는 선거권·피선거권이 거주지별로 부여되었기 때문에 조선호적, 대만호적에 등재된 재일조선인, 재일대만인 남성에게도 부여되었으나 칙령에 따라 이들의 권리는 배제되었던 것이다. 일본 정부는 재일조선인을 일단 외국인으로 간주한다고 하면서도 교육문제에 대해서는 일본인과 보조를 맞춰야 한다고 주장했다. 식민지 지배에서 벗어난 해방국가의 국민이라는 자부심에서 확산되기 시작한 재일조선인들의 민족교육 운동을 일본 정부는 부정하고 재일조선인 자녀들을 일본학교에 보낼 것을 강요했다.

일본의 패전과 더불어 재일조선인들은 당시 한반도에서와 마찬가지로 그동안 빼앗겼던 말, 문화, 역사, 민족성의 복원을 위해 힘을 모았다. 1년 만에 전국적으로 모국어학습회가 결성되고 초등학교 525개, 중학교

• • •

10 앞 책, 107~108쪽에서 재인용.

5월 3일은 일본의 제헌절이다. 그들 표현으로는 '헌법의 날'. 입헌군주제에 기초한 구 제국헌법은 미군이 점령군으로 일본에 진주하면서 사실상 폐기됐다. 이후 곧바로 신헌법 만들기가 시작됐으나 그 내용은 미국으로부터 일일이 훈수를 받아야 했다. 이렇게 만들어진 신헌법은 1946년 11월에 제정·공포되어 그 이듬해인 1947년 5월 3일에 시행됐다.

'평화헌법'이라는 별칭으로 더 잘 알려진 신헌법은 주권재민, 전쟁포기, 기본적 인권 존중이라는 3대 원칙을 내세우고 있어 일본 전후 민주주의의 들보가 됐다. 특히 이전까지 '아라히토가미(現人神)'라 불리며 살아있는 신으로 떠받들어왔던 천황의 지위를 상징적인 것으로 제한했다. 그러나 그 직전까지도 천황의 권위는 위력을 발휘하고 있었다. 바로 신헌법 시행 하루 전인 5월 2일 천황은 마지막 칙령으로서 '외국인등록령(外登令)'을 공포·시행했다.

사건의 기묘한 전후관계가 외등령의 실체를 짐작케 하는 대목이다. 외등령은 헌법에 입각한 의법 절차를 일부러 외면한 채 천황의 명령을 통해 급조됐다. 겉으로는 치안유지 때문이라고 말하고 있으나 실제로는 이를 빙자해서 외국인을 감시, 관리하자는 것이다. 당시 재일외국인의 대부분이 한국 사람이고 보면 외등령은 처음부터 이들을 주 대상으로 삼고 있었던 셈이다. 그것도 천황의 이름으로.

전후 재일교포에 대한 일본 사회의 비인권적인 법적 차별은 그렇게 시작됐다. 외등령은 1952년에 외국인등록법(외등법)으로 격상되면서 외국인 지문날인 의무 조항이 신설돼, 14세 이상의 정주(定住)외국인은 누구나 3년마다 재등록을 하고 그때마다 지문날인을 강요당했다. 일본에서 나서 자란 재일교포도 예외가 아니었다.

1970년대 들어와 재일교포들을 중심으로 지문날인 거부운동이 거세게 일면서 외등법은 조금씩 개정·완화됐다. 예컨대 외등법은 1982년에 개정되어 등록대상이 16세 이상으로 기간도 5년마다 갱신하는 것으로 완화됐지만 그 기본골격은 바뀌지 않았다. 급기야 1992년에는 외국인 중 재일교포와 같은 영주자(永住者)들에게 대한 지문날인 의무가 폐지됐다. 지문날인 거부운동이 시작된 지 20여 년만의 결실이었다. 단 영주자가 아닌 1년 이상 체류하는 외국인의 지문날인의무는 여전했다.

외등법의 핵심은 지문날인과 외국인등록증 상시휴대, 그리고 이를 위반할 때의 벌칙규정이다. 특히 외국인등록증 상시휴대 의무는 식민지시대 일본에 거주하고 있는 조선인을 관리할 목적으로 만들었던 '협화회(協和會) 수첩'을 연상시키는 것이다. 협화회는 조선인의 보호와 구제를 설립목적으로 했지만 사실은 당시의 다른 제도들이 그랬던 것처럼 조선인을 감시하기 위한 기구였다.

지문날인 문제는 둔감하게 느껴질 수도 있다. 우리도 현재 주민등록에 지문날인을 하고 있고 한국에 1년 넘게 체류하는 20세 이상의 외국인에게 지문날인을 요구하고 있기 때문이다. 문제는 일본에서는 범죄자들에 대해서만 지문날인을 하고 있다는 점이다. 또 일본에는 우리의 주민등록증과 같은 것이 없기 때문에 외국인등록증 상시휴대의무도 명백한 차별이라 할 수 있다. 더구나 외등법 위반자에게 대해 형사처벌이 가해진다는 점도 큰 문제였다. 그러나 1992년의 외등법 개정에서도 영주자의 외국인등록증 상시휴대 의무는 없어지지 않았다.

지난 4일(1999년 3월 4일) 일본의 언론보도에 의하면 일본 정부는 이 달 중으로 출입국관리법 개정안을 국회에 상정하여 1년 이상 체류하는 외국인에 대한 지문날인제도를 폐지한다고 한다. 그 대신 '불법체류죄'를 신설해 외국인 불법체류를 강력하게 다룰 것이라고 밝혔다. 그 동안 차별의 상징이었던 지문날인제도가 전폐된다니 반가운 일이다. 하지만 여기에는 두 가지 중요한 문제가 숨겨져 있다.

먼저 개정안은 외국인등록증 상시휴대 의무에 대해 전혀 거론하고 있지 않다는 점이다. 휴대의무가 사라지지 않는다면 이를 위반했을 때 수반되는 형사처벌도 여전히 남는다. 법적 차별구조는 아직 완전히 해결되지 않은 셈이다. 또 불법체류에 대한 죄형을 강화하는 것은 계속 불어나는 불법체류자를 줄이기 위한 방편일 뿐 아니라 앞으로 발생할지도 모를 북한 난민을 처리하기 위한 예방적 강화조치라는 사실이다. 일본의 외국인에 대한 차별적 발상과 그 경계태세가 섬뜩하다.

차제에 우리의 비인권적인 지문날인제도도 철폐되어야 하겠으나 재외교포들에 대한 보다 큰 관심을 기울여야 한다. 관심 어린 조국의 존재는 재외동포들이 자신들의 삶의 현장에서 뿌리내리고 권리를 지켜나가는 데 큰 힘이 될 것이다.

('세상만사' 1999년 3월 18일자)

4개, 청년학교 12개 등의 민족학교가 만들어졌다. 그러나 일본 문부성은 1947년 4월부터 오늘날과 같은 6 - 3 - 3제로 학제를 변경하고, 1948년 1월 재일조선인 자녀들도 일본 학교에 '취학의무'가 있다는 견해를 밝히면서 전국에 산재해 있는 민족학교는 인정하지 않겠다는 지시문(통지문·通知文)을 보냈다. 이어 문부성은 민족학교의 폐쇄 및 개조명령을 내리자마자 강제폐쇄를 강행했다. 한편으로는 외국인이라고 배제하면서 다른 한편으로는 일본인으로 간주하고 일본 학교 취학의무를 주장하는 부조화가 상징하는 것만큼이나 재일조선인의 법적 지위는 혼돈의 연속이었던 셈이다. 재일조선인이 일본 정부의 편의에 따라 일본인으로도 또 외국인으로도 간주되는 상황은 전후 재일교포가 처한 상황을 상징하는 것이었다.

패전 후 일본이 연합국의 점령상태에서 벗어나 독립국가로서 국제사회에 다시 등장한 것은 샌프란시스코 평화조약이 효력을 발휘하기 시작한 1952년 4월 28일부터였다. 이에 따라 외국인등록령에 따라 '잠정적'으로 외국인으로 간주되었던 53만여 명의 재일조선인들도 그때부터 국제법상 정식으로 일본 내 외국인으로 규정된다. 약 7년 동안이나 재일조선인은 구 일본인 출신의 외국인, 잠정적인 외국인으로, 편의에 따라서는 일본인으로, 그리고 마침내 국제법상으로 삶의 터전이었던 일본 사회 속의 외국인으로 자리 매김되었다.

그러나 샌프란시스코조약에는 재일조선인의 국적이 외국인으로 변경되어야 한다는 조항은 없었다. 일본 정부가 샌프란시스코조약이 발효되기에 앞서 1952년 4월 19일 법무부 민사국장통지에 의해 밝힌 '구 식민지출신자의 일본국적 상실'은 어디까지나 일본 정부의 자의적인 견해였다.[11]

• • •

11 田中宏, 『재일외국인: 법의 장애, 마음의 간격(在日外国人: 法の壁, 心の溝)』, 岩波新書,

다나카 히로시田中宏 교수에 따르면 전후 유럽에서는 식민지의 독립과 더불어 나타난 구 식민지 출신자의 국적처리 문제는 일방적이지 않았다고 지적한다. 예를 들어 영국의 경우 영국과 신생독립국 사이에 이중국적을 인정했으며, 프랑스는 알제리의 민족해방전쟁 이후 알제리 출신자에 대해 정치적 권리를 제외하고는 프랑스 국민과 동등한 권리를 보장했다. 독일 역시 병합했던 오스트리아의 독립에 따라 독일 내 오스트리아 출신자들에 대해 의사표시에 따라 국적선택권을 부여하는 방식을 수용했다.

전후 일본에서도 재일조선인의 국적선택 문제가 전혀 거론되지 않은 것은 아니다. 1945년 12월 5일 중의원 본회의에서 당시 호리키리 젠지로堀切善次郎 내무상은 "내지(일본)에 재류하고 있는 조선인에 대해서는 일본 국적을 선택하도록 하는 것이 지금까지의 국제적 선례이며 이 경우에도 그렇게 될 것으로 생각하고 있다"고 밝힌 바 있다. 외무성의 입장도 1949년까지 본인의 선택에 따라 국적을 선택할 수 있다는 입장이었다. 그럼에도 왜 일본에서는 국적선택 방식이 채용되지 않았는가에 대해 다나카 교수는 그 경위가 분명하지 않다고 전제하면서도 재일조선인을 일반 외국인과 마찬가지로 대우함으로써 일본 정부가 '역사의 말소'를 꾀했다고 평가한다. 일본 국적을 취득하려는 자에 대해서는 일정한 절차와 조건을 붙여서 '귀화'하는 방식으로 처리하겠다는 것이 일본 정부의 결론이었다. 하지만 귀화란 일본 정부의 입맛에 맞는 사람을 선택하는 것이라는 점에서 유럽 각국이 택했던 국적 선택의 자유를 보장하는 것과는 전혀 다른 방식이었다.

외국인을 평등하게 대우한다는 원칙하에서 일본 정부의 외국인 관리 법제를 재일조선인에게도 동일하게 적용하는 것이 타당한 것인지 하는

• • • •

2008, 66~69쪽.

물음은 우문에 불과하다. 재일조선인이 일반 외국인과 동일한 처지라고
본다는 것은 일본 정부가 재일조선인 탄생 과정의 역사적 특수성을 무시한
채 그리고 그 과정에서 구체적으로 개입하고 필요에 따라서는 노동력을
값 싸게 이용해온 책임을 지지 않으려는 의도적인 태도다. 재일조선인을
포함한 모든 외국인을 평등하게 대우한다는 것은 사실상 평등이라는 이름
으로 재일조선인들에게 불평등을 강요한 것이나 다를 바 없다. 일본에서
낳아 자라 일본 사회에서 경제생활을 하며 일본인과 동일한 납세를 하는
재일교포를 제한적인 기간 동안 제한적인 목적하에서 일본을 방문하고
체류하는 일반외국인과 동일하게 대우할 수는 없기 때문이다.

그럼에도 일본 정부는 재일조선인을 일반 외국인으로 처리했다. 일본
정부는 삶의 터전이 일본에 있는 재일교포들을 외국인으로 간주함으로써
경우에 따라서는 국외추방을 비롯해 국적 조항을 내세워 다양한 차별과
배제를 정당화할 수 있는 길을 열어둔 셈이었다. 일본 정부의 민족적 편견과
오만이 물씬 드러나는 대응이다. 오늘날까지도 '재일'이 직면하는 미해결
문제가 바로 여기에서 비롯되고 있다고 해도 과언이 아니다.

이후 일본 정부는 입맛에 맞는 재일교포 중에서 귀화를 희망하면 받아
들이겠지만 그 외에는 조속히 귀국을 하도록 유도하겠다는 입장을 유지해
왔다. 사실상 일본 사회 내에서의 재일교포 차별구조를 조장하는 것이나
다름없다. 그 이면에는 "차별이 싫으면 돌아가라"는 인식이 뿌리내려 있음
을 볼 수 있다. 한반도의 정치정세가 악화되고 급기야 남북이 전쟁으로
치닫는 상황에 이르자 사실상 재일조선인의 귀국은 종결되면서 귀국종용
을 통한 재일교포 문제의 해결이라는 일본 정부의 당초 의도는 좌절되고
말았다.

하지만 1959년부터 시작된 재일교포들의 '북한귀환운동(북송사업)'[12]은

일본 정부에게는 또 다른 호기였을 것이다. 그것은 조국을 떠나 차별을 감수하며 살았던 실향민들이 조국을 찾아 대이동을 시작한 것에 대한 동조가 아니었다. 일본 정부로서는 60여만 명에 이르는 재일교포가 조국귀환운동을 통해 줄어든다면 더할 것 없이 바람직한 현상으로 관망하고 있었을 것이다.

실제로 귀환운동에는 일본 정부가 적극적으로 협력했다. 1959년 8월 북한과 일본 적십자 간의 귀환협정을 맺고 일본 측은 적극적으로 귀환지원을 하기로 결정했다. 귀환지원 내용은 귀환을 결정한 재일교포들이 북송선을 탈 때까지의 모든 경비를 부담하는 것이었다. 북송선이 출발하는 니가타新潟까지 기차삯은 물론 이삿짐 운송비, 니가타에서 배를 탈 때까지의 숙박비와 식비, 긴급의료지원 등을 포함하고 있었다. 양국의 적십자사가 협의의 당사자이지만 일본과 북한 간의 국교가 없어 적십자사가 나선 것임을 감안하면 일본 정부의 의도를 충분히 짐작할 수 있다. 이러한 일본 정부의 지원은 그간의 재일교포에 대한 차별정책에서 찾아보기 어려울 정도로 전혀 다른 호의적인 태도로 진행되었다.

당시 매스컴도 신생 사회주의국가 북한의 발전상을 대대적으로 보도하고 사회주의 조국을 찾아 떠나는 귀환운동을 호의적으로 묘사했다. 물론 여기에는 일본 진보계층의 신생 사회주의국가에 대한 기대, 반미 민족주의적 입장 등에서 출발한 순수한 이데올로기적인 공감에서 비롯된 측면도 있었겠지만 다른 한편에서는 일본 정부와 입장을 같이하면서 귀환운동을

• • •

12 북한귀환운동은 1959년 12월 14일 첫 귀환선이 출발한 이래 1967년 10월 20일 154차 귀환선이 출항함으로써 일단락되었고 그 사이에 귀환한 교포는 8만 8611명이었다. 귀환을 신청했으나 가지 못한 교포가 1만 7402명이나 되었기 때문에 귀환사업은 1971년 재개되었으나 이 중 실제로 귀환한 이들은 1081명에 불과했다. 귀환사업은 이후 1984년 187차 귀환선을 끝으로 마무리되었다. 25년 동안 총 귀환자는 9만 3339명에 이르렀다.

부추긴 측면도 적지 않았을 것이다. 사실 재일본조선인총연합회(조선총련=총련)가 중심이 되어 벌인 북한귀환운동은 북한의 노동력 부족 사태, 재일교포들의 빈곤과 장래에 대한 불안, 일본 정부의 재일교포 차별이 만들어낸 것이었다. 귀환운동은 장밋빛으로 보였던 북한의 실상이 알려지면서 차츰 그 열기가 식어갔다. 하지만 귀환운동을 통해 일본 정부의 의도, 즉 "싫으면 돌아가라"라는 일관된 재일한국·조선인 정책의 실체가 드러났다는 점은 부인하기 어렵다.

일본의 "싫으면 돌아가라"식의 정책적 배경에는 의도적인 민족적 차별이 존재했다. 당초 외국인등록령에는 등록증 소지 및 제시 의무만 있었으나 1952년에 등장한 외국인등록법에는 여기에 지문날인 의무조항이 추가되었다. 열 손가락 지문날인은 당시 일본 사회에서 범죄자에게나 강요하는 것이었음을 감안하면 민족적 차별은 샌프란시스코조약이 발효된 이후 훨씬 격화된 셈이다. 예를 들어 외국인등록법과 비슷한 것으로 일본인에게 적용되는 주민기본대장법과 비교해보면 그 차이를 바로 알 수 있다. 주민기본대장법과 외국인등록법은 둘 다 목적 자체는 주민표 해당자와 외국인등록자의 거주 및 신분관계를 명백하게 한다는 것으로 동일하지만 각각의 벌칙 조항에서는 큰 차이를 보인다. 외국인등록자가 등록증 휴대·제시의무 및 14일 이내 신고의무를 어겼을 경우는 20만 엔 이하의 벌금(1992년 법 개정 이전에는 '1년 이하 징역')에 처해지지만 주민기본대장법에서는 신고기간 위반은 '5000엔 이하의 과료過料' 처분을 받는다. 과료는 형법상의 처벌이 아니지만 벌금은 엄연한 형법상의 징벌이다. 따라서 외국인등록법은 내용적으로는 치안입법적인 성격이 더 강하다고 하겠다.

재일교포에 대한 강한 처벌조항과 엄격한 차별 수단을 동원한 일본 정부의 "싫으면 돌아가라"식 대응 이면에 숨어있는 것은 무엇일까. 천황제

가족국가에서 이질적인 존재를 경계하는 집단심리가 눈에 보이는 듯하다. 그것을 극복하는 것은 결국 차별에 끝까지 저항하는 것 이외에는 다른 방법이 없었다. 전후 '재일'의 삶은 한편으로는 차별과 좌절을 경험하면서 그와 더불어 지문날인반대투쟁, 취업차별반대투쟁 등 끊이지 않는 도전으로 이어졌다. "싫으면 돌아가라"식의 대응과 '인권과 정의를 추구하는 도전' 사이에서의 몸부림이 바로 재일의 역사다(읽을거리 12, 13 참조).

재일코리아와 일본 사회

재일교포가 직면한 또 하나의 질곡은 남북분단이었다. 재일교포 2세인 강상중 도쿄대 교수는 자서전 "재일"[13]에서 다음과 같이 고백한다.

한국전쟁이 발발한 해에 태어난 나는 초등학교 고학년이 되어 역사나 현대사회를 배우게 되었을 때 무척 우울했다. '재일'은 '재일' 그 자체가 마치 범죄적인 의미를 담고 있는 것 같은 눈에 보이지 않는 분위기가 사회에 충만해 있었는데 여기에 '재일'의 상황을 더욱 궁지로 몰아간 것은 분단의 현실이었다.

왜 우리 부모나 아저씨들의 조국은 분단되어 서로 으르렁거리는 것일까. 한국인·조선인은 본래가 서로 으르렁거리는 것을 좋아하는 국민인가. 그리고 보니 1세들이 감정을 쉽게 드러내고 시비조로 상대를 모욕하고 말다툼하는 경우가 적지 않았다는 생각도 들었다. 역시 그렇기 때문에 나라가 분열되고 같은 민족끼리 죽고 죽이는 전쟁을 벌인 것일까. 이 얼마나 '야만적인' 민족이란 말인가. 대개 그런 생각이 끊이지 않고 솟구쳐 일어나 너무나도 마음이 무거웠다.

• • •
13 姜尙中, 『在日』, 集英社文庫, 2008, 70~71쪽.

■ 읽을거리 12: 1엔 소송

1976년 10월 3일. 재일교포 최창화(1931~1995) 목사는 NHK를 상대로 '인격권 침해에 대한 손해배상청구 소송'을 제기한다. 손해배상청구 금액은 겨우 1엔.

발단은 NHK 기타큐슈방송국이 같은 해 9월 당시 외국인지문날인제도 등 일본 사회의 인권침해에 대한 반대투쟁에 앞장섰던 최 목사 관련 뉴스에서 최 목사를 '사이·쇼·카'로 부른 데 있었다. '사이·쇼·카'는 '최창화(崔昌華)'의 일본식 발음.

사전 취재과정에서 최 목사는 NHK 측에 "내 이름은 하나밖에 없다. 민족 고유의 발음대로 정확히 불러 달라"고 수없이 요청했다. 하지만 NHK는 일본식 발음을 고집했고, 이에 최 목사는 손해배상 소송을 하기에 이른다.

배상금을 1엔으로 한 대목이 특히 인상적이다. 최 목사가 자신의 책에 밝힌 뜻은 대충 이렇다(『이름과 인권』, 1979). 일본 돈의 단위가 엔이라면 1엔도 화폐임에 틀림없다. 마찬가지로 비록 일본 사회에서 재일한국·조선인들이 비인간적인 차별을 받고 있지만 이들 역시 인간이다. 그렇다면 이들의 인격권·인권은 마땅히 지켜져야 옳다.

소송은 최고심까지 갔다. 1988년 2월 일본 최고재판소는 "언어의 문제는 주의·인권·민족 등의 문제이기 이전에 사회적인 관습의 문제"라고 전제하면서 원고의 '씨명 인격권'을 부정하고 1심·2심의 판결대로 원고 패소 판결을 내렸다.

그로부터 20년 가까이 지난 지금. 그토록 벽창호처럼 꽉 막혀 요지부동이던 NHK는 방송 중 재일한국·조선인 이름을 이제는 원음 그대로 발음한다. 언제부터 그렇게 바뀌었는지는 확실치 않지만.

최 목사의 1엔 소송은 비록 패소로 끝났어도 사실상 승소한 셈이나 다름없다. 재일 교포에 대한 차별은 아직 여전하지만 변화의 바람은 분명 불고 있기에.

제 이름을 똑바로 불러달라는 요청은 재일 교포만의 얘기가 아니다. 최근 서울시는 중국에 대해 서울을 원음 그대로 '首爾(수이·중국어 발음으론 서우얼)'로 불러줄 것을 요구했다.

중국은 서울을 한성(漢城)으로 부른다. 발음은 고사하고 표기도 한성은 조선시대의 지명이 아닌가. 정부와 서울시의 무신경이 이토록 심할 줄이야. 기가 막힌다. 한·중 수교 이후 십 수 년이거늘. 서울시의 요청은 늦어도 한참이나 늦었다.

외신에 따르면 중국의 반발이 적지 않다는데. 범국가적 차원의 대책이 시급하다. 중국에 대해 '1위안 소송'이라도 걸어야 할지.

('한마당' 2005년 1월 31일자)

■ 읽을거리 13: 우토로 사람들*

일본의 고이즈미 준이치로 총리가 오열하고 있다. 벌겋게 상기된 눈자위 아래로
흐르는 눈물을 손수건도 없이 손등으로 훔치면서 말을 잇지 못한다.

지난 16일(2004년 9월 16일)자 외신사진 중 고이즈미의 모습이 담긴 한 컷이
있었다. 현재 중남미를 순방 중인 고이즈미 총리가 브라질 상파울로의 이민사박물
관에서 일본 교민들에게 연설하는 도중 고난의 교민사를 회상하면서 흘린 눈물이
다. 가난 때문에 팔려오다시피 이민을 택했던 선조들의 고통을 애통해하는 총리.

충분히 감동적이다. 과거 침략사의 주인공 일본의 모습과는 사뭇 대조적이다.
일제 때 그들은 수많은 한국인들을 일본, 남양주, 사할린 등으로 끌고 와 노역을
강요했지만 지금까지 배상은커녕 마음에서 우러나온 반성도 사과도 없으니.

최근 한국에 호소차 온 재일동포 '우토로 사람들'의 처지를 생각하면 감동은커녕
그들의 이중성에 분노가 치민다. 우토로는 일본 교토의 우지시 이세타초에 속한
6000여 평 정도의 재일동포 집단 주거지역. 현재 70여 세대 300여 명의 재일한국
·조선인이 산다.

우토로는 일제 말기 군사비행장 건설을 위해 강제 동원된 한국인 1300여 명의
간이식당이 있던 곳으로, 이후 점차 한국인 집단취락지로 자리 잡았다. 일본의
패전과 함께 비행장 건설이 중단되자 이들은 일자리도 오갈 데도 없는 처지가 됐다.
땅주인도 당초 국영기업에서 패전 직후 '닛산차체'로, 1987년엔 '서일본식산'이란
부동산회사로 바뀐다.

어려움은 87년부터 증폭됐다. 서일본식산은 소유권을 내세워 우토로 사람들의
퇴거를 요청했고, 이에 반발한 주민들은 법정투쟁을 시작했다. 하지만 이후 십여
년을 끌어온 소송투쟁은 99년 6월 이후 최고재판소의 상고 기각으로 주민들의 패배
로 끝났다. 우토로 사람들은 88년까지 닛산차체가 토지불법점거를 이유로 수도설치
를 금지해 오랫동안 식수 문제로 고생해왔으나 이젠 아예 퇴거위기에 놓인 것이다.

역사의 현장 우토로는 한갓 점유권과 소유권의 분쟁 현장으로 전락했다. 60여
년 이어온 점유권의 뿌리가 무엇보다 일제의 강제 노역에 있었음을 감안한다면
우토로 사람들에 대한 퇴거 강요는 철회돼야 마땅하다. 그럼에도 교토부나 일본
정부는 나 몰라라 일색이다.

자국민의 고통에만 눈물 뿌리지 말고 자국 내 이웃의 고통에도 관심을 가져야
큰 나라다. 제 백성 귀한 줄만 알았지, 자신들이 억압해온 상대의 괴로움엔 둔감한
일본, 언제까지 천박하게 굴 것인가.

('한마당' 2004년 9월 18일자)

✦ ✦ ✦

* 우토로 사람들을 후원하는 한·일 양국의 시민들은 2005년부터 모금을 해오면서 우토로 마을 절반에
해당하는 토지를 매입하기로 했다. 모금에는 한국 정부도 참여해 30억 원을 지원하기로 결정했고 마침내
2007년 11월 매매계약을 하고 선금을 지불했다. 그러나 한국에서 모금한 돈이 원화 약세로 당초 예상했던
매입자금에 크게 모자라 2008년 9월 이후 긴급모금을 재개하고 있는 상황이다.

한반도의 분단은 재일교포 사회를 양분시켰고 그로 인한 고통은 비단 어린 시절의 강상중 교수뿐만 아니라 남녀노소를 불문하고 재일교포 모두에게 깊은 가슴의 상처가 되었다. 일본의 패전 직후 '재일조선인연맹'으로 출범했던 교포권익단체는 이데올로기의 대립으로 민단(재일본대한민국민단)과 총련(재일본조선인총연합회)으로 나뉘고 각각을 지지하는 교포들은 서로가 서로를 적대시하는 세월을 견뎌야 했다(읽을거리 14 참조). 민단과 총련의 분열·대립은 재일교포의 권익운동 자체가 분열되고 힘이 약화되는 것을 의미하는 것이었기에 일본 정부로서는 더 바랄 나위없는 좋은 사태변화였을 것이다.

일본 정부는 재일교포의 일본영주권문제에 대해서도 남북대립을 교묘하게 이용했다. 대표적인 것이 1965년 한·일 국교정상화를 계기로 마련된 재일교포의 법적지위협정이다. 패전 이후 일본은 한국, 북한과 정식 외교관계가 없었기 때문에 재일조선인들의 법적 지위는 거의 무국적의 외국인과도 같았다. 일본은 재일조선인의 법적 처우가 마련되지도 않은 상태에서 일반외국인으로 관리하려고 했다. 실제로 재일조선인은 여권도 갖고 있지 않는 외국인이었다. 외국인등록령에 따라 재일조선인이 1947년 8~9월에 전면적으로 실시된 외국인등록에 기입하는 국적란은 구 일본인이었음을 표시하는 것이었을 뿐, 즉 일본인이 아니라는 사실을 밝히는 데 초점이 있었을 뿐 국적 그 자체는 하나의 기호에 불과했다.14 한국과 북한이 정부를 수립한 것은 각각 1948년 8월, 9월이었고 그 이후에도 한참 동안이나 일본과 한국은 외교관계가 없었으며 북한과는 아직도 외교관계가 없는 상황

• • •

14 당시 재일조선인들은 외국인등록상의 국적란에 '조선'이라고 기입했다. 이후 남북한에 정부가 수립되면서 한국 정부는 일본 정부에게 재일교포 외국인등록 국적란의 '조선'을 '한국'으로 변경할 것을 요구했고 실제로 일부 기재변경이 실시되었다. 하지만 그 경우에도 '조선'이나 '한국'이니 하는 것은 하나의 기호, 용어에 불과했다. 尹健次,『'재일'로 산다는 것은(「在日」を生きるとは)』, 岩波書店, 185쪽.

■ 읽을거리 14: 재일 총련*

분단 시대의 아픔은 해외 동포 사회가 훨씬 심각하다. 남과 북은 차라리 따로 격리된 채 대립을 해왔지만 예컨대 재일교포들은 같은 삶의 현장에서 살면서 자신들을 남한 편, 북한 편으로 갈라 세워 서로 으르렁거렸으니 그 안타까움과 고통이 오죽했을까.

일본의 패전과 함께 당시 한반도 출신자들은 하루아침에 외국인으로 내몰렸다. 어제까지만 해도 내선일체의 일본국 백성으로서 총알받이를 강요받았던 그들은 잠재적 범죄인으로 지목돼 일본 사회의 천덕꾸러기로 전락했다.

자조(自助)를 위해 그들은 뭉쳐야 했다. 1945년 10월 재일조선인연맹(조련)은 그렇게 탄생했다. 그런데 전후 일본 사회는 이데올로기 대립이 격심했고 동포 사회도 마찬가지였다. 조련에서도 반공 청년들을 중심으로 조선건국촉진청년동맹(건청)이 바로 빠져나갔다.

건청은 1946년 1월 조직된 신조선건설동맹과 연합해 그해 10월 재일본조선거류민단(현재 재일본대한민국민단·민단)을 결성한다. 조련은 한국전쟁이 발발하자 도쿄의 연합군사령부(GHQ)에 의해 해체돼 일시적으로 일본공산당으로 흡수됐다가 1955년 재일본조선인총연맹(현재 재일총련·총련)으로 부활한다.

민단과 총련의 대립은 끊이지 않았다. 대립은 총련이 앞장섰던 재일동포 북송사업(1959~1984년)을 둘러싸고 극에 달했다. 하지만 남한의 경제발전, 일본의 경제 대국화 등으로 1970년대 이후로는 민단이 압도적인 우위를 유지했다. 1975년부터 시작된 총련 교포의 조국방문 성묘단사업이 좋은 예다.

급기야 총련은 중앙 본부부터 주저앉을 상황에 처했다. 지난 18일(2007년 6월) 총련은 일본 정부의 부실채권 정리회수기구가 총련을 상대로 낸 소송에서 저 627억 엔을 갚아야 하게 됐고 이 때문에 중앙본부 건물과 토지 등에 대한 압류를 피할 수 없게 됐다.

총련계 금융기관인 조은(朝銀) 신용조합들이 1990년대 말 대거 파산하면서 이들 신용조합으로부터 부정융자를 받아온 총련에 불똥이 튄 것이다. 일본 정부는 그간 1조 4000억 엔의 공적자금을 투입해 조은 신용조합들을 통폐합, 명의변경 등으로 소생시켰으나 총련의 부정융자에 대해서는 끝까지 추궁하겠다는 입장이다.

부정융자란 대북 송금융 대출을 말한다. 그 때문에 일본 정부는 더욱 강하게 몰아세우는 느낌이다. 그래도 퇴로는 열어줘야 하는 게 아닐까. 하긴 이 기회에 총련이 북한과 거리를 두고 진정한 재일교포 권익옹호단체로 거듭난다면 전화위복이 되겠지만.

('한마당' 2007년 6월 21일자)

* * * *

* 총련은 부실채권 정리회수기구가 제기한 1심 소송에서 패한 후 바로 항소했다. 2008년 12월 현재 2심 재판이 진행 중이다.

이기 때문이다. 그만큼 재일한국·조선인들은 법적, 제도적 차별을 겪어야 했다. 당연히 재일교포의 재류자격在留資格은 불안정한 것에 지나지 않았다.

1951년 9월 샌프란시스코조약이 타결되면서 일본은 그해 10월 30일 한국과 '국교 재개 및 재일한국인의 법적 지위에 대한 협상'을 시작했다. 이후 한·일협상은 12년 9개월 동안 수백 번에 이르는 공식·비공식회의를 했지만 합의에는 이르지 못했다. 서로의 입장이 달랐기 때문이었다. 일본은 재일교포 중 한국 국적을 확인하는 데 초점을 맞췄고 반면 한국은 재일교포에 대한 역사적 특수 외국인으로서의 우대를 요구했다.

이후 미국의 중재를 통해 한국과 일본은 1965년에 와서야 비로소 국교 정상화를 이루게 되었다. 그와 동시에 문제의 재일교포의 법적 지위와 관련한 협상도 모습을 드러낸다. 그렇게 해서 나온 것이 협정영주권이다. 그런데 협정영주권 적용대상은 어디까지나 한국 국적 재일교포에 한한다는 점에서, 즉 북한 국적자는 해당되지 않기 때문에 협정영주권은 반쪽짜리 지위에 지나지 않았다. 한국 정부는 남북 대립 상황을 염두에 두고 가급적이면 재일교포를 한국 국적자로서 협정영주권을 신청하기를 원했고, 일본 정부 역시 재일교포가 하루빨리 명확한 국적을 갖기를 원하는 차원에서 한국 국적을 강요했다. 협정영주권은 향후 25년(1991년 10월 31일까지)의 한시적인 영주권 부여라는 점에서 그 자체로서도 문제점을 안고 있었지만 보다 중요한 것은 협정영주권이 교포사회의 이념적 갈등을 심화시키고 말았다는 대목이다. 재류자격의 안정을 찾아 한국적으로 등록을 했던 재일교포 중 일부가 나중에 북한 국적(표기는 '조선')으로 변경을 신청하는 경우가 발생하는 등 혼란이 적지 않았다.[15]

재일교포의 일본 영주권, 이른바 재류자격은 너무나 복잡해 내용을 파악하는 데도 어지러울 지경이다. 원인은 물론 일본 정부의 재일조선인에 대한 안이한 대응에 있다. 재일교포 탄생의 역사적 배경과 그에 따른 책임을 부인하는 일본 정부는 필요에 따라 일관성 없이 그때그때 임시대응으로 적당히 이 문제를 처리해왔기 때문에 재일교포의 재류자격을 규정한 법률은 누더기처럼 되고 말았다.

우선 샌프란시스코조약 발효를 계기로 재일조선인을 외국인으로 명확히 규정한 일본은 이들의 재류자격을 법률 126조 2조 6항에 규정했다. 대상은 전전부터 일본에 거주해온 자와 그 자녀로서 1952년 4월 28일 오후 10시 반 이전에 일본에서 태어난 자다. 이른바 '법률 126호 해당자'이다. 여기에 '법률 126호 해당자'의 자녀 중 그 이후에 태어난 자에 대해서는 '특정재류자', 손자에 대해서는 '특별재류자', 그리고 앞서 거론했던 '협정영주권자', 협정영주권자 적용시한 완료에 따라 최종적으로 1991년 등장한 '특별영주권자'로 이어진다. 이 모두가 될 수만 있다면 재일교포의 존재 자체를 용인하지 않겠다는 일본 정부의 의도가 반영된 탓이다. 패전 직후 재일조선인에 대한 대응을 비롯해 지금까지 재일교포를 귀찮은 존재로 인식하고 있었음을 감안할 때 어쩌면 일본 정부는 일관된 입장을 관철해왔다고 하겠다.

재일한국·조선인의 법적지위는 1991년 한·일 양국의 합의각서가 마련됨으로서 어느 정도 안정단계에 접어들었다. 그렇지만 일본 정부의 재일교포에 대한 인식전환의 결과로 보기는 어렵다. 한반도와 일본의 지정학적 관계가 강화됨에 따라 한·일 관계 개선이라는 목표가 한편에서 작용했을 수도 있겠으나 역시 핵심은 재일한국·조선인의 지속적인 인권투쟁이 있었기에 가능한 것이었다.

● ● ●

15 姜徹의 앞 책, 187~188쪽.

재일교포의 지위와 인권과 관련된 법적 투쟁은 아직도 끝나지 않았다. 예를 들면 '한국·조선인 BC급 전범 보상 투쟁'16은 이 문제가 처음 제기된 1950년대부터 지금까지도 미해결 상태다. '한국·조선인 BC급 전범'이란 일본의 패전 후 극동국제군사재판조례의 전쟁범죄유형에서 규정한 B형(통례의 전쟁범죄), C형(인도人道에 대한 범죄)에 해당하는 자 중 일본의 구 식민지 조선 출신을 말한다. 이들은 총 148명이었는데 주로 포로감시원 출신으로 포로 학대 등의 죄목으로 23명은 이미 사형집행을 당했고 나머지는 징역형을 받아 대부분 1950년대 중반 출소되었다.

이들은 식민지 시절에 '일본인으로서' 군에 동원되었고, 일본의 패전 후에도 역시 '일본인으로서' 재판받았으며 한반도가 독립을 이룬 후에도 '일본인으로서' 형을 살았다. 하지만 이들은 출소 후에는 외국인으로 처리 되어 다른 일본인 전범들과 달리 일본 정부의 보상, 원호대상에서 제외되었 다. 식민지 치하 원치 않은 일본군의 군속(포로감시원)이 되어 어쩔 수 없이 천황의 군대가 시키는 대로 연합군 포로들을 감시하는 역할을 맡았는데 그 결과는 참으로 참담했다. 보상은커녕, 조국에서는 '친일부역자'로 손가 락질을 당해야 했다.17 이에 그들은 출소 이후 줄기차게 일본 정부에 사죄와 보상을 요구했으나 묵살당했다. 마침내 1991년 3월 일본 내 '한국·조선인 BC급 전범 보상 지원그룹'이 결성되면서 그해 11월 도쿄지방법원에 일본 정부를 상대로 소송을 재기했다.

그러나 1996년 9월 법원은 청구기각 판결을 내렸다. 이후 2심, 최고심

• • •

16 内海愛子, 『김은 왜 재판을 받았나: 조선인BC급전범의 궤적(キムはなぜ裁かれたのか: 朝鮮人BC級戦犯の軌跡)』, 朝日選書, 2008 참조. 여기서 'キム(김)'이란 한국·조선인BC급전범을 통 칭하는 이름이다.

17 한국 정부는 2005년에 와서야 한국인BC급전범을 '전쟁피해자'로 인정했다. '한국·조선인BC 급 전범 보상 지원그룹' 홈페이지 참조. (http://kbcq.web.fc2.com)

연도	1955	1960	1965	1970	1975	1980	1985	1990	1995	2000	2005
명	577,682	581,257	583,537	614,202	647,156	664,536	683,313	687,940	666,376	635,269	598,687

자료: 재일본대한민국민단 중앙본부(www.mindan.org) '민단과 재일동포의 통계'.

에 이르기까지 항소했으나 법원은 이에 대해 각각 1998년 7월, 1999년 12월 계속해서 문전박대로 일관했다. 이후 이들의 법정투쟁은 의원입법투쟁으로 전환되었다. 그 결과 2008년 5월 29일에는 민주당 오하타 아키히로大畠章宏 중의원의원 등이 '한국·조선인 및 대만인 BC급 전범자 보상법안'을 중의원에 제출하기도 했다.

BC급 전범에 대한 사죄 및 보상운동은 전쟁책임의 본질을 일본 정부에 다시 묻는 것이라는 점에서 재일교포들이 그동안 벌여온 일본 내 인권보장 투쟁과 본질적으로 같다. 비록 한국·조선인 BC급 전범문제는 생존자의 절반이 한국에 거주하고 있어 '재일'의 문제로만 인식하기에는 한계가 있지만 이들의 처지가 천황제 가족국가가 필요에 따라 쓰고 버린 소모품적 처지였다는 점, 천황 지배체제의 최대의 희생자였다는 점 등은 '재일'과 동일선상의 문제를 안고 있는 존재라고 하겠다. 문제의 본질적 해결을 위해 당사자는 물론 재일교포사회와 의식 있는 일본 시민들이 동조해 함께 힘을 합해 노력하고 있지만 가장 큰 애로요인은 시간이 그리 많지 않다는 사실이다. 당사자들이 고령으로 하나둘씩 세상을 뜨면서 증인이 점점 없어지고 있기 때문이다.

마찬가지로 1990년대 이후 재일교포 사회 역시 크게 변화화기 시작했다. 외국인등록에 입각한 재일교포수가 우선 1991년 69만 3050명을 피크로 감소하기 시작했다(자료 9 참조). 여기에는 크게 세 가지 이유가 있다. 우선 재일교포 1세가 고령으로 세상을 뜨기 시작했고, 또 1985년 일본호적법이 개정되면서 부모 중 어느 한쪽이 일본 국적이면 그 사이에서 태어난 자녀는 태어나면서부터 일본 국적을 취득하게 되었기 때문이다. 이미 재일교포의 결혼추세는 당초 동포 간 혼인에서 1970년대 중반부터는 일본인 배우자와 혼인하는 비율이 더 높아진 상황이었다.[18] 또 한 가지 중요한 배경은 일본국적으로 귀화하는 재일교포가 1995년 1만 명을 돌파한 후 매년 1만 명 내외의 교포가 귀화하고 있는 점이다.

재일교포의 귀화는 1952년부터 허용되어 2005년까지 총 29만 6168명이 귀화했다. 하지만 그 반 이상은 1990년 이후의 귀화자이다. 귀화조건이 완화되었기 때문이다. 2005년 현재 외국인등록이 된 재일교포는 59만 8687명이지만 전전부터 일본에 거주해왔던 이른바 재일조선인과 그 후예인 특별영주자는 44만 7808명에 지나지 않는다. 재일교포 1세가 세상을 떠나고 있으며, 여기에 매년 1만 명 정도의 귀화자 등을 감안하면 앞으로 30년 정도면 '재일'의 근거라고 할 수 있는 특별영주자가 미미한 수로 줄어들 가능성이 크다. 이대로 가다가는 '재일'의 문제는 자연 소멸될 수도 있다. 어쩌면 일본 정부는 '재일'이 그동안 제기해온 문제가 자연 소멸해 갈 것을 원하고 있는지도 모른다.

따라서 재일교포 사회에서 이제 남북분단 이데올로기는 일본 정부의 무책임한 과거인식과 일본 사회의 차별구조보다 먼저 극복되어야 할 대상이다(읽을거리 15 참조). 재일교포 사회가 요즈음 재일한국·조선인을 거론하기보다 재일코리아를 강조하는 배경이기도 하다. 마찬가지로 이미 귀화한 30만 명에 이르는 재일교포와 그 후손, 한쪽 부모가 일본인이라는 점에서

• • •

18 2004년 말 현재 그 해 재일교포 혼인건수는 9187건이었다. 이 중 동포간 결혼은 949건으로 10.3%에 불과했고 일본인 배우자와의 결혼은 87.4%였다. 재일본대한민국민단 홈페이지 참조. (http://www.mindan.org/toukei.php)

■ 읽을거리 15: 윤아의 첫 한국나들이

"기쁩니다"

지난 4일(2002년 9월 4일) 서울교육문화회관에서 열린 재일조선학생소년예술단 초청공연을 막 마친 홍윤아란 여자 어린이에게 한국에 처음 와본 소감을 물었다. 들뜬 목소리의 똑 부러진 한 마디가 아주 발랄하다.

윤아는 재일교포 4세로 현재 재일본조선인총연합회(총련) 계열의 민족학교인 오사카 이쿠노초급학교 6학년이다. 공연을 위해 지난 2일 난생 처음 한국에 왔다. 총련에 속한 교포들도 최근 한국을 많이 찾고는 있지만 한국은 여전히 그들에게 거리감 있는 존재다. 어른들이 그럴 정도이니 윤아에게 한국나들이는 더더욱 신기하고 소중했을 것이다.

이번 공연에서 윤아는 같은 학교 친구 11명과 함께 '상모(象毛)돌리기'를 췄다. 농악대가 입는 푸른 전복(戰服)에 흰 꼬리가 달린 상모를 쓰고 연신 머리를 돌리는 12명의 아이들. 12개의 하얀 원이 흔들리며 돌다가 갑자기 멈춘 마지막 연출은 참 인상적이었다.

그 외에도 공연은 오북춤을 비롯한 전통무용과 일본에서 한민족의 정체성을 지키며 살아가면서 겪은 아픔과 갈등을 묘사한 창작무용, 전통악기 연주, 독창 중창 합창 등으로 진행됐다. 또 서울국악예술고등학교 학생들의 찬조 출연도 있었다.

공연장을 가득 메운 관객들은 무대의 한 동작 한 외침에 함께 울고 웃으면서 무대를 끌어안을 듯 환호했고, 무대 위에서는 양쪽 학생들이 주거니 받거니 하며 공연을 펼친 것이다. 이렇게 총련계 민족학교 예술단의 첫 한국공연은 이뤄졌다.

남북분단으로 재일교포들이 남한 측의 민단과 북한 측의 총련으로 대립하고, 이에 더하여 남한과 총련이 오랫동안 적대관계였음을 생각하면 참으로 격세지감이 아닐 수 없다. 다행히 최근 남북화해 무드와 더불어 민단과 총련도 민족의 정체성 확립과 권익확보라는 공통의 목적을 위한 협력관계로 전환되고 있다. 말하자면 이번 공연은 남한과 총련 간의 교류를 도모하는 첫 걸음이자 한 상징인 셈이었다.

또 한 가지 눈길을 끄는 것은 이번 공연을 통해 확인된 민족교육에 대한 총련의 열정이다. 총련 학생들의 연주 수준은 찬조 출연한 국악예고 학생들에 비해 조금도 뒤지지 않았지만 예술단원은 일부 전공학생들을 제외하면 대부분 보통 학생들이라고 했다. 윤아의 경우도 이 공연을 위해 하루에 8시간씩 1달간 집중연습을 했을 뿐 무용전공은 아니다. 평소 총련계 민족학교가 우리말 교육은 물론 우리의 전통문화에 대해 얼마나 열심히 가르쳐 왔는지를 짐작케 하는 대목이다.

그러나 재일교포들의 민족교육을 사실상 주도해 온 총련계 민족학교가 최근 재정난으로 폐교하는 사태가 잇따르고 있다는 소식이다. 총련계 민족학교가 교육내용에 정치색을 배제하는 쪽으로 바뀌고 있는 만큼 우리 정부도 민단, 총련 구분 없이 재일교포의 민족교육에 물심양면의 지원을 했으면 좋겠다. 오늘 한국을 떠나는 윤아와 윤아의 친구들이 일본 안에서 더욱 활발한 한민족의 딸들로, 아들들로 자라날 수 있도록.

('한마당' 2002년 9월 9일자)

태어날 때부터 일본 국적을 갖게 된 재일교포의 후예까지도 이제는 '재일코리아'의 연결고리로 삼아야 할 시점이다. 특별영주자의 감소만으로 '재일'의 본질이 없어질 수는 없기 때문이다. '재일'의 문제는 천황제 가족국가의 본질이 바뀌지 않는 한 소멸될 수 없는 현실이다.

9장

일본판 성가족과 '존왕애국'의 부활

일본의 성가족聖家族

NHK의 아침드라마 "연속TV소설"은 연륜이 깊고 인기도 높다. 1961년부터 시작된 이 시리즈는 2009년 3월 79번 째 드라마 "단단"(시마네현 사투리로 고맙다는 뜻)이 종영되고 80번째 드라마 "쓰바사"를 방영하고 있다. 요즘 들어 시청률 하락세가 우려된다지만 여전히 화제를 모으고 있는 시리즈이다.

예를 들어 1983년에 나온 "오싱"[1]의 시청률은 60%를 웃돌 정도였으며, 여자주인공 오싱의 파란 많은 삶에 대부분의 일본 국민은 자기 이야기처럼 함께 울고 마음 졸였다. 2005년 규슈 오이타大分현을 배경으로 했던 "바람의 하루카"가 가져온 경제효과는 관광 등을 포함해 126억 엔에 이른다고 일본은행 오이타지점은 예측한다.[2] 2008년 8월 종영된 78번째 작품 "히토미"가

. . .

1 "오싱"은 NHK TV방송 개시 30주년기념 드라마로 일본 뿐 아니라 중국, 동남아시아를 비롯해 세계 63국에서 방영될 정도로 국내외에서 큰 인기를 모았다. 일본 TV드라마 중 세계에서 가장 히트한 셈이다. 오싱의 인기에 편승하여 관련 상품이 쏟아지고 정치가·경제인들까지 오싱의 인내력을 찬양하고 나서는 등 '오싱 신드롬(증후군)'이라는 말까지 나왔다.
2 「니혼게이자이신문」 2008년 6월 17일자, "NHK 아침드라마 전국 일순(NHK朝ドラマ 全国一巡".

9장 일본판 성가족과 '존왕애국'의 부활 209

방영되었을 때는 드라마의 배경이 된 도쿄 쓰키시마月島의 명물 "몬자야키" 전문음식점 거리에 사람들이 쇄도할 정도였다.

"연속TV소설"은 어느 작품에서나 나타나는 공통점이 몇 가지 있다. 우선 거의 대부분 드라마의 주인공이 젊은 여성이라는 점이다. 또 스토리는 주인공 여성의 인생 역정을 중심으로 펼쳐지지만 드라마의 주제는 늘 뭉클한 '가족애'와 '가족유대'에 있다는 사실이다. 그리고 각 드라마에 등장하는 가족들은 한 결 같이 결손, 이혼, 대립 등 상처가 많고 순조롭지 않지만 종국에는 서로 의지하고 가족 간 마음의 소통이 이루어진다는 점이다.

80번째 작품 "쓰바사"는 사이타마埼玉현 가와고에川越시를 무대로 펼쳐지고 있다. 이로써 전국 47개 도도부현都道府県이 한 곳도 빠짐없이 "연속TV 소설" 시리즈 드라마의 배경이 되었다. 니혼게이자이신문 보도(주 2)에 따르면 NHK 관계자의 말을 빌어 전국 곳곳을 빼놓지 않고 드라마의 배경으로 삼은 데에 특별히 의도가 있었던 것은 아니라고 한다. 하지만 드라마의 배경으로 선정된 지역은 드라마의 인기와 더불어 지역경제 활성화 효과를 누리게 된다는 점을 감안할 때 NHK는 지역 안배를 고려하지 않을 수 없었을 것으로 보인다.

여기에 또 하나 중요한 이유는 어쩌면 드라마의 주제인 '가족애' '가족유대'를 후기 산업사회로 들어선 일본이 추구해야 할 방향으로, 핵가족을 넘어서 가족해체마저 거론되고 있는 일본 사회의 관심거리로 끌어올리려는 국영방송 NHK의 숨은 의도가 있었는지도 모르겠다. 가족을 사회의 가장 튼튼한 기초로 이해하려는 인식은 바람직한 접근이다. 그럼에도 뭔가 후련하지 않다. 이 대목에서 기왕의 천황제 가족국가 잔영을 읽어낸다는 것은 지나친 기우일까. 그렇지만 아침드라마의 주제인 '가족애' '가족유대' 는 일본의 TV 화면에 자주 등장하는 천황가의 가족사진이나 동영상과 무관하지 않은 것으로 보인다.

단란함이 한껏 강조되는 천황가의 가족사진과 동영상은 기회 있을 때마다 안방을 파고든다. 천황의 생일이 공휴일로 지정되어 있는 상황에서 황후의 생일, 태자와 태자비의 생일, 천황가의 결혼기념일, 천황의 어린 손녀들의 유치원 입학, 졸업, 초등학교 입학 등 가족행사가 벌어지면 거의 모든 TV방송국이 하루 종일 중점보도를 하는 것이 관행처럼 자리를 잡았다. 지금의 아키히토明仁 천황과 미치코美智子 황후가 휴양지 가루이자와軽井沢의 테니스코트에서 처음 만나 결혼에 이르렀다는 이야기, 나루히토德仁 태자가 외교관 출신인 마사코雅子 태자비와 외교행사 중 처음 만났다는 등의 스토리는 일본에서 누구나 다 아는 사실이다. 그 때의 테니스코트에서 찍은 사진 등은 외국인으로서 잠시 체류했던 필자에게까지 선명하게 기억될 정도이고 보면 매스컴을 통한 천황가의 대국민 홍보는 대단한 위력을 발휘하고 있는 셈이다.

말 만들기 잘하는 일본 매스컴들은 전후 최초로 천황가의 결혼식이 자유연애를 통해서 이루어졌다며 호들갑을 떨었다. 미치코 황후의 이름을 따 '밋치 붐'이 일었다고 당시를 회고한다. 그도 그럴 것이 패전으로 폐허가 된 일본이 고도성장으로 들어서기 시작한 1950년대 후반, 뭔가 국가적 경사를 만들고 싶었던 일본 사회에 1958년 11월 27일 벌어진 현 천황 부부의 결혼식은 화제 거리를 낳기에 충분했을 것이다. 전쟁의 상흔을 씻어줄 수 있는 국가적 이벤트를 천황가가 제공했던 셈이다. 아직도 그 때의 결혼식 장면이 동영상으로 TV프로에 등장하는 것을 종종 보게 된다.

그런가하면 현재의 마사코 태자비는 황족 출신이 아니라는 점을 들어 종종 영국의 다이애나 비와 비교되곤 했다. 1993년 6월 9일 현재의 황태자 부부의 결혼은 1989년 쇼와 천황이 병사한 후 한 시대가 끝났다는 점과 더불어 1991년부터 시작된 불황의 한 가운데에서 대중이 새로운 뭔가를 요구하고 있다는 당시 정황에 파고들 수 있는 좋은 기회였다. 이른바 '마사코 붐'이다. 일본 국내에서 쇼와 천황의 전쟁책임을 긍정하든 또는 부정하든 쇼와 시대의 종식과 더불어 찾아온 경기불황 속에서 사람들은 한 시대의 말기적 혼돈이 중첩되는 것이 아닌가 하며 불안해했던 것이다. '마사코 붐'은, 패전 10년 만에 이뤄낸 고도성장을 자축하려는 국민의 마음에 천황가의 존재를 부각시킨 '밋치 붐'에 비하면 1990년대 초 불안감에서 벗어나려는 대중의 마음에 천황가의 화려한 이벤트를 들이대면서 역설적으로 천황가의 건재를 재확인시키는 작업이었다.

'밋치 붐'과 '마사코 붐'은 상황은 다소 다르지만 천황·천황가·천황제의 존재를 대중에 밀착시키는 데 지대한 공헌을 한 셈이다. 다이애나 비의 이혼과 자동차사고로 인한 사망 이후부터는 다이애나 비와 마사코 비를 비교하는 것은 삼가는 모양이지만 어쨌거나 일본 사회는 TV방송국을 중심으로 천황가의 가족행사를 국민적 관심사로 풀어내는 데는 이제 이력이 난 것으로 보인다.

천황가의 가족행사가 있는 날은 이른바 성가족聖家族(The Holy Family)으로 치장된 천황가족사진이 대대적으로 국민에게 공개되는 때이다. 단란한 가족이란 바로 이런 것이라는 암묵적인 메시지가 충만하다. 핵가족, 이혼, 편모·편부 가정, 독신가정, 독거노인 등이 날로 늘어나는 지금, 천황가의 단란함은 국민의 경외를 불러일으키고 동시에 천황가를 축으로 한 천황제 가족국가의 위상을 마음껏 뽐내는 의례의 시간이기도 하다. 이러한 배경을 감안할 때 NHK 아침드라마가 강조하는 가족애는 시청자들의 공감을 불러일으키면서 다른 한편에서는 드라마 속에 나타나는 일상의 찌든 가족 모습과 달리 단란·화목·평온·온기로 가득한 것으로 비춰지고 있는 천황가의 사진이 은연중에 오버랩 되는 것은 아닐까. 이는 결국 일본판 성가족 천황가의 지속성을 유지하고 일본 사회의 '천황제 코드' 고착화로 이어지는 것이다.

성가족은 원래 가톨릭교회에서 어린 예수, 그리고 성모 마리아와 아버지 요셉으로 이루어진 거룩한 가정을 지칭하는 말이었다. 르네상스 시대의 수많은 화가들이 성가족을 묘사했다. 근세에 들어와 성가족 묘사가 종교적인 거룩함보다 일상적인 모습을 그리는 쪽으로 변화하기도 했지만 성가족 묘사가 의도하는 바는 일반 성도들에게 예수를 중심으로 구성된 성가족을 통해 구원을 갈망하는 마음을 불러일으키는 데 있다. 사람들은 성가족을 마음에 담고 일상을 견디며 구원의 때를 기다리는 것이다. 비록 일상은 고통 중에 있지만 성가족이 묘사하는 완벽하고 거룩한 관계는 자신들이 추구해야 할 방향이고, 당장 그 상태에 이르지는 못할지라도 눈앞에 보이는 성가족의 형상에서 힘과 위안을 얻고 용기백배하여 앞으로 달려갈 수 있도록 한다는 논리다. '밋치 붐'과 '마사코 붐', 그리고 잦은 천황가의 가족행사 모습은 천황·천황가·천황제가 감히 범접할 수 없는 존재로 부상되고, 그렇지만 한편으론 친근하게 받아들여지는 일본판 성가족으로 사람들에게 각인되었던 것이다.

성가족에 대해 문제제기를 시작한 것은 칼 마르크스와 프리드리히 엥겔스였다. 물론 그들이 거론하는 성가족은 가톨릭교회에서 말하는 '예수의 가족'은 아니다. 마르크스의 초기 저작에 속하는 『성가족Die holige Familie』(1844)에서 거론하는 성가족은 당시 사변적 관념론을 구사하는 '청년 헤겔파(헤겔 좌파)'를 지칭했다. 당시 빈곤에 허덕이던 노동자계급이 처한 문제의 본질을 해결하기 위해서는 추상적인 관념론에 매몰된 헤겔 좌파가 아무리 진보적인 사고를 거듭한다고 해도 한계가 있어 이를, 즉 성가족이 주장하는 바를 극복하지 않으면 안 된다는 점을 마르크스와 엥겔스는 강조했다.[3] 유사類似 성가족의 신성성을 뛰어넘자는 마르크스와 엥겔스의 발상은 지금 일본 사회에도 마찬가지로 적용될 수 있다.

그러나 상황은 정반대로 흘러가고 있다. 오히려 유사 성가족 천황가의 존재를 더욱 고조시키려는 일련의 작업들이 전후 60여 년 동안 보수세력을 중심으로 끊임없이 진행되어 왔다.

대표적인 것이 1장에서 거론한 것처럼 1967년 부활한 '건국기념일'이었다. 건국기념일은 전전에는 '기원절紀元節'로 불렸으며 자칭 만세일계 천황가의 첫 천황인 진무神武 천황이 나라를 세웠다는 것을 기념하는 날이다(3장 1절 '소설 같은 고대 천황제의 역사' 참조). 말하자면 그것은 천황제 가족국가의 탄생 신화를 자리 매김하는 축일이었던 셈이다. 기원절은 메이지 시대(1873)에 2월 11일로 정해졌으며, 구 일본제국헌법이 1891년 같은 날 발포되어 일본제국헌법기념일이기도 했다. 패전 직후 기원절은 새로운 일본국헌법에 어울리지 않는다고 하여 연합국군총사령부GHQ에 의해 1948년 공휴일·기념일에서 삭제되었다. 그러던 기원절이 슬그머니 '건국기념일'이라는 이름으로 다시 자리를 차지했던 것이다.

또 패전 직후 법적으로 폐지되었던 원호제도元号制度⁴가 1979년 '원호법元号法'으로 법적인 부활을 이루었다. 물론 법적으로 원호 사용이 폐지된 이후에도 관공서를 중심으로 공문서에 원호 표기를 해온 것은 사실이다. 하지만 원호제도의 법적인 부활 이후에는 법적으로도 원호사용을 강제하는 조항은 없지만 현실적으로는 민간에게도 사용이 강요되고 있다는 점은 이미 1장에서 살펴보았다.

• • •

3 良知力, 『헤겔 좌파와 초기 마르크스(ヘーゲル左派と初期マルクス)』, 岩波書店, 2001 참조.
4 일본에서는 연호(年號)를 원호(元号)라고 부른다.

일본 국민이 '밋치 붐'이라는 유사 성가족의 이벤트에 취해있는 사이 어느 사이엔가 천황제와 연관되었던 여러 기재들이 모습을 갖춰갔던 것이다. 패전 직후 일본국헌법의 축을 이뤘던 평화·민주주의에 입각해 배제되었던 전전의 낡은 유물들이 하나둘씩 제자리를 찾아가면서 급기야 히노마루日の丸·기미가요君が代, 가 국기·국가로 주장되고 애국심 교육이 거론되며 일본국헌법 자체에 문제를 제기하는 목소리가 커지기 시작했다. 이것이 바로 유사 성가족 천황가를 앞세운 일본 보수층의 노리는 바였다.

기미가요·히노마루의 부활

건국기념일이 다시 시민권을 얻고, 원호법에 따라 일본 국민의 때를 지배하는 천황의 연호가 일본 사회를 뒤덮으면서 천황의 군대가 침략의 깃발로 앞세웠던 히노마루日の丸와 천황의 만세무궁의 치세를 노래하는 기미가요君が代가 1999년 통과된 국기·국가법에 의해 법적인 존립근거를 획득했다. 법 제정 이전에도 히노마루와 기미가요는 공적 영역에서 일본의 심볼로서 기능하기는 했지만 일본 국민에게는 그것들이 전전의 침략과 전쟁의 비참함으로 바로 이어지는 아킬레스건처럼 그리 달가운 존재는 아니었다. 1987년 오키나와에서 벌어진 히노마루 소각사건이 상징하는 대목이 바로 이 점이다(6장 4절 '아무도 책임지지 않는 전쟁' 참조). 그렇기 때문에라도 더더욱 보수계층은 법제화를 통해서 히노마루와 기미기요에 대한 일본 국민의 인식 전환을 노린 것으로 보인다.

게다가 1990년대 일본은 국내외의 변화에 휘둘리면서 방향을 잡지 못하고 흔들리던 때였으니만큼 어떻게 하든 국면전환을 꾀하려고 분주했다. 냉전 시대에는 미국의 그늘에 숨어 친미 반공노선에 안주하면 대외문제에 대해서는 그리 염려할 것이 없었던 일본이었지만 냉전 붕괴와 더불어 새롭게 재편되어 가고 있는 세계질서 속에서 일본은 심각하게 국가전략의 방향을 고민하지 않으면 안 되었다. 1991년부터 시작된 장기불황이 오랫동안 이어지면서 일본 경제의 장래가 우려되는 상황인 데다 여기에 급격한 출산율 저하와 고령인구 급증으로 일본 사회의 불안감은 극에 이르렀다. 그 와중에 보수 정치가들은 개혁과 새로운 정책적 비전을 마련해 어려움을 뛰어넘으려는 정공법을 택하기보다 전전 천황제 가족국가가 종종 활용했던 국민의 정서적 통합, 이른바 과거회귀형 '천황제 코드'를 자극하는 쪽으로 기울었다(읽을거리 16 참조).

그렇게 해서 나온 것이 히노마루·기미가요의 국기·국가법이었다. 히노마루는 전전 천황의 군대가 앞세웠던 침략의 깃발이라고 쉽게 이해된다. 문제는 기미가요이다. 실제로 '기미가요君が代'의 문자적 뜻풀이는 다양하다. 직역하자면 '기미君의 세대世代'라는 말인데, 문제는 '기미君'를 누구로 볼 것이냐 하는 점이다.[5] '기미君'는 임금, 군왕이라는 뜻도 있고, 사랑하는 사람을 부르는 호칭이기도 하다. 마찬가지로 '요代=세대世代'는 '기미君'를 임금이라는 뜻으로 이어보면 '임금님의 치세'라고 볼 수 있고 '기미君'를 연인으로 풀어본다면 '사랑하는 사람이 살아 있는 세월, 즉 당신의 인생', 말하자면 '연인의 장수長壽'를 뜻하는 것으로도 해석된다.

그렇지만 기미가요를 한 나라의 국가라는 차원에서 고려한다면 '연인의 장수'를 노래하는 것은 어울리지 않는다. 사실 기미가요는 메이지 이후 패전에 이르기까지 일본 국가國歌로서 역할을 맡았다. 더구나 기미가요가

• • •

[5] 暉俊康隆,『히노마루·기미가요의 성립 과정(日の丸·君が代の成り立ち)』, 岩波ブックレッド, 1991 참조.

1869년 국가로서 등장했을 당시는 천황의 존재를 부각시키고 천황을 대중들에게 각인시키는데 최대의 노력을 기울였던 상황이었음을 감안하면 기미가요의 가사 내용이 뜬 금 없이 '연인의 장수'를 노래한 것일리 만무하다. 천황제 절대국가, 천황제 가족국가의 당위성을 강조하는 데 분주했던 메이지 초기에 어울리는 가사라는 측면에서 볼 때 '기미가요'는 '폐하의 치세'라는 뜻이 보다 분명해진다. 따라서 기미가요는 '천황의 치세'를 찬미하는 노래라고 보는 것이 옳다. 당연히 기미가요는 군국주의, 침략주의를 부추기는 역할을 맡았다. 전전 천황의 군대가 기회 있을 때마다 의례를 통해 히노마루가 펄럭이는 그 자리에서 기미가요를 제창하고 천황을 위해 목숨을 바치겠다고 결심했을 것을 감안하면 히노마루·기미가요의 문제는 곧 천황제 절대국가의 침략주의와 깊은 관련이 있다.

기미가요의 가사는 "폐하의 치세는 천세 만세로, 조약돌이 큰 바위가 되어 그 위에 이끼가 낄 때까지(君が代は、千代に八千代にさざれ石の巌になりて苔のむすまで)"로 해석된다. 문제는 천황제 절대국가가 폐기된 전후에 와서도 기미가요가 그대로 국가노릇을 했고, 급기야 법제화를 통해 국가로 공식지정되었다고 하는 사실이다. 전전의 천황을 찬미하는 노래를 국가로 떠받들겠다는 사실은 전전의 긍정이요, 침략을 정당화시키는 또 다른 형식의 고백이 아닐 수 없다.

문제의 발단은 패전의 당사자이자 전쟁수행의 주체였던 천황과 천황 지배구조가 전후에도 그 위상을 그대로 유지했다는 데 있다. 물론 정체政體 자체는 바뀌었다. 일본은 전전의 천황제 절대국가에서 상징천황제 민주국가로 업그레이드되었다. 그럼에도 상징천황제라는 애매모호한 단서조항이 있는 한 그것은 미미하나마 천황제 가족국가의 연명을 의미하는 것이나 다를 바 없다. 따라서 천황제 가족국가의 전면 복권을 꾀하는 움직임은 시간의 문제였을 뿐 전후 일본의 민주주의는 잠재적으로 위험요인을 안고 있었

■ 읽을거리 16: "한국은 왜 그리 잠잠해"

지난달(1999년 7월) 21일 천황제 반대운동에 열심인 일본 친구로부터 전화가 걸려왔다. 마침 그날 '히노마루(日の丸)'와 '기미가요(君が代)'에 대한 '국기·국가법제화 법안'이 중의원을 통과했다. 투표자 489명 중 찬성 403표, 찬성률 82%. 거의 질타에 가까운 주장이 수화기를 통해 쏟아졌다.

일본이 보수우익 쪽으로 급선회하고 있는데 도대체 한국은 왜 그리 잠잠하냐, 그동안 일본에서 보수우익의 책동이 일 때마다 한국의 언론과 종교단체를 비롯하여 각종 시민단체 등이 들고 일어나 전 국민적으로 일본규탄행동을 벌이더니 정작 요즘은 왜 그토록 무관심하냐, 한국이 변한 것 아니냐. 평소 예의바르고 다정다감했던 말투는 간 데 없고 그의 추궁은 집요했다.

분명 최근 일본의 보수우경화에 대한 우리의 대응은 예전만 못하다. 과거 정권이 국내정치적 난제에 부딪칠 때마다 일본 때리기를 통해 국민의 관심을 다른 곳으로 돌리곤 했다. 현 정부가 구태를 재연하지 않으려는 것은 반가운 일이지만 그렇다고 일본의 보수화 경계론이 늦춰져서는 안 된다. 히노마루는 그 깃발 자체에 일제의 잔상이 스며 있고 기미가요는 천황의 치세를 찬미하는 것이다. 침략에 대한 과거청산을 줄곧 회피해온 일본이 과거 침략주의의 유물을 다시 강조하고 나선 마당에 소극적 대응은 안 된다.

상황은 긴박하게 돌아가고 있다. 지난 5월(1999년 7월) 통과된 '신 미·일 방위협력지침' 관련 3법은 일본의 주변 유사시 자위대의 활동범위 등을 규정하고 있지만 주변지역과 유사시에 대한 해석이 모호해서 향후 자위대가 과잉 출동할 여지를 제공하고 있다. 또 최근 발표된 1999년도 일본방위백서도 북한의 미사일 개발과 일본영해 침범을 앞세워 방위력 증강을 강조하고 있는 형편이다.

자민·자유·공명 등 일본의 여3당은 헌법 개정작업도 추진 중이다. 헌법 개정을 다루기 위한 헌법조사회를 내년 1월 중에 국회 내에 설치하기로 한 관련 법안이 지난달 29일 중의원을 통과했다. 일본국헌법은 전쟁포기, 군대의 보유 및 교전권을 금하는 9조 조항이 있어 평화헌법이라 불려왔다. 평화헌법의 등장으로 적어도 일본은 과거의 침략주의·군국주의 틀에서 벗어날 수 있었다. 물론 보수우익이 사라진 것은 아니기에 이후로도 헌법 개정논의는 끊이지 않았지만 그때마다 일본 내의 반대세력과 인접국가의 강한 반대에 부딪쳐 무산되곤 했다. 그러나 상황은 예전과 다른 모양새를 보이고 있다.

그동안 호헌파(護憲派) 노릇을 해온 사회당(현 신사회당)의 정치적 입지가 약화됐고 무엇보다 현재 일본열도를 감싸고 있는 폐색감(閉塞感)이 문제다. 지금 일본은 변화의 불안에 떨고 있다. 9년째 경기침체 속에서 지난 6월 실업률은 4.9%를 기록하는 등 53년 이래 최악의 상황이 이어지고 있다. 1·4분기 성장률이 2%에 육박하는 등 올해는 지난 2년 연속 마이너스 성장에서 벗어날 것이라는 예측도 나돌고 있지만 아직은 불안한 형편이다.

　　장기 경기침체 때문만은 아니다. 최근 '닛케이 비즈니스'지는 일본이 2005년에 이르기까지 '쇠망과 번영의 양극단적인 미래'를 앞두고 있다고 예측했다. 2005년이 되면 65세 이상의 고령인구가 전체인구의 20%에 달하며 노동력 인구는 감소되기 시작하고, 그와 더불어 지금보다 훨씬 더 심각한 국가재정 위기가 염려된다는 것이다. 장기 경기침체 속에서 고령사회·고실업시대와 더불어 가족의 붕괴현상은 가속화될 것이라는 불안감이 일본열도를 짓누르고 있다.

　　바로 이러한 상황을 보수우익은 놓치지 않고 파고들었다. 가족붕괴는 곧 국가틀의 붕괴를 의미하기 때문에 정치가들은 필사적으로 국기·국가법제화 등과 같은 국가통합의 이미지 구축과 강성국가의 건설에 힘쓰고 있는 것이다. 따지고 보면 현재 일본의 폐색감은 후기산업사회로 진입하기 위한 과도기적 현상이다. 그럼에도 해결의 초점을 개혁에 두지 않고 국가통합 이데올로기의 창출에 두고 있음은 문제가 아닐 수 없다. 더구나 그 국가통합 이데올로기가 과거 아시아를 침략했던 군국주의적 틀에 연계되어 있다는 점은 지나칠 수 없는 문제다.

　　더 이상의 방관은 안 된다. 정부·시민단체를 불문하고 강하게 대처해야 한다. "한국은 왜 그리 잠잠한 거야?"라고 했던 그 친구의 목소리가 아직도 귀에 쟁쟁하다.

('세상만사' 1999년 8월 5일자)

던 셈이다. 겉으로는 전후 민주주의가 당연하게 운영되어왔지만 수면 아래로 숨어들어간 천황제 가족국가의 회복은 계기적인 순간을 기다리며 복권을 꿈꾸고 있었다고 해도 과언이 아니다.

만약 전전의 천황제 지배구조가 전쟁과 침략의 책임을 지고 완전히 물러나 새로운 지배구조가 등장했다면 전전의 천황제 지배구조를 상징하며 동시에 마치 무대의 소품처럼 그 지배를 반영하는 히노마루, 기미가요, 연호, 기원절 등은 다시 등장할 이유가 전혀 없었을 터이다. 그런데 현실은 그렇지 않았다. 시간이 경과하면 할수록 전후 뿌리내린 민주주의가 강력한 힘을 발휘하는 것이 아니라 수면 아래로 가라앉았던 천황제 가족국가적 사고가 오히려 모습을 드러내는 사태가 펼쳐졌다. 패전 직후에는 적어도 국제사회의 눈치를 보아야 했고, 국내적으로도 평화·민주헌법을 지지하며 과거의 전쟁에 혐오증을 기억하고 있는 일본 국민의 의사를 존중하지 않을 수 없었다. 하지만 시간이 지나면서 전쟁에 대한 기억은 옅어지고 경계심도 이완되는 가운데 차근차근 과거의 기재들이 부활을 시작한 격이다. 여기에 1990년대라고 하는 일본이 국내외적으로 직면해야 했던 난문, 그리고 그로 인한 불안감이 과거의 낡은 소품을 부활시키고 다시 한 번 일본의 단결을 모색하자는 비뚤어진 애국주의가 가미되었다.

보수 계층은 한편으로는 천황제 가족국가에 필요한 여러 가지 소품을 부활시키기 위한 법적 근거 마련에 몰두하고 다른 한편에서는 교육현장에 온갖 소품들이 격을 갖추어 작동될 수 있도록 압력을 가하기 시작했다. 예를 들면 학교의 주요행사인 입학식, 졸업식 등에서 히노마루 게양, 기미가요 제창에 대해서는 1985년까지는 지역 교육위원회가 각 학교에 게양·제창을 요청하는 통지사항으로 처리되었다. 하지만 1989년 개정된 문부성의 학습지도요령에 따르면 히노마루 게양, 기미가요 제창이 의무조항으로 바뀌었다. 그럼에도 국기·국가로서의 의무조항이 없었던 덕분에 거의 대부분의 학교에서는 게양·제창은 이루어지지 않았다.

교육education은 어원적으로는 '능력을 이끌어낸다'는 뜻을 담고 있지만 중요한 것은 어떤 내용의 능력을 누가 이끌어내느냐 하는 점이다. 따라서 교육은 국민국가 성립 이래 국가가 장악하려고 했던 주요 영역이었다. 독재국가에서의 교육은 독재자를 찬미하는 내용을 교육에 담으려 했으며, 민주국가에서는 민주와 인권을 강조하는 내용을 차세대 시민에게 가르치는 데 몰두했다. 일본은 메이지유신 직후 1872년 근대 학교제도를 도입해 천황제 절대국가의 차세대 신민을 양성하는 데 힘을 쏟는 한편, 1873년 징병령을 공포하고 젊은이들을 천황의 신민, 천황의 군대로서 육성했다. 1890년에는 메이지 천황의 이름으로 교육의 기본방침을 정한 교육칙어를 반포했다. 교육칙어는 가부장적인 가족국가를 목표로 삼고 충군애국을 궁극적인 국민도덕으로 삼았다.[6]

이 때문에 GHQ는 무엇보다 먼저 천황제 이데올로기 교육을 문제 삼았다.[7] GHQ는 천황제 절대주의, 초국가주의를 옹호하는 교육을 폐지하고 자유주의·민주주의에 입각한 교육을 추진하기 위해 교육칙어를 폐지하고 1947년 3월 31일 교육기본법을 제정하도록 했다. 교육기본법은 주권재민,

---

● ● ●

6 교육칙어에 입각한 천황제국가의 이데올로기 교육은 1926년 이후 쇼와 시대에 들어오면서 더욱 강화되었다. 전전 초등학생들이 매일처럼 암송해야 했던 "나의 하루"는 "나는 천황폐하의 백성입니다. 칙어의 뜻을 마음에 새겨 오로지 정성 하나로 황국을 위해 힘을 다하겠습니다"라고 되어 있다. 그러나 지금도 교육칙어를 옹호하는 주장이 적지 않다. 대표적인 것으로 杉浦重剛, 『교육칙어: 쇼와 천황의 교과서(教育勅語: 昭和天皇の教科書)』, ペンセイライブラリ, 2002 참조.
7 GHQ의 점령정책은 일본의 무장해제, 군국주의 해체와 더불어 민주화에 초점을 맞췄다. GHQ는 민주화 추진을 위한 5대 개혁지령, 즉 ① 남녀평등에 입각한 부인참정권 확립, ② 노동조합 설립의 자유, ③ 교육제도개혁, ④ 치안유지법, 특별고등경찰제 등의 압제적 제도의 철폐, ⑤ 재벌해체, 농지개혁 등 경제민주화를 발포했다. 민주화를 위해 그 외에도 언론의 자유, 지방자치 제도 강화 등이 추진되었다.

평화주의, 인권존중 등 신헌법의 이념에 입각하여 만들어졌으며 이후 전후 일본 교육의 기본방침으로 자리 잡았다. 교육행정도 과거 문부성 중심의 중앙집권적 체제에서 교육의 지방자치를 지향하고 이에 따라 지방 교육위 원회가 설치되었으며 임기 4년의 교육위원을 직접선거에 의해 주민이 선출 하기로 했다.

하지만 교육위원의 공선제는 1956년 폐지되었고 현재는 지방자치체의 장이 해당 의회의 동의를 얻어 임명하고 있다.[8] 이미 이때부터 교육위원회의 독립성은 훼손되었던 것으로 보인다. 특히 1966년 문부성이 중앙교육심의 회의 심의를 통해 학생들의 지도를 위한다며 채택한 '기대되는 인간상'이라 는 문서에는 "패전이란 비참한 사실은 과거 일본 및 일본인의 모습이 전부 잘못된 것이었다는 착각을 일으켜 일본의 역사 및 일본인의 국민성은 무시 되기 쉬웠다", "우리는 일본의 상징으로서 국기를 가지며 국가를 부르고 또 한 천황을 경애해 왔다. 그것은 일본인이 일본을 사랑하고 그 사명에 대해 경의를 표하는 것과 별로 다르지 않았다"고까지 주장하고 있다. 침략전쟁을 옹호하는 태도가 엿보일 뿐 아니라, 국기·국가법(국가 및 국가에 관한 법) 제정은 1999년이었음에도 불구하고 30여 년 전 시점에서 국기·국가 등이 기정사실 로 거론하고 있다는 점이 놀라울 지경이다.[9] 이제는 애국심을 앞세운 총리까

. . .

8 1950년대 중반은 패전 후 일본이 고도성장기로 진입하는 의미 있는 시기이지만 동시에 사회 전반에 보수적인 회귀가 구체적으로 뿌리를 내리기 시작한 것이라는 점에서 유의해서 봐야 한 다. 교육위원의 공선제 폐지를 비롯해 1958년부터는 학교교육의 통제를 상징하는 '학습지도요 령'이 법적 구속력을 갖게 되었다.
9 후루야 데쓰오(古屋哲夫) 전 교토대학 교수는 '건국기념일' 부활과 '기대되는 인간상'의 초안에 대해 "현재의 지배층이 경제적 성장에 걸맞은 국민통합을 모색하고 있는 것으로 보인다. 그러나 그들은 '주권재민(主權在民)'의 원리하에서 통합방법을 찾지 못한 채 메이지 이래의 근대화방식 (천황제 절대국가의 부국강병책—인용자)을 다시 끌어내려고 하고 있다"고 강하게 비판한다. 古屋哲夫, 「기원절 문제와 기대되는 인간상(紀元節問題と'期待される人間像')」, 『역사학연구(歷史學研究)』 229号, 1965年 4月, 靑木書店.

지도 등장하는 상황이니 그리 놀랄 것도 없다(읽을거리 17 참조).

교육민주화와 관련한 GHQ의 또 다른 방침은 국정교과서제도를 폐지하는 것이었다. 국정교과서는 폐지되고 교과서 검정제도가 도입되었으나 문제는 시간이 지나면서 문부성의 검정이 강화되는 등 거꾸로 교과서 내용을 국가가 통제하는 상황에 이르고 있다. 따라서 그동안 여러 번 문제로 제기된 검정 역사교과서의 역사기술왜곡은 사실상 검정을 책임지고 있는 일본 정부의 안이한 대응에서 나온 것으로 볼 수 있다.

한편 교육위원회의 독립성 훼손은 일본교육 현장의 보수화를 부추겨왔다. 교육위원회는 검정교과서 채택을 비롯해, 학교행사에서 히노마루 게양과 기미가요 제창에 대한 문제에 이르기까지 교육현장 전반에 대해 개입하고 있다. 하지만 지방자치단체장이 교육위원을 임명하는 현행 제도 하에서는 교육위원의 보수화를 피하기 어렵다. 국기·국가법이 통과된 이후 교육위원의 압력이 교육현장인 학교에 강화되고 있는 배경에는 해당 지자체장의 압력이 있기 때문이다. 일본 사회의 전반적인 보수화와 더불어 혁신정당보다 자민당을 비롯한 보수 일색의 정당 출신이 지자체장으로 등장하고, 이들이 자신의 입맛에 맞는 교육위원을 선발한 결과 교육현장은 보수화가 더욱 심화되고 있는 현실이다.

국기·국가법에 의해 학교행사에서 히노마루 게양, 기미가요 제창은 학습지도요령에 입각해 의무화되었고, 여기에 한 술 더 떠 지방자치단체장의 요구가 가세하고 있다. 예컨대 2003년 10월 23일 도쿄도 교육위원회는 통지문通達을 통해 입학식·졸업식에 히노마루 게양, 기미가요 제창은 물론 기미가요 제창시에는 교원들이 반주를 맡고, 기립을 하도록 직무명령을 내렸으며 따르지 않는 교사에 대해서는 처분을 하겠다고 압력을 가했다. 도쿄도 교육위원회가 1999년부터 도쿄도 지사를 맡고 있는 보수정치인

20일(2006년 9월) 자민당 선거에서 총재로 선출될 것이 확실시되는 아베 신조 관방장관은 지난 7월『아름다운 나라로』라는 저서를 통해 자신의 생각과 비전을 발표했다.

이 책을 통해 그는 애국심을 강조하면서, 중국과 미국과의 관계를 상세히 썼다. 아베 장관은 서문에서 싸우는 정치가를 지향하겠다고 밝혔다. 또 같은 고향인 조슈(현 야마구치현) 출신의 개항기 개혁정치사상가 요시다 쇼인(吉田松蔭)의 "스스로 거리낄 것이 없으면 천만인이 뭐라고 해도 내 갈 길은 간다"는 말을 인용하면서 전의를 불태웠다. 고집 센 애국심 함양자, 복고주의자로 비춰지는 아베 정권 탄생이 더욱 주목되는 이유다.

책은 시종 복고주의적 입장이다. 향토애를 강조하고 천황제를 옹호하는 데 열심이다. 하지만 그가 지향하는 아름다움이란 패전 이전의 일본이다. 이웃나라에 대한 침략과 그로 인한 아픔을 공감하는 대목은 찾아볼 수 없다. 또 일본 전후사회는 미국에 의해 강요된 것이었지만 '전후 일본 사회가 기본적으로 안정성을 잃지 않았던 것은 천황의 존재가 있었기에 가능했다'고 역설한다.

그는 평화헌법을 일본인 손으로 다시 바꿔야 한다고 주장했다. 이미 지난 11일 일본기자클럽이 주최한 총재후보토론회에서 "5년 내에 개헌하겠다"고 선언했다. 그러면서 과거 식민지배와 침략전쟁에 대해 통절한 반성과 사죄를 한다는 소위 '1995년 무라야마 담화'로 상징되는 일본 정부 공식입장에 대해서도 '역사가 판단에 맡기자'고 애매모호함으로 일관했다.

또 다른 강조점은 강한 일본 구축이다. 그는 제1장 '나의 원점'에서 '정치가로서 나의 주 테마는 안전보장과 사회보장'이라고 자신을 소개했다. 특히 안전보장 문제를 거론하면서 대북 강경책을 주장하고, 야스쿠니 문제는 국내 문제이며 전범 재판을 부인했다. 그러면서 '자립하는 국가'라는 용어를 사용, 보통국가로서 자위군 존립과 집단자위권을 강조한다.

아베 장관은 강한 일본을 위해 미·일 동맹 중요성도 역설했다. 이와 함께 일본과 아시아, 중국을 거론하면서 '열린 아시아'를 주창한다. 이 대목에서는 자유, 민주주의, 기본인권 등의 공통점을 들어 인도, 호주 등과의 연대를 강조한 반면 은근히 중국에 대한 견제를 부각시켰다.

한·일 관계는 상세히 다루지 않았다. 다만 '일·한 관계에 대해서는 낙관한다' '양국 정상들이 직접 만나 문제해결을 꾀하는 게 중요하다'고만 썼다. 그에게서 역사인식 등 한국의 문제 제기에 대한 이해는 보이지 않는다. 오코노기 마사오(小此木政夫) 게이오대학 교수가 "아베 등장으로 한·일 관계에 극적인 변화가 없을 것"이라고 말한 배경도 바로 이것이다. 되레 아베 장관은 아시아에서 평화와 안정, 그리고 발전을 위해 '일본이 리더십을 발휘할 필요가 있다'고 강조할 뿐이다.

그는 이른바 '자학사관'과의 결별을 전제로 한 교육개혁도 피력했다. 이는 헌법 개정만큼이나 그가 강조해온 교육기본법 개정을 통해 애국심을 함양하자는 주장과 일맥상통한다. 이에 대해 사사부치 쇼헤이(笹淵昭平) 일본기독교교단 목사는 "제 나라 사랑은 당연한 것인데도 정치가가 각별히 애국심을 강조하고 나섰다면 뭔가 다른 목적이 있다"며 "전전의 일본으로 회귀하는 게 아닌지 걱정"이라고 우려했다.

『아름다운 나라로』는 발매 한 달 만에 30만 부 넘게 팔리는 등 베스트셀러 대열에 올라섰다. 하지만 일본정치 전공인 오치아이 고타로 도쿄공업대학교수는 "판매부수와 구독자들이 그 책 내용을 지지하는 것은 다르다"고 분석했다. 그는 "아베 장관은 특별히 검증되지 않은 정치인이기에 거꾸로 국민의 호기심을 샀을 것"이라고 평가했다.

한 일본 중견언론인은 "브랜드 좋아하는 일본 국민성을 반영한 것"이라고 지적했다. 아베 외조부는 기시 노부스케 전 총리, 부친은 아베 신타로 전 외무상이니만큼 유명 정치가문의 자제로서 프리미엄이 작용했다는 것이다.

(「국민일보」 2006년 9월 20일자, 기획특집 "아베의 신일본")

이시하라 신타로石原慎太郎에 의해 임명되었음을 유념할 필요가 있다. 결과적으로 2008년 3월 현재 기미가요 기립제창을 거부한 도쿄도 내 교사 410명이 처분을 받았다. 도쿄도 교원인 네즈 기미코根津公子 씨는 2007년 졸업식을 비롯해 총 9회에 걸쳐 기립거부를 관철해 6개월 정직처분을 반복해서 받았다. 2008년 봄에 받은 처분 근거는 두 가지. 기미가요 제창시 기립하지 않은 점과 'Objection Hinomaru Kimigayo(히노마루·기미가요 반대)'의 로고가 들어간 셔츠를 입고 출근했다는 이유였다.[10] 물론 네즈 씨는 기립 불복뿐 아니라 제창도 거부하고 있고, 많은 교사들도 기립은 하지만 제창하지 않는 상황에서 천박한 이유를 앞세워 징계로 내달리는 교육계의 모습은 심각하게 풍화되고 있는 오늘 일본 사회의 모습이다.

교육위원회의 압력에 일선 학교교장들도 굴복하고 있는 상황이다. 일선학교 교직원회의에서 안건에 대한 의견교환, 표결을 금하고 있는 도쿄도 교육위원회는 2006년부터 각 교장들에게 '학교경영자기점검표'를 보내 관리해왔다는 사실이 밝혀졌다.[11] 교육위원회는 학교운영에서 완전히 교사를 배제시키고 오로지 교장만이 결정권자라는 점을 강조하고 있다. 그 배경에는 히노마루 게양, 기미가요 제창과 관련해 '문부과학성 - 교육위원회 - 교장'으로 이어지는 일방적인 명령체계를 유지하기 위한 것이라는 점은 어렵지 않게 짐작할 수 있다.

2008년 4월 한 집회에서 만난 쓰키무라 히로코月村博子 씨도 2007년 졸업식에서 기립 제창을 거부했다. 비정규직 시간제 교사인 그는 정직 처분 대신 다른 학교로 전근명령이 취해졌다고 했다. 그는 앞으로도 기립 불복을

• • •

10 樫田秀樹, 「네즈씨에 대한 면직처분 회피! 해고할 이유는 없다(根津さんの免職処分回避! クビにする理由なんてない)」, 『슈칸긴요비(週刊金曜日)』 2008年 4月 18日号, 10~11쪽.
11 「도쿄신문」 2008년 2월 22일자.

계속하겠다고 밝히면서 교사에게 시키는 대로 하라고만 강요하고, 그게 싫으면 그만 둘 것을 공공연하게 강조하는 비민주적인 도쿄도의 교육환경에 대해 '도쿄교육주식회사'의 행패라고 비판했다. 아울러 그는 헌법 19조가 보장하고 있는 '개인의 사상과 정신의 자유'가 훼손되고 있다고 울먹였다. 사정은 도쿄도만이 아니다. 전후 뿌리내린 일본의 민주주의·자유주의 교육풍토는 천황제 가족국가의 무대를 장식하려는 소품이 속속 부활되는 상황 속에서 존립을 위협당하고 있다.

존왕양이와 존왕애국

일본판 성가족의 배경을 이루는 전후 일본의 보수층은 수면 아래 잠겨 있던 천황제 가족국가의 소도구들을 하나씩 끌어올리는 과정에서 교육개혁을 그 수단으로 동원했다. 교육개혁의 본질은 애국심 함양에 있었다. 앞서 살펴본 대로 애국심을 앞세워 총리 자리에 오른 이가 있을 정도이고 보면 21세기 초 일본 사회의 움직임은 마치 도쿠가와막부 말 존왕양이尊王攘夷를 부르짖으며 수백 년 전 무대 저편으로 사라졌던 천황의 복권을 이루어내던 상황과 대단히 유사하다.

막부 말 아편전쟁(1840~1842)을 비롯하여 흑선黑船의 도래(1853)에 이르기까지 강성한 서양세력의 접근 속에서 위협을 느낀 지배계층은 오랑캐를 몰아낸다는 차원에서 양이를 설파하기 시작했고, 쇠락하고 있던 도쿠가와막부에 개혁정책을 요구하는 압력차원에서 거론된 존왕론에 열광했다. 그렇게 등장한 것인 바로 존왕양이였다. 한 번 불기 시작한 존왕론은 아예 더 이상 도쿠가와막부에 난국을 맡기기 어렵다는 쪽으로 기울고 마침내 이 흐름은 막부 타도로 이어졌다. 그런데 막부는 이미 서양 각 나라에 개국을 선포한 상황이었기에 도쿠가와의 뒤를 이어 등장한 메이지유신 정부는 존왕양이를 분리하지 않으면 안 되었다. 존왕은 계속 추구하되, 양이는 열강들이 포진하고 있는 19세기 후반의 동아시아 정세에서 관철되기 어려운 문제였기 때문이다.

그 와중에 메이지 정부는 갓 탄생한 일본제국의 존립과 안정적인 발전을 위해 존왕의 기치를 더욱 강화하려는 쪽에 힘을 쏟았다(3장 3절 '천황의 재탄생, 메이지유신' 참조). 천황의 절대적 권위를 앞세우는 가부장적 천황제 가족국가는 그렇게 등장했고, 존왕양이는 이제 존왕애국으로 탈바꿈했다.12 '양이'의 자리에 '애국'이 끼어들어간 모양새이다.

양이와 애국은 서로 별개의 것처럼 보이지만 사실은 불가분의 관계에 있다. 예를 들어 2001년 9·11테러 이후 미국을 뒤흔들었던 애국주의가 지금 어떤 모습으로 수렴되고 있는가를 보면 잘 알 수 있다. 미국의 애국은 테러로 상처받고 어려움에 처한 사람들을 돌보고 협력하겠다는 측면도 없지 않았지만 다른 한편에서는 현대판 오랑캐를 물리치는 쪽으로 치달았다. 아프가니스탄이 오랑캐가 되고 이라크가 미국의 애국심을 시험하는 현장으로 탈바꿈했다. 미국의 조지 W.부시 전 대통령은 이라크전쟁 개시 때는 이라크의 대량살상무기를 해체, 파괴시키는 것이 세계평화에 도움이 될 것이라고 주장했지만 끝내 대량살상무기는 발견되지 않았다. 이에 부시 대통령은 이라크전쟁의 목표를 후세인 독재정권을 무너뜨리고 자유 이라크를 재건하는 것이라고 말을 바꾸면서 슬그머니 꽁무니를 뺐다. 하지만

• • •

12 テッサ·モーリス·スズキ(Tessa Morris-Suzuki), 伊藤茂訳, 『애국심을 생각한다(愛国心を考える)』, 岩波ブックレット, 2007, 9~10쪽. 모리스 - 스즈키는 메이지 초기 니시무라 시게키(西村茂樹)가 쓴 『존왕애국론(尊王愛国論)』(1891)을 인용하며 양이가 애국으로 치환되었다고 지적한다.

이라크는 아직 평정을 찾지 못하고 있다.

애국심이 갖는 속성에는 이렇듯 배타적이고 호전적인 측면이 있음을 부인하기 어렵다. 그 때문에 오랑캐를 몰아내자는 양이와 애국은 공통의 의미를 가지고 있는 것이다. 일본은 9·11 테러 이후 미국의 애국심 붐에 상당한 영향을 받은 듯하다. 이미 앞에서 살펴본 대로 일본에서 애국심 운운하며 이를 어린 학생들에게 강조하기 시작한 것은 1966년 문부성이 내놓은 '기대되는 인간상'이 처음이었다. 보수층 스스로도 전전의 애국심이 무엇을 의미하는지 너무나도 잘 알았던 탓인지 공식적으로 내놓고 애국심 교육을 피력하지는 않았다. 전전의 애국심은 천황제 절대국가에 대한 충성을 의미했고, 국체=천황=천황제를 위해 목숨을 바치면서라도 적을 무찌르겠다는 배타적 애국주의의 전형이었기 때문이다. 그런데 테러사태로 인한 반작용으로 미국의 애국심 고취는 자연스럽게 일본 사회에도 전이되었고 당당하게 애국, 애국주의, 나라사랑을 주장하기 시작했다.

학교 현장에서는 아예 애국심을 평가기준으로 내세운 곳도 나타났다. 2002년 문부과학성에 의해 보조교재 '마음의 노트'가 전국의 초등학교 학생에게 배부되었으며,[13] 같은 해 후쿠오카福岡시가 도입한 제도에 따라 학동들의 애국심을 'A=충분히 만족', 'B=대강 만족', 'C=노력을 요함' 등 3단계로 평가하였다.[14] 전전의 교육칙어에 입각한 천황제 절대국가를 두둔하는 교육을 폐기하고 1947년 만들어진 '교육기본법'이 2006년 처음으로 개정되면서 애국심 교육은 교육현장은 물론 일본 사회 전체로 번져갔다. 그 대표적인 것이 앞서 소개한 아베 신조安部慎三 전 총리의 『아름다운 나라로』(2006)였다.

· · · ·

13 三宅晶子, 『'마음의 노트'를 생각한다(「心のノート」を考える)』, 岩波ブックレット, 2003 참조.
14 「마이니치신문」 2006년 11월 11일. テッサ·モーリス·スズキ의 앞 책(5쪽)에서 재인용.

후지와라 마사히코藤原正彦의『국가의 품격』(2006)에서는 '애국심'이라는 용어를 피하고 '조국애'라는 말을 쓰고 있지만 기본적으로 국익을 중시하는 애국론이라는 점에서는 다를 바 없었다(읽을거리 18 참조).

테사 모리스-스즈키는, 전전 일본의 애국심은 '위로부터 강제'되었으며 그 주된 내용은 '천황숭배'에 있다고 특징짓고 1930년대 후반에 등장한 '국민정신총동원운동'은 사회의 전 분야에 걸쳐 국민의 충성을 촉구하는 범사회적 압력으로 작용했다고 지적한다.15 이른바 '존왕애국'이었다.

전후 1950년대, 특히 고도성장기로 들어서면서 일본의 보수층은 조심스럽게 '향토애'를 앞세워 애국심을 거론하기 시작했다. 하지만 일본 사회에서 애국심의 본질이 무엇인지, 어떻게 행동하는 것이 애국인지에 대해 드러내놓고 사회적 공통 화제로 거론되는 경우는 거의 없었다. 전후 일본의 애국심은 한편으로 금기시 되었으며, 다른 한편에서는 사회적 합의와 공통 인식 없이 보수층에 의해 일방적으로 수면 아래에서 꿈틀거릴 뿐이었다. 그 때문에 애국심, 애국심교육을 강조했던 아베 신조 전 총리조차『아름다운 나라로』에서 '건전한 애국'을 주장할 뿐 건전한 애국이 무엇인지 확실히 지적하지 않고 그저 문자적 수사修辭로서 일관했다.『국가의 품격』의 저자 후지와라 마사히코 역시 "자신이 태어난 조국의 문화, 전통, 자연, 정서를 더 없이 사랑하는 것은 너무나도 당연하다"는 것으로 일관할 뿐이다. 사실 추상적인 의미를 담고 있는 '애국심'을 정확하게 표현하기란 쉽지 않은 일이다. 그러나 과거 애국심이 강요되고 최상의 가치로 추거 올려진 채 그 때문에 빚어진 문제에 대한 분명한 인식 없는 애국심은 아무리 '건전함'을 강조하고 '자연스러운 향토애'에 근거한 것이라도 언젠가 다시 일탈할지 모르는

• • •

15 テッサ・モーリス-スズキ의 앞 책, 28~34쪽.

■ 읽을거리 18: 국가의 품격

후지와라 마사히코(藤原正彦) 교수가 쓴『국가의 품격』이 지난해(2006년) 일본 독서계를 사로잡았다. 아마존 재팬(www.amazon.co.jp)에 따르면 일본어로 발간된 책 중 2006년 최대 베스트셀러는 J K 롤링의 최근작『해리포터와 비밀의 왕자』가 차지했고『국가의 품격』이 그 뒤를 이었다.

번역서를 빼면『국가의 품격』이 사실상 2006년 일본 최고의 베스트 북, 그 기세는 대단했다. 2005년 11월 초판이 나온 뒤 200만 부를 돌파했고 품격이란 말이 유행어로 자리 잡았다. 지난해 9월 취재차 일본에 갔을 땐 만나는 사람마다 이 책을 화제에 올릴 정도였다.

'신(新) 일본·일본인론'을 설파하고 있는 이 책의 저자가 수학자라는 점이 우선 관심을 끌었다. 특히 일본인은 비논리적이고 합리성·독창성이 부족하다는 안팎의 지적을 비판한 게 최대의 화젯거리였다. 당연히 일본 독자들에겐 새삼스런 충격이었을 터다.

그는 주장했다. 국격(국가의 품격)을 논하는 데는 논리나 합리성보다 미적 감수성, 정서가 더 중요하다. 일본만큼 세계에서 정서적이고 형식미를 중시해온 나라는 없다. 따라서 일본인들은 자신감을 가져 마땅하다.

아예 그는 영어보다 일본어, 민주주의보다 무사도 정신을 더 중시해야 하며 그것이 바로 일본의 국격을 높이는 길이라고 봤다. 국제화라는 미명하에 벌어지고 있는 미국식 표준화, 영어에는 능숙하면서 제 나라의 문화·전통에는 무관심한 이들, 논리와 합리성에만 의존한 개혁 등은 사회의 황폐를 자초할 뿐이라고 그는 말한다. 쾌도난마! 분석이 날카로우면서도 시원스럽다.

그러나 곰곰이 새겨 읽다보면 그의 주장은 공허하다. 시종 국격을 강조하면서도 일본의 부끄러운 과거는 침묵으로 일관하기 때문이다. 일본이 근현대사에서 저질렀던 침략전쟁과 강탈, 지금도 벌어지고 있는 외국인 차별 등에 대해선 한 마디도 없다.

이 책은, '새로운 역사를 만드는 모임'의 니시오 간지(西尾幹二)가 쓴 왜곡된 역사책『국민의 역사』나 침략전쟁을 미화한 고바야시 요시노리(小林善範)의『전쟁론』등과는 조금 다른 차원이지만 국민을 호도한다는 점에선 크게 다르지 않다. 한 가지 다행인 것은 최근 일본 인터넷 상에 이 책을 비판하는 주장이 보인다는 점이다. 비록 소수이긴 하지만.

('한마당' 2007년 1월 4일자)

위험성을 안고 있다. 애국심의 실체가 무엇인지 알 수 없는 가운데 시간이 지나면서 수면 아래에 침잠해있던 애국·애국심·애국주의의 논리와 그를 부추기는 소재들이 이미 물 위로 떠오르고 있다. 다음에 소개하는 한 일본 젊은이의 애국심 가득한 논리가 돋보이는 이유가 바로 여기에 있다. 그의 일본인으로서의 자각과 일본사랑은 자민족에게 불리한 것, 거북스러운 역사는 덮어두고 유리한 것, 편리한 부분만을 선택하는 것이 아니라 그 모든 것을 수용하고 아파하는 가운데 자리 잡고 있기 때문이다.

> ……나는 일본사람인 내가 한국 교회에서 신앙고백을 한다는 것에 대한 특별한 뜻을 생각한다. 그때 나는 우리의 역사에 대해서 말해야 한다. 나의 조국인 일본이 과거에 한국과 아시아의 여러 나라를 비롯한 세계에 대해 저질러 온 죄, 또 지금 저지르고 있는 죄를 알게 될 때, 나는 여러분 앞에서 어떻게 말씀드릴 수가 없고, 그저 침묵할 수밖에 없는 마음이 된다.
> 일본사람인 난 일본을 더없이 사랑하고 있는 것을 느낀다. 아무리 죄 많은 나라라도 그것은 나의 아버지의 나라이고 나를 낳은 나라이기 때문이다. 많은 부끄러운 역사와 현실에도 불구하고, 나는 나의 나라를 사랑하고, 그 문화에 자부심을 가지고자 하지 않을 수 없다. 그리고 그때 나는 일본의 역사에 대해서 책임을 느끼고, 우리나라가 저질러온 죄를 자각하고, 그것에 대해서 마음의 아픔을 가지면서 그저 하나님의 자비와 이웃의 용서를 청할 수밖에 없다…….16

* * *

16 마쓰우라 심페이(松浦信平) 변호사가 지난 1988년 일본 국제기독대학(ICU) 재학 중 1년 동안 한국유학을 왔다가 귀국하기 직전에 한국의 한 교회에서 세례를 받으면서 쓴 신앙고백문의 일부다(『잠실』, 잠실희년교회 회보, 1988, 35~36쪽). 마쓰우라 씨가 직접 쓴 것이기에 글이 조금 어색한 부분도 있으나 수정하지 않고 그대로 소개한다.

■ 읽을거리 19: 공모죄

경우 1. 난폭한 상사에게 시달려온 A씨가 동료 B씨와의 술자리에서 울분을 토하다가 문제의 상사를 혼내주자고 홧김에 말을 건넸다. 그러자 B씨도 술김에 동조했다. 바로 이 단계에서 A와 B에겐 '상해 공모죄(共謀罪)'가 적용된다.

경우 2. 노조가 경영진의 양보를 얻어내기 위해 강하게 단체교섭에 임하자고 결의했다. 결의한 것만으로도 노조는 '조직적 강요에 의한 공모죄'를 피할 수 없다.

경우 3. 시민단체가 이스라엘군의 공격으로 파괴된 팔레스타인병원 복구를 위해 모금활동을 했다. 병원 복구를 호소한 배후에 만에 하나 테러조직이 끼어 있었다면 시민단체는 '테러자금 공여라는 공모죄'로 추궁 받을 수밖에 없다.

자민당과 공명당 등 일본의 연립여당이 신설을 추진하고 있는 공모죄 법안을 들여다보면 그렇다는 얘기다. 공모죄는 두 사람 이상이 만나서 뭔가를 얘기하고 경찰이 그 내용을 범죄의 공모라고 판단하면 그것만으로 체포돼 형사처벌을 받는다는 게 골자다. 홧김에 내뱉은 한마디, 양심에 입각한 생각만으로도 법망에 걸리고 만다.

게다가 정부법안에는 실행미수 단계에서 자수하는 자에게 형을 감면하는 조항이 들어 있다. 정부의 정책방향에 반대론을 펴는 인사나 단체에 의도적으로 접근해서 공모를 꾀한 후에 자수를 하면 걸리지 않을 대상이 없다는 상황도 벌어질 수 있다.

공모죄 법안이 등장한 것은 지난 2003년. 일본 정부는, 공모죄는 2003년 5월 국회가 비준한 '국제적인 조직범죄 방지에 관한 유엔조약' 5조에 포함돼 있기 때문에 그에 상응하는 후속법안을 마련해야 한다고 주장해왔다. 미국도 공모죄를 수용했다는 설명과 함께.

그러나 지난 20일자(2006년 11월) 도쿄신문에 따르면 미국은 같은 조약의 비준 과정에서 공모죄 조항을 보류한 것으로 드러났다. 국민을 속여서라도 일본 정부가 공모죄를 추진하려는 의도는 과연 무엇일까. 그것도 총 619종류의 범죄를 망라하는 과잉처벌법을.

당연히 일본 안에서도 비판이 거세다. 공모죄 신설 반대에 앞장서온 일본변호사연합회는 물론 야당들도 사상의 단계에서 처벌을 가하는 것은 법 원리에 어긋난다고 주장한다. 그럼에도 아베 신조 일본 총리는 지난달 13일 참의원 예산위원회에서 "공모죄 법안은 꼭 필요하다"고 강행의사를 재확인했다.

이는 일본 내부만의 문제가 아니다. 역사왜곡, 전쟁책임, 야스쿠니신사 등 온갖 이슈의 해결을 위해 한·일 시민단체의 협력이 절실한 지금 공모죄가 등장한다면 한·일 간의 시민연대는 고사하고 일본의 양심세력은 씨가 마를 수밖에 없다. 일본은 도대체 어디로 가려는가.

('한마당' 2006년 11월 23일자)

'애국'이 문자 그대로 나라를 사랑하는 것이라고 한다면 일본의 애국은 일차적으로 자민족 우월주의에 입각한 배제와 배타를 반성하는 데에서 출발해야 옳다. 전후 수면 아래로 가라앉았던 애국주의가 한 동안 이어지는 가운데서도, 최근 들어 다시 물 위로 부상하고 있는 상황에서도 일본 사회 내에서 벌어져온 부라쿠민·아이누·오키나와, 그리고 재일한국·조선인에 대한 차별 문제를 공론화하고 이들을 돌아보고 배려하는 작업은 벌어지지 않았다. 오히려 현실은, 수면 위로 불거지고 있는 애국심 문제에 대항하는 모든 논리는 통제되고 자유로운 의사표현이 제약을 받는 쪽으로 치닫고 있다(읽을거리 19 참조).

공모죄 법안은 이를 적극적으로 추진했던 아베 내각이 2007년 9월 1년 만에 중도하차 하면서 일단 물밑으로 가라앉았다. 하지만 완전히 사라진 것은 아니다. 언제라도 계기만 마련된다면 수면 위로 올라와 재추진될 가능성은 충분하다. 애국심이 강조되고 있는 최근 일본 사회의 퇴행적 분위기를 감안하다면 더욱 그렇다. 민주주의 사회에서 시민에게 당연히 부여된 사상의 자유, 표현의 자유를 침해하는 분위기가 망령처럼 떠돌고 있다. 이것이 바로 '존왕애국'의 부활이다.

10장

반천황제 시민운동: 기대와 전망

일본의 전후 시민운동

흰머리의 나이 지긋한 할아버지, 할머니들이 바쁘게 회장으로 몰려들고 있었다. 처음길이라 두리번거리는 가운데 자연스럽게 그들을 뒤쫓는 모양새가 되었다. 서둘러 나온 덕분에 시작시간보다 30분이나 먼저 현장에 도착했는데 400석 남짓 되는 회장엔 먼저 와 자리를 잡고 있는 노 신사·숙녀들로 가득했다. 주위를 아무리 둘러봐도 30대 이하 젊은이들은 찾아보기가 어렵다. 2008년 10월 4일 소설가이자 시민운동가로 활동했던 오다 마코토小田実 (1932~2007)의 1주기를 기념하는 강연회가 열린 도쿄 '베르사르 칸다' 홀의 풍경이다.

그날의 주제는 '오다 마코토의 문학'이었지만 참가자들은 대부분 오다와 더불어 시민운동에 직접 참가했거나 그의 주장에 동조하면서 한 시대를 같이 보냈던 동료들이었다. 오다가 쓴 소설 『옥쇄』(新潮社, 1998) 영역판(Columbia University Press, 2003)의 역자 도널드 킨Donald Keene(1922~) 미국 콜롬비아대학 명예

교수와 오다의 오랜 시민운동 동지인 철학자 쓰루미 슌스케鶴見俊輔(1922~)의 강연이 끝나고 중간 휴식시간이 되면서 방청객석은 거의 동창회 분위기로 바뀌기 시작했다. 오다, 쓰루미 등과 함께 베트남전쟁 반전평화운동단체인 '베헤렌'(ベ平連=베트남에 평화를! 시민연합)'1'을 비롯해 '9조의 회'(9条の会)'2'에 동참했을 때로 돌아가 그들은 이야기꽃을 피웠다.

이어 세 번째 등장한 강연자 에세이스트 사와치 히사에澤地久枝(1930~)는 오다의 소설『가와河』를 중심으로 회고하면서 "세계는 샐러드 형태가 좋다"는 오다론小田論을 소개했다. 샐러드는 각각의 재료가 살아있으면서 동시에 함께 뒤섞여 있다는 것으로 시민운동의 핵심도 바로 샐러드처럼 각 사람의 다양성과 개성이 동시에 존중되는 한편 전체적으로 맛의 조화를 이루는 것이 사람 사는 곳에서 가장 중요하지 않겠느냐는 주장이다. 그날 모임은 전후 60여 년의 일본 시민운동을 회고하는 자리나 다름없었다. 객석과 강연자가 함께 어울리는 사이 그들은 어느 틈엔가 1960년대로, 1970년대로 돌아가 있었다.

• • •

1 '베헤렌'은 정치학자 다카바타케 미치토시(高畠通敏), 쓰루미, 오다 등이 앞장서 1965년 '베트남에 평화를! 시민문화단체연합'으로 출범한 시민운동단체로(1966년 '베트남에 평화를! 시민연합'으로 개칭) 1970년대 초반까지 활동했다. 당시 양심적 미군탈주병을 제3국으로 밀입국시키는 과정에서 구 소련의 지원을 받았다는 등 운동노선에 무리가 있었다는 지적을 받기도 했다. 하지만 기본적으로 무당파 시민운동단체로서 반전과 평화를 일관되게 주장한 것으로 전후 일본 시민운동에 크게 기여했다. 지금도 인터넷상에서 반전·평화 이슈에 관심 있는 시민들이 서로 정보와 의견을 교환하는 등 목소리를 내고 있다. 구 베헤렌운동 정보 페이지(www.jca.apc.org/beheiren/index.htm) 참조.
2 '9조의 회'는 일본국헌법 9조(전쟁포기, 비무장)를 지켜내자는 취지에서 2004년 사회 각 계 각 층 리더 9명이 중심이 되어 시작한 시민단체이다. 9명의 참가자는 오다, 쓰루미, 사와치를 비롯해 노벨문학상 수상자 오에 겐자부로(大江健三郞), 작가 이노우에 히사시(井上ひさし), 미키 다케오(三木武夫) 전 총리 부인인 미키 무쓰코(三木睦子), 평론가 가토 슈이치(加藤周一), 고전문학자 우메하라 다케시(梅原猛), 전 도쿄대 교수 오쿠다이라 야스히로(奧平康弘) 등이다. www.9-jo.jp 참조.

일본의 시민운동은 전후 본격적으로 시작되었다. 연합국군총사령부GHQ의 민주화 정책에 의해 전전 치안유지법 등으로 억압되었던 시민들의 목소리가 일본사회당, 일본공산당 등의 혁신정당으로 다시 모습을 드러내고 학생운동, 농민조직이 결성되는 등 자발적인 결사운동이 펼쳐졌다. 하지만 GHQ가 반공을 중시하는 쪽으로 점령정책을 바꾸면서 사회운동 그룹은 보수와 혁신, 체제와 반체제 등으로 양극화되면서 학생, 노동자조직을 제외한 일반시민의 활동영역은 그리 크지 않았다. 노동운동은 산업별 단일조합 결성을 통해 1955년부터 공동투쟁을 전개하는 이른바 춘계투쟁(춘투)[3]이 시작되었고, 학생운동은 1960년 미·일 안보조약 반대 등을 축으로 하는 안보투쟁이 1959~1960년에 절정을 이뤘다.

하지만 학생운동은 1970년 미·일 안보조약 갱신 반대투쟁 이후 급속하게 위축되었다. 반대투쟁에도 불구하고 조약은 1960년, 1970년 두 번에 걸쳐 예정대로 갱신되면서 운동의 한계가 확인되는 한편, 고도성장과 더불어 경제적 풍요가 사회전반에 확산되면서 조직 자체에도 그늘이 드리워진 탓이었다. 그 과정에서 계급을 강조한 이전의 조직적인 학생·노동운동과 달리 생활에 밀착된 이슈에 대해 '시민' 개개인이 자발적으로 참여하는 시민운동이 차츰 뿌리를 내리게 되었다. 학생, 노동자 이외의 일반시민을 중심으로 하는 시민운동은 학생운동과 노동운동의 위축과는 반대로 오히려 이때부터 본격화되었다고 해도 과언이 아니다. 생활 이슈가 시민운동의 관심사가 되면서 운동의 모습도 지역밀착성 지향, 자발적 운영, 수평적 참

• • •

3 춘투는 1970년대 들어와 정치투쟁보다는 경제투쟁에 초점이 맞춰지면서 성장에 걸맞은 최고 수준의 임금을 요구하는 쪽으로 방향을 바꾸었다. 1980년대에는 노동자들의 삶의 질을 중시하면서 노동시간 단축 등을 주장하는 이른바 '생활춘투'로, 그리고 1990년대 장기불황 이후 춘투 자체가 위축되는 상황에 직면하고 있다.

여, 당파성 지양 등의 모습으로 자리 잡게 되었다. 이것이 이후 일본 시민운동의 특징이 되었다(읽을거리 20 참조).

일본 시민운동의 주요 이슈는 크게 두 가지였다. 우선 베헤렌에서 확인되는 것처럼 평화 문제다. "베트남에 평화를, 베트남은 베트남인의 손에, 일본정부는 전쟁에 협력하지 말라"는 슬로건을 내걸었던 베헤렌은 미·일 안보조약으로 연계되어 있는 일본을 베트남전쟁의 가해자로 인식하고 있다는 점에서 전후 가장 주목되는 시민운동단체였다.

지구상에서 유일하게 원자폭탄이 투하되어 수 십 만 명의 사상자를 낸 일본의 저간의 사정을 감안할 때 평화에 대한 뜨거운 관심은 당연한 것이었다. 그렇지만 전후 지배체제가 전전과 근본적으로 달라지지 않았던 것을 곱씹어보면 베헤렌의 입장은 지난 '15년 전쟁'의 책임소재에 대해 애매모호한 입장을 취해온 보수 정치권과는 분명 다른 것이었다. 베헤렌은 전후 일본인들의 평화에 대해 갖는 막연한 갈급증을 자극하는 한편 평화를 추구하는 데에는 시민 스스로의 책임, 나아가 일본의 책임을 빼놓을 수 없다는 논리를 가미했다는 점에서 전후 일본 시민운동이 반전·평화·자기책임이라고 하는 방향성을 마련하는 데 크게 기여했다.

또 하나 중요한 시민운동의 주제는 전후 고도성장의 이면에서 빚어진 공해 문제다. 베헤렌이 전후 일본 시민운동에 미친 영향은 지대하지만 운동의 초점이 기본적으로 나라밖 이슈에서 출발한 데다 참여하는 면면들이 주로 과거 안보투쟁 등 전후 학생운동과 깊이 연계되어 있었을 정도로 유식자有識者 주도의 엘리트형 시민운동이었던 까닭에 운동이 일반 대중 사이로 파고드는 데에는 한계가 적지 않았다. 그렇지만 생활영역에서 벌어지는 공해문제는 개개인의 생존, 즉 삶과 직결된 것이라는 점에서 생활밀착형, 지역밀착형 시민운동으로 발전할 수 있는 계기로 작용했다.

■ 읽을거리 20: 4無의 시민운동

일본의 사회학자 히다카 로쿠로(日高六郎)는 1960년대 들어 등장하기 시작한 일본 시민운동의 특징을 네 가지로 요약한 바 있다. 즉 무당무파(無黨無派), 정치적 야심 없음, 전업활동가 없음, 상부의 지시 없는 횡적 연대관계 등이다. 이른바 '4무(無)'다.

'4무'는 무엇보다 시민운동의 당파성을 배제하고 정치지향성을 경계한다. 운동에 참여하는 사람들 스스로 정치적 야심을 배제하면서 이를 위해 시민운동만을 꾀하는 전업활동가를 두지 않고 각각 생업을 가진 사람들이 시간을 쪼개 파트타임 활동가를 지향한다는 것이다.

예컨대 일본의 역사왜곡 검정교과서 불채택운동의 선봉에 섰던 '어린이와 교과서 전국네트 21'의 다와라 요시후미(俵義文) 사무국장의 경우도 그렇다. 그의 열정적인 활약상은 우리 매스컴에도 여러 번 소개됐지만 그는 전업활동가가 아니었다. 그의 본업은 일본출판노조연합회의 사무직원. 지난 2001년 봄 정년을 2년 앞두고 회사를 그만둬 지금은 전업활동가이긴 하지만.

또 '4무'를 통해 시민운동이 종적 연대관계를 배제한다는 점도 눈길을 끈다. 전업활동 가를 두지 않음으로써 운동참가자의 자발성을 높이고 필요한 비용도 참가자가 각각 나눠 부담하는 것을 원칙으로 한다. 지도부-대중, 본부-지부로 짜인 상명하달식 위계구조에 대한 거부는 시민운동이 노동운동이나 사회주의 운동과 확실히 구분되는 대목이다.

그렇다고 일본의 시민운동이 완전히 탈정치화 노선만을 걸어왔던 것은 아니다. 1970년대 초에는 시민운동단체들이 혁신 정당, 노조 등과 연대하여 개혁적인 지방자 치단체장을 선출하는 데 구체적으로 개입하기도 했다. 하지만 큰 틀에서 볼 때 대부분 의 일본 시민운동은 지금까지 '4무'의 성격을 크게 벗어나지 않은 것으로 보인다.

이 때문에 상대적으로 일본 시민운동단체의 조직력이 미약하고 지역적인 이슈에 집중되고 있는 것도 사실이다. 하지만 각 시민운동단체마다 정의와 공익을 앞세워 그 어떤 주제가 됐든 지속적으로 노력해온 참여자들의 끈질긴 열정에는 탄복하지 않을 수 없다. 교과서문제도 그랬고 환경문제, 지문날인 반대, 천황제 반대 등도 같은 맥락에서 꾸준히 이어지고 있다. 그 과정에서 나름대로 성과도 거뒀다.

시민운동을 마치 정치권으로 도약하기 위한 한 수단 내지 전 단계쯤으로 생각하는 듯한 우리 사회의 풍토에서는 생소한 이야기다. 물론 시민운동단체가 공익을 위해 활동하다 보면 어떤 정치적인 노선과 일치할 수도 있다. 하지만 시민운동이 정치세력 화하고 당파성을 띠기 시작하면 시민운동단체는 흔한 이익집단으로 변질되기 쉽다.

시민운동단체에서 정치가가 속속 배출되고 있는 우리의 현실에서 귀담아 들었으 면 하는 '4무'의 시민운동이다. 자신의 돈과 시간을 투자한 사람들이 자발적인 연대를 통해 의지를 세우고 소기의 목표를 향해 꾸준히 노력하는 그런 운동으로 탈바꿈하는 노력을 하지 않는다면 우리 시민운동은 채 꽃피우기도 전에 고사될 수밖에 없을 것이 다. 지난 대선(2002년)을 전후해서 시민운동단체가 부쩍 부각되고 있기에 해본 생각 이다. 기우이길 바라지만.

('한마당' 2003년 1월 13일자)

대표적인 것이 일본 경제의 고도성장기에 나타난 이른바 4대 공해병[4]과 그 대응과정에서 나타난 해당 지역주민들의 공해 소송투쟁이다. 4대 공해병은 1950년대 중반 등장한 구마모토熊本현의 미나마타병水俣病, 1960년대 중반에 나타난 제2 미나마타병(니가타 미나마타병), 1950년대 중반의 도야마富山현 진즈가와神通川 주변에서 방생한 이타이이타이병, 1960년대 미에三重현 욧카이치四日市시의 집단천식이다. 제1, 제2 미나마타병과 이타이이타이병은 각각 수은Hg 유기화합물과 카드뮴Cd 등의 중금속이 스며든 어패류, 곡물·채소를 섭취한 결과 나타난 것이며, 집단천식병은 석유콤비나트에서 내뿜어낸 유황산화물SOx과 질소산화물NOx이 지역주민들에게 직격탄을 날린 경우다. 이 시기는 일본이 전쟁의 폐허에서 본격적으로 회복하고 고도성장을 막 구가하기 시작한 때였기에 노사는 물론 사회 전체적으로도 공해 문제를 대수롭지 않게 보던 상황이었다. 또 고도성장의 중추적 역할을 맡은 중화학공업분야에 대한 국민적인 지지도 높은 편이었다. 이 때문에 4대 공해병은 발병이 확인된 이후 문제의 원인을 규명하고 오염물질을 배출한 해당 기업이 피해보상을 용인하기까지는 많은 시간이 소요되었다.

예컨대 미나마타병은 미나마타시에서 1950대 중엽 발병이 확인되었고 전문가들의 조사 결과 이 지역의 일본질소비료공업주식회사(칫소)가 촉매제로 사용했던 메틸수은(수은 유기화합물)에 의한 중금속 오염이 지적되었으

• • •

[4] 4대 공해병은 일본뿐 아니라 전 세계적으로 이름을 떨치고 있다. 미나마타병은 미나마타시 미나마타만 주변에서 발병했다고 해서 붙여진 이름이지만 지금은 공해물질인 수은 중독에 의한 중추신경마비증에 대해 일반적으로 미나마타병(Minamata Disease)이라고 말한다. 또 이타이아타이병은 카드뮴에 오염된 곡물과 채소를 섭취한 후 신장에 이상이 생겨 말할 수 없는 고통을 '이타이이타이(이타이[痛い]는 아프다는 뜻)'로 표현한 데서 비롯되었다. 한국은 물론 다른 나라에서도 카드뮴 오염으로 빚어진 공해병을 이타이이타이병(Itaiitai Disease)으로 표기한다. 제2 미나마타병은 1950년대 구마모토에서 발생한 것과 같은 병이 1960년대 니가타에서 발생했다고 해서 그렇게 부르며, 니가타 미나마타병이라고도 한다.

나 칫소는 조사결과를 받아들이지 않았다. 칫소는 미나마타병이 자신들의 오염물질 배출과 무관하다고 주장하면서도 계속적으로 환자가 발생함에 따라 1959년 도의적 보상을 통해 합의를 이끌어냈다. 그러나 1968년 일본 정부의 최종 조사 결과 칫소에서 배출된 메틸수은이 미나마타병의 원인임이 밝혀졌다. 그럼에도 불구하고 칫소는 이미 피해자들과 합의를 얻어냈기 때문에 추가 배상은 필요 없다는 태도를 유지했다. 이에 지역주민들은 협력·연대하여 법적 투쟁을 벌였고 마침내 1970년대 중반에 들어와 칫소의 추가 배상이 이루어졌다. 비슷한 케이스는 제2 미나마타병, 이타이이타이병 등에서도 '오염원 배출회사의 조사결과 무시, 책임 회피 → 시민들의 연대 법정투쟁 → 공해소송 승소' 형식으로 이어졌다. 그 과정에서 지역주민들의 활동은 반공해를 축으로 하는 지역연대를 낳았고 이는 마침내 1974년 일본 정부가 '공해건강피해보상법'을 만들도록 하는 데까지 힘을 발휘하기에 이르렀다.

지역과 밀착된 반공해운동의 성과를 바탕으로 활기를 찾기 시작한 지역시민운동은 지역사회 내의 소비자운동으로, 지역과 연계된 정치운동으로 활동영역을 넓혀가기 시작했다. 이 시기에 농산물 직거래는 물론 원료조달에서 생산·제조공정, 물류·판매관리에 이르기까지 소비자의 안전성을 최우선 가치로 두는 생활협동조합(생협)운동이 급속하게 확대된 배경도 지역시민운동의 확산과 무관하지 않을 것이다. 처음 지역주민운동 차원에서 시작한 반공해 투쟁은 그 대상이 정부나 해당 기업에 국한되어 있었으나 점차로 자연환경보호, 지역생활의 안전성 등의 문제로 확산되었던 셈이다. 또 지역주민들이 지방자치체장 선거에 개입하여 혁신적인 인사를 발굴·지원하는 정치운동으로 발전하는 경우도 적지 않았다.

1980년대 들어와 일본 시민운동은 생활관련 이슈뿐 아니라 보다 다양한 주제에 대한 관심으로 확산되는 경향을 보이기 시작했다. 주요 관심 주제는, 공해문제는 물론 고층건물 건설반대, 대형점포 유치반대 등 지역 사회의 생활권이 침해되는 것에 대한 문제 제기를 비롯하여 지역 이슈에서 벗어나 범사회적인 이슈라고 할 수 있는 자연환경보호운동, 정보공개운동, 분권·자치운동, 반차별·인권운동 등도 등장하기에 이르렀다. 그 외에도 아이누, 오키나와, 부라쿠민, 재일한국·조선인 등을 비롯해 여성, 장애인에 이르기까지 이른바 일본의 사회적 약자들에 대한 인권 문제도 미약하나마 거론되기 시작했다. 이와 더불어 참여하는 사람들이 늘어났으며, 특히 1995년 고베 대지진을 계기로 볼런티어 구호단의 활동이 뿌리를 내리면서 비영리조직NPO에 대한 관심이 커졌고, 마침내 1998년에는 '특정비영리활동촉진법(NPO법)'이 제정되었다.

일본 시민운동의 양적 팽창과 '풀뿌리 보수'

평화를 키워드로 하여 전후 뿌리내리기 시작한 일본 시민운동은 반공해, 소비자권익 보호, 사회적 약자의 인권문제 등으로 다양화 되어 왔다. 다만 상징천황제, 천황의 전쟁책임 등의 문제에 대해서는 애매모호한 태도를 취해온 것이 사실이다.

야스쿠니신사 국영화 반대투쟁에 앞장서온 정교분리政敎分離 운동, 전전의 대외침략사를 옹호하는 자유주의사관의 '새로운 역사를 만드는 모임(새역모)'이 만든 역사교과서 채택 반대운동에 열심인 각 지역의 학부모 그룹과 '어린이와 교과서 전국 네크워크 21', 부라쿠해방동맹 등 일부 시민단체들은 분명하게 반천황·평화 중시 노선을 견지하고 있다. 하지만 시민단체의 양적 팽창과 시민사회 이슈의 다양화와 더불어 일본 사회 곳곳에 뿌리내려 있는 천황제 코드에 대한 비판적 인식이 시민단체 전체에 확산되어 있다고 보기는 어렵다. 천황제 코드는 암호처럼 겉으로 드러나 있지 않아 의식적으로 접근하지 않으면 인식하기 어렵기 때문이다.

쓰지나카 유타카辻中豊 쓰쿠바筑波대 교수는 최근 크게 확장되고 있는 일본 시민사회단체의 모습을 영리 섹터, 비영리 섹터(사회 서비스), 시민 섹터, 혼합형 등 네 가지로 분류한다.[5] 영리 섹터는 직접적으로 영리를 목적으로 한 것은 아니지만 경제단체, 농협, 노동조합 등 기업 또는 영리단체와 긴밀한 관계를 유지하고 있는 단체를 말하고, 비영리 섹터는 정부 부문과 가까운 단체로서 복지, 교육 등 원래 정부가 제공해왔던 사회 서비스를 시민사회단체의 이름으로 제공하는 역할을 맡는다. 또 시민 섹터는 구성원들이 독자적인 주의·주장에 동조해 활동하는 단체를 말하며 전통적인 의미의 시민단체가 여기에 속한다. 쓰지나카 교수는 시민 섹터가 많을수록 그 사회 구성원들은 자신들의 문제에 대해 적극적으로 발언하겠지만 일본의 경우는 다른 나라에 비해 시민 섹터보다 영리 섹터가 많은 것이 특징이라고 지적한다(앞 책, 135쪽).

일본 시민사회가 팽창하고 있는 것은 사실이지만 기업과 관官 중심의 성격을 띤 것이 비교적 많다는 점은 시민단체의 활동성이 아직 낮으며 시민단체가 독자적인 자기주장advocacy을 펴는 데까지 성장하지 못하고 있음을 의미한다. 이와 관련해 쓰지나카 교수는, 일본 시민사회단체 중 사실상 가장 힘을 발휘하고 있는 것은 대략 100세대 이하로 구성되는 조나이카이町内会[6]

• • •

5 辻中豊, 「국제비교에 따른 일본 시민사회 현황(国際比較による日本の市民社会の実情)」, 『일본의 미래와 시민사회의 가능성, NPO(日本の未来と市民社会の可能性, NPO)』, 工藤泰志 編, 言論ブログ・ブックレット, 2008, 127~145쪽.
6 조나이카이(町内会)란 일본의 촌락 또는 도시에 거주하는 주민이나 기업(상점 등)들이 친목과 공동의 이익을 위해 조직된 임의단체다. 시구정촌(市區町村, 정町은 읍 또는 동에 해당되는 행정구역이고, 촌村은 마을)에 따라 조카이(町会), 구카이(区会), 자치회, 지역진흥회 등 여러 가지 이름이 있다. 가입 의무는 없지만 거의 전세대가 가입하는 것이 보통이다.

와 같은 마을 자치회라고 지적한다. 사실 조나이카이를 시민사회로 분류할 것이냐 단순한 지역이익단체로 볼 것이냐 하는 점은 논란의 여지가 있지만 지역주민의 결집이라는 차원에서 볼 때 시민사회단체의 영역에 포함시킬 수밖에 없다. 다만 조나이카이는 앞서 히다카 로쿠로日高六郎가 제기한(읽을거리 20) 일본 시민운동의 특성이라고 하는 '4무'와는 다소 일치하지 않는다. 조나이카이가 지역주민들의 리더 중심으로 운영되고 있을 뿐 아니라 구성원의 참여 역시 조나이카이가 행사하는 무언의 압력에 의해 이루어지고 있기 때문이다. 특히 조나이카이는 오랫동안 자민당 장기집권이 이어지는 가운데(1955~1993, 1995~현재) 보수 성향의 자민당 영향을 그대로 받아 보수적 경향이 강하다. 쓰지나카 교수는 이러한 자치회의 모습을 '풀뿌리 보수'라고 꼬집는다(앞 책, 139쪽). 그만큼 일본 시민사회의 개혁적 기반은 열악한 셈이다.

이러한 배경을 감안할 때 '베헤렌'의 등장은 획기적인 것이 아닐 수 없다. 오늘날에도 '풀뿌리 보수'라는 별칭으로 지적되고 있는 조나이카이가 활발하게 활동을 계속하고 있음을 감안하면 40여 년 전 베헤렌이 등장했던 1960년대엔 조나이카이의 결집력은 지금보다 훨씬 더 강했을 것이다. 시민운동 이슈를 시민사회 일반에 제기하는 것은 그만큼 더 어려웠을 터이다. 다만 1960년대는 일본이 전쟁에서 벗어난 지 겨우 20여 년에 불과해 일본인들에게는 지금보다 반전·평화에 대한 애착이 상대적으로 더 강했을 것이다. 그것이 이점으로 작용했을 법하다.

그러나 열악한 시민사회 환경에도 불구하고 반전·평화·호헌·반천황의 시민운동은 일본 시민사회의 본류로서 끊이지 않고 명맥이 유지되어 왔다. 예를 들어 반복적으로 불거져온 일본의 역사교과서 왜곡 기술은 일본의 시민운동단체가 먼저 문제를 제기하고 그 사실이 내외에 알려지고 나서야 비로소 한국과 중국 등은 문제를 제기하고 반대론을 펴왔다. 특히 '새역모'가 만든 중학교용 '새로운 역사교과서'(2001)가 각 학교에 교과서로 채택되지 않도록 하는 운동에서 다와라 요시후미俵義文 사무국장을 중심으로 한 '어린이와 교과서 전국 네트워크 21'의 활동은 일본 시민운동의 승리라고 해도 부족함이 없다. '어린이와 교과서 전국 네트워크 21'는 '새역모'가 자유주의사관을 내세워 검정교과서를 제작할 것에 대비해 1997년 결성된 것이다(읽을거리 21 참조).

'어린이와 교과서 전국 네트워크 21'이 분전할 수 있었던 배경에는 전후 평화헌법이 뿌리내리고 평화교육이 자리 잡았다는 점을 빼놓을 수 없다. 그럼에도 일본 사회에서는 반전·평화·호헌과 반천황이 동일선상에서 논의되는 구조라고 보기는 어렵다. 그 이유는 천황제에 대한 일본국민의 태도가 대단히 수동적이기 때문이다.

예컨대 NHK 방송문화연구소가 전국의 16세 이상 국민을 대상으로 1973년부터 5년마다 실시해오고 있는 '현대 일본인의 의식구조'[7]에 따르면 '천황에 대한 느낌' 중에서 우선 '반감'은 크게 변동 없이 1~2%대를 유지하고 있다. '존경심'은 최근으로 올수록 20%선으로 하락하고 있는 반면 '호감'은 대략 20%대에서 조금씩 상승세를 보여 2003년 조사에서는 41%를 나타냈다. 존경심은 줄어들지만 '호감'이 늘어났다는 것은 9장에서 지적한 대로 '일본판 성가족' 천황가를 내세워온 효과라고 생각된다. 또 '천황에 대해 아무런 느낌 없다'가 40% 전후를 유지하고 있는 것도 주목되는 대목이다(자료 10 참조). 이는 천황제에 대한 무관심이 절반에 이른다는 뜻이다.

• • •

7 NHK放送文化研究所編, 『현대 일본인의 의식구조(現代日本人の意識構造, 第6版)』, NHK ブックス, 2004, 130~134쪽.

[자료 10] 국민전체의 천황관 추이

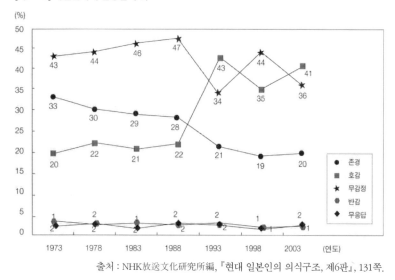

출처 : NHK放送文化硏究所編, 『현대 일본인의 의식구조, 제6판』, 131쪽.

천황에 대한 '호감'이 1993년 조사 때부터 크게 늘어난 것은 9장에서 거론한 대로 1993년 6월 천황가의 결혼식과 관계가 깊은 것으로 보인다. 황족 출신이 아닌 외교관 출신의 천황가 며느리, 마사코 비妃에 대한 일반인의 관심, 이른바 '마사코붐'이었다. 이는 현 천황의 결혼식이 있었던 '미치코 붐(밋치붐)'과 상통하는 대목이다. 특히 2001년 마사코 황태자비가 딸을 출산함으로써 마사코 비의 육아 관련 뉴스가 반복적으로 보도되면서 천황가에 대한 대중의 관심을 끌어낸 것도 결과적으로 천황에 대한 관심을 고조시키게 된 요인이다.

나이에 따라 천황제를 바라보는 인식이 달라진다는 점도 특징적이다. 젊은 층일수록 '존경심'은 낮고 '느낌 없다'는 높다. 이렇게만 보면 시간이 흐를수록 천황에 대한 무관심이 늘어날 것으로 생각되나 꼭 그렇지는 않다. 나이를 먹을수록 보수화 경향을 보이고 있어서 젊었을 때와는 다른 응답으

■ 읽을거리 21: 일본 시민의 승리

"역사를 고정적이고 움직이지 않는 것으로 생각하지는 말자. 역사에 선악을 적용시키고 현재의 도덕으로 과거를 재단하는 재판장으로 삼는 일도 그만 두자. 편협하지 않는 눈으로 자유롭게 바라보고 수많은 견해를 쌓아가며 차분히 사실을 확인하자. 그렇게 하면 자연히 역사의 재미가 전해올 것이다."

자칭 자유주의 사관으로 무장했다는 일본의 우익그룹 '새로운 역사교과서를 만드는 모임(새역모)'의 주장이다. 새역모가 2001년에 만든 후소샤(扶桑社)판 중학교용 검정역사교과서 중에서 '역사를 배운다고 하는 것'이라는 제목의 서문 끝 대목이다.

역사의 본질을 크게 호도하고 있다. 역사를 제멋대로 해석하면서 가치판단은 배제해야 한다고 우기고 그저 드러난 사실만 확인하면 된다는 발상이다. 누구든 공감할 수 있는 인류 보편의 가치를 추구하는 태도는 그 어디에도 찾아보기 어렵다. 침략, 전쟁, 학살, 약탈 등의 행위가 그대로 용인되고 과거는 그저 과거일 뿐이라는 논리가 바로 여기서 시작되고 있다.

그렇게 아득바득 우기던 그들의 교과서는 그 해 여름 교과서로 거의 인정받지 못했다. 채택률은 겨우 0.039%. 하지만 새역모는 다음 교과서 채택시기인 2005년을 기다렸다. 마침내 내년부터 쓰일 중학교용 검정역사교과서는 다시 나왔고 올 봄 일본정부의 검정을 통과했다.

물론 그들의 역사 인식은 전혀 달라지지 않았다. 문제는 최근 들어 일본 사회가 지난 2001년보다 훨씬 더 보수화 됐다는 점이었다. 이런 분위기를 간파한 새역모는 채택률 목표치가 10%라면서 대대적으로 선전공세를 펴는 한편 우익인사들을 동원해 채택률 높이기에 안간힘을 썼다.

그러나 결과는 다시 새역모의 분패다. 채택 절차가 전부 끝난 현재 잠정 집계된 바에 따르면, 후소샤판 역사교과서 채택률은 0.38%(책 권수 기준)에 불과하다. 이 모두가 '어린이와 교과서 전국 네트 21'을 비롯해 '새역모 교과서 채택을 저지하는 도쿄 네트', '스기나미구(区)의 교육을 생각하는 모임' 등과 같은 일본 시민단체들이 혼신을 다하여 노력한 덕분이다.

비록 이전보다 채택률이 10배로 늘어났으나, 채택률을 그 정도로 묶은 것은 일본 시민의 승리다. 새역모 교과서 외 7개의 역사교과서 내용에도 침략을 옹호하는 등의 문제점이 없는 것은 아니나 분명 일본의 시민정신은 아직 살아있다. 평화라는 인류 보편의 가치를 중시하는 일본 시민에 뜨거운 박수를 보낸다. 계속적인 승리를 위하여.

('한마당' 2005년 9월 2일자)

로 나타나기 때문이다. 예를 들어 1953년생의 경우 20살 때인 1973년 조사에서는 '천황에 대한 존경심'이 있다고 응답한 비율은 8%에 불과했지만 15년 후 35살 때인 1988년 조사에서는 같은 항목에 대한 응답 비율은 14%로 늘어났다.[8] 마찬가지로 '아무런 느낌 없다'는 1973년 조사에서는 72%였지만 1988년 조사에서는 59%로 낮아졌다.

[자료 11]은 조사대상을 셋으로 나눠 천황관을 살펴본 것이다. 즉 1938년생까지는 전전戰前·전중戰中 세대, 1939~1958년생 출생자를 전후戰後 세대, 1959년 이후 출생자를 전무戰無 세대 등 연령대별로 구분했다. 전전·전중 세대는 전전의 절대군주 천황에 대한 존경심이 다른 세대보다 높은 편이고 전후, 전무 세대로 갈수록 무관심층이 많아지고 있다.

특히 1989년 쇼와 천황 사후 현 아키히토 천황이 대를 이으면서 응답자들의 천황관에도 몇 가지 변화가 나타나고 있다. 첫째, 전전·전중 세대는 1993년 조사 이후부터 '존경'은 줄어들고 그 대신 '호감'이 늘어났다. 이것은 이 세대가 느끼는 쇼와 천황에 대한 압도적인 존경심이 아키히토 천황으로 이어지지 않고 있음을 보여준다.

둘째, 전후 세대와 전무 세대의 경우 큰 흐름에서 보면 1993년 조사이후 '무감정'이 줄어드는 한편 '무감정'이 '호감'으로 바뀌고 있다. 그 배경은 앞서 거론한 대로 '마사코 붐'과 더불어 매스컴의 적극적인 황실 관련보도 행태가 효과를 본 것이라 하겠다.

셋째, 앞으로 일본 사회의 주류를 차지하게 될 전무 세대의 천황제에대한 인식이 1993년 조사 이후에도 '무감정'이 반 이상을 차지하고 있다는

• • •

8 NHK世論調査部編,『현대 일본인의 의식구조(現代日本人の意識構造)』, NHKブックス, 1991, 105쪽.

[자료 11] 연령별 천황관 추이(그림 a, b, c)   (단위 %)

조사연도	연령별	존경	호감	무감정	반감	무응답
1973	전전·전중 세대	48%	22	27	1	1
	전후 세대	12	17	65	4	2
1978	전전·전중 세대	51	23	27	1	1
	전후 세대	12	22	61	4	2
	전무 세대	6	15	72	6	1
1983	전전·전중 세대	53	23	23	1	1
	전후 세대	13	23	60	2	1
	전무 세대	6	8	79	6	1
1988	전전·전중 세대	52	24	21	1	2
	전후 세대	17	24	55	2	2
	전무 세대	5	15	75	4	1
1993	전전·전중 세대	42	41	14	1	3
	전후 세대	12	50	35	1	1
	전무 세대	7	35	54	3	1
1998	전전·전중 세대	42	39	17	1	1
	전후 세대	15	41	41	1	1
	전무 세대	4	23	70	1	1
2003	전전·전중 세대	42	41	14	0	2
	전후 세대	19	51	28	1	2
	전무 세대	8	32	57	1	2

출처 : NHK放送文化硏究所編, 『현대 일본인의 의식구조, 제6판』, 133쪽.

a. 전전·전중 세대(~1938년생)의 천황관 추이

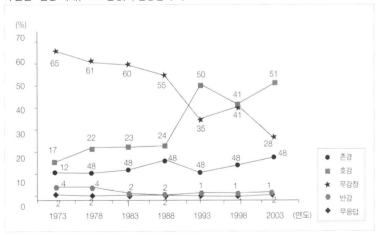

b. 전후 세대(1939~1958년 생)의 천황관 추이

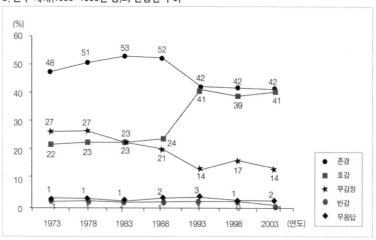

c. 전무 세대(1959년생~)의 천황관 추이

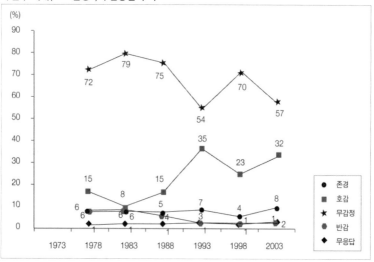

점이다(1993년 54%, 1998년 70%, 2003년 57%). 전체 인구 가운데 전무 세대가 차지하는 비율은 2003년 조사 당시 39%에 이르러, 전전·전중 세대 24%, 전후 세대 37%를 앞서기 시작했다.[9] 시간이 흐를수록 전무 세대의 비율이 높아질 것을 감안하면 일본인의 천황관도 전체적으로 '무감정'으로 수렴될 때가 멀지 않았음을 보여준다. 물론 일반적으로 나이와 더불어 보수화가 진행된다는 점을 염두에 둘 때 '무감정'이 어떤 모습으로 전개될 것인지는 확실하지 않다. 다만 1990년대 이후 강화되기 시작한 상징천황·상징천황제와 황실에 대한 보도행태는 앞으로 더욱 적극적으로 진행될 것으로 예상된다.

천황제에 대한 '무감정'이란 결국 천황제·상징천황제 코드가 일본 사회에서 하나의 암호로 자리 잡고 있는 탓에 천황을 특별히 의미 있는 대상으로 인식하지 않기 때문인 것으로 보인다. 천황제·상징천황제에 대한 '무관심'은 계속 늘어날 추세를 보이고 있는 데다 무관심은 실질적으로 '말 없는 천황제 긍정'으로 이해되기 때문에 상징천황제의 수명은 앞으로도 계속 늘어날 가능성이 적지 않다. 이미 주어진 것, 놓인 현실에 대해 그 의미를 따지고 변화를 꾀하려는 움직임은, '무관심' 그룹에게는 무의미한 것으로 흔히 비춰지고 있기 때문이다. 다시 말하자면 무관심은 법적·제도적으로는 민주주의사회를 신봉하면서도 심리적으로는 천황제·상징천황제를 비롯한 유·무형의 계급구조를 받아들이고 있는 모습이라고 하겠다.

일본 사람들은 관官을 통칭하는 말로 전근대 시대 때부터 흔히 '오카미ぉ上'란 말을 쓰는데 이 말 자체의 뜻은 윗사람을 높여 부르는 것이었다. 그렇지만 실제로 오카미란 일반인으로서는 감히 대항할 수 없는 지배체제를 지칭하며 일상의 모든 것을 규제하고 관리하는 범접할 수 없는 존재로 자리 매김

• • • •
9 NHK放送文化研究所編의 앞 책, 17쪽.

된다. 전전 천황은 오카미의 최상층에 위치했고 전후에도 그러한 '천황=오카미'의 인식은 완전히 사라지지 않았다. 이렇게 보면 상징천황제의 천황은 전후 일본의 지배 권력에서는 한 발 벗어나 있는 존재이지만 일본 사회 전체를 통합 운영하는 총체적인 오카미의 한 축으로 받아들여지는 것이다. 상징천황제의 지배구조는 이렇게 일반인들에게 있어서는 심리적으로는 오카미의 영역으로, 또한 구체적인 지배체제는 아니지만 감히 범접할 수 없는 금기의 영역으로 자리매김 되고 있는 셈이다.

이것은 1955년 이후 보수정권에 의해 장기적으로 장악되어온 이른바 '55년 체제'로 통칭되던 일본 사회의 전후戰後 모습이 그림자를 깊이 드리운 결과라고 할 수 있다. 패전 직후 일본의 민주주의화에 자극을 받아 활발하게 움직이던 노조운동과 일본공산당, 사회당 등 혁신정당조차도 1950년대 중·후반 이후 보수정권의 등장과 더불어 급격히 힘을 잃었다. 노조와 혁신 정당들의 기반이 보수체제에 흡수되어 사실상 현장기반을 잃었기 때문이다. 그 배경에는 집단논리에 쉽게 포섭되고 그에 자연스럽게 추종하는 일본 국민의 특성도 작용했을 것이다. 여기에 경제성장과 더불어 나타난 경제적 풍요 속에서 무관심 대중은 더욱 늘어갔다.

한 가지 다행인 것은 고도성장 과정에서 빚어진 공해문제가 지역 현안으로 부각되고 풀뿌리 지역연대라는 형태로 확산될 수 있었다는 점이다. 그러한 경험들은 비록 반천황 인식으로까지 확대 발전되지 못한 한계도 있었지만 일본 시민운동이 지역적 연대를 유지해올 수 있었던 귀중한 재료가 되었다. 지역밀착형 시민운동은 권위적인 형태에서 벗어나 있어서 비록 전국적인 연결고리를 갖고 위력적인 힘을 발휘하기에는 한계가 있었지만 수평적이고 자발적인 조직이라고 하는 일본 시민운동의 독특한 위상을 마련하였다.

■ 읽을거리 22: 한·일 풀뿌리 연대

벗이 있어 먼 곳에서 오면 어찌 즐겁지 아니할까. 굳이 논어의 공자 말씀을 끌어오지 않아도 마음이 맞는 이로부터 온 소식 또한 즐거움과 감동을 주기에 충분하다. 요즘처럼 나른한 봄날엔 더욱 그렇다.

며칠 전 뜻밖의 소포를 받았다. 올 2월(2007년) 일본어로 번역 출간된 『철조망에 핀 넝쿨장미』(원제 "가시철조망 위의 넝쿨장미", 2004)란 책과 함께 카드 한 장이 들어있었다. 보낸 이는 공동번역자 고이케 게이코 씨. 20년 전 일본 유학시절에 가르쳤던 한국어강좌 멤버 중 한 사람이었다.

"한국어를 말하지 못하는 건 물론 듣지도 쓰지도 못해 부끄럽기 짝이 없지만 한 손에 사전을 들고 시간을 들여 한글을 읽는 재미는 무엇에도 비길 수 없습니다. 그런 내가 번역작업에 참가했습니다. 우선 제게 한글 읽기의 씨를 뿌려준 분께 마음 깊이 감사하며 이 책을 보냅니다."

쑥스러운 메시지였다. 한 게 뭐 있다고 이렇게까지……. 돌이켜보면 그때의 한국어 강좌는 가난한 유학생을 도와주기 위한 빌미였고 배우는 건 오히려 이쪽이었다. 일본의 과거 침략전쟁과 반인륜적 지배를 반성하고 진심어린 관계회복을 위해 노력하는 그들의 모습에서 한·일 관계의 비전을 볼 수 있었기 때문이다.

한국의 민주화를 위해 기도하며 풀뿌리 지원을 아끼지 않은 것도 바로 그들이었다. 예컨대 한국에 진출해 있던 일본기업 스미다전기가 1989년 위장 폐업해 철수한 후 한국 여성노동자들이 도쿄 본사까지 찾아가 원정데모를 벌였을 때 그들을 지원했던 상황은 지금도 생생하다.

보내온 책은 주로 1970~80년대 노동운동에 몸담았던 8명의 여성 이야기를 담고 있다. 고이케 씨는 한글을 계속 읽어오는 한편 풀뿌리 시민운동에도 열심이었다. 올해로 67세를 맞은 그녀는 당시나 지금이나 많은 것들을 몸소 가르쳐준다. 우리는 국경과 나이를 뛰어넘어 함께 배워가는 벗(朋)이었던 셈이다.

그동안 일본 문제에 관심을 가져오면서 일본 보수정치가들의 터무니없는 망언이 나올 때마다 일본에 대한 기대는 산산이 부서졌다. 하지만 고이케 씨 같은 이들을 보면서 다시 희망을 갖게 된다. 지금도 아베 신조 일본총리는 일본군 위안부 문제를 부인하고 있으나 한·일 풀뿌리 연대는 건재하다. 희망을 만나는 봄날은 나른하기는 커녕 활기가 넘친다.

('한마당' 2007년 4월 13일자)

또 하나 일본 시민운동의 강점으로 거론될 수 있는 것은 조직의 규모와 구성원의 크기에 상관없이 관심을 갖고 시작한 문제에 대해서는 언제까지나 한 결 같은 열심을 유지한다는 사실이다. 이것은 지금 당장 눈에 띄는 성과만을 좇는 한국의 여느 시민운동 그룹과는 구별되는 점이다(읽을거리 22 참조). 이러한 힘들이 지역 내에 만연한 '풀뿌리 보수'를 넘어 자신들의 목소리를 작지만 꾸준히 유지하며 관심의 끈을 놓지 않고 달려온 일본 풀뿌리 시민운동의 힘이다.

반전 · 평화 · 호헌 · 반천황 운동: 일본 사회에 대한 기대와 전망

일본의 보수화 경향에 대해서는 누구나 지적하는 바다. 그러나 일본시민들의 평화헌법에 대한 애착은 여전히 대단히 강한 것으로 나타난다. 이는 일본 시민운동에서 매우 중요한 의미를 시사하는 것이다. 이미 앞 절에서 거론한 바와 같이 일본의 일부 시민운동단체를 제외하면 반전 · 평화 · 호헌과 반천황은 동일선상에 바로 논의되기 어려운 것이 사실이지만 반전 · 평화 · 호헌의 궁극적인 방향은 반천황으로 연결되지 않을 수 없기 때문이다. 따라서 반전 · 평화 · 호헌의 관심을 높여가는 것은 바로 일본 시민사회의 바람직한 장래와 직결된 문제다.

2006년 9월 출범한 아베 신조安部晋三 내각은 평화헌법 개정에 정권의 명운을 걸다시피 했다. 특히 헌법 9조에 대한 자민당의 개정안이 알려지면서 일본 시민들 사이에서 헌법 9조를 포함한 헌법 개정문제가 본격적으로 거론되기 시작했다. 아베정권은 헌법 개정 절차에 필요한 '국민투표법'을 2007년 5월에 통과시켰고, 이후 헌법 개정의 필요성을 주장하는 목소리가 더욱 커지고 있다. 그 해 5월 3일(헌법기념일)에 맞추어 조사한 아사히신문의

[자료 12] 일본국헌법 개정과 헙법 9조 개정에 대한 앙케이트 조사 결과

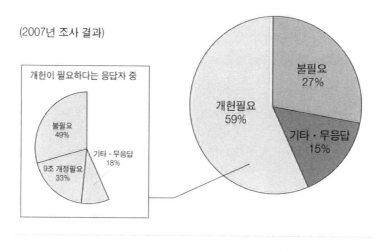

(2007년 조사 결과)

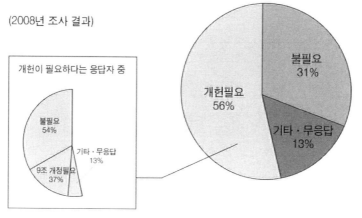

(2008년 조사 결과)

자료: 아사히신문 2008년 5월 3일자

앙케이트 조사10에 따르면 '헌법 개정이 필요하다'는 의견은 58%인데 비해 '개정이 필요하지 않다'는 27%에 불과했다. 헌법 개정을 주장하는 목소리

· · ·

10 「아사히신문」 2007년 5월 3일자.

가 배 이상을 차지한 것이다.

그러나 2007년 9월 아베정권이 리더십 부재로 자진 사퇴하면서 헌법 개정문제는 다시 화제에서 멀어지기 시작했다. 2008년 헌법기념일을 염두에 둔 아사히신문의 앙케이트 조사[11]에서는 '개정 필요'가 56%로 1년 전보다 약간 줄어들었고 '개정 불필요'는 31%로 늘어났다. '헌법 개정이 현실적인 문제'라고 보는 응답이 전체의 52%, '장래의 문제로 생각한다'는 응답은 31%였다. '현재 이슈로 본다'는 의견이 훨씬 많을 정도로 헌법 개정 문제는 여전히 일본 사회의 초점이 되고 있다.

다만 헌법 개정이 곧 반전·평화의 기본 축이 되고 있는 헌법 9조 개정으로 바로 이어지는 것은 아니다. 2007년 조사에서 '헌법 개정이 필요하다'고 응답한 58% 중 '헌법 9조 개정이 필요하다'는 의견은 33%에 불과했고, 2008년 조사에서는 '헌법 개정의 필요'에 동의한 56% 중 37%만이 '9조 개정'이 필요함을 주장했다(자료 12 참조).

아베 정권 퇴진 이후에도 헌법 개정 논의는 계속되고 있지만 적어도 헌법 9조 개정에 대해서는 2008년 5월 현재 일본국민의 3분의 2가 반대하고 있다.[12] [자료 12]에서 보는 바와 같이 헌법 9조 개정 필요성을 주장하는 응답은 2007년 19.14%(개헌 찬성 56% 중 33%가 9조 개정 찬성), 2008년 20.72%(개헌 찬성 56% 가운데 37%가 9조 개정 찬성)에 불과하다. 이에 대해 아사히신문은 "여론은 '9조 개정에 반대한다'는 쪽으로 되돌아오고 있는 중"이라고 보도했다. 제정·공포된 지 60여 년이 되는 가운데 단 한 번도 개정되지 않은 일본국헌법

• • •

11 「아사히신문」 2008년 5월 3일자.
12 「아사히신문」 2008년 5월 3일자. '9조 개정 불필요'는 66%, '개정 필요'는 23%이다. 같은 날 「아사히신문」은 사설에서 "(헌법 개정과 관련해) 여론이 식어가고 있다. 개헌을 앞장서 강조했던 요미우리신문의 올 여론조사 결과는 1993년 이후 처음으로 개헌 반대가 개헌 찬성을 웃돌았다"고 지적하고 있다.

"마침내 미·영 양국과 틈이 벌어지기에 이르렀다. 정말 어쩔 수 없는 일이다. 이것이 어찌 짐의 의지이리요."

지난 1941년 12월 8일 일본의 '미·영 양국에 대한 선전 포고문' 중 일부다. 원제목은 '선전조서(宣戰詔書)'이니 당시 히로히토 천황의 이름으로 내놓은 문서다. 한데 태평양전쟁 개전 선언을 하면서도 어쩔 수 없이 이렇게 됐다며 끝까지 발뺌을 하는 게 참 이해하기 어렵다.

패전 후 히로히토가 전범에서 제외된 것도 사실은 이런 식의 발뺌을 미국이 용인해 준 탓이다. 하지만 어쩔 수 없었다는 투의 무책임한 태도는 전후에도 발견된다. 예컨대 1960년 안보투쟁 때. 당시 학생 데모대는 도쿄대를 점거해 강경 투쟁을 전개했지만 나중에 도쿄대 화장실에는 다음과 같은 낙서가 남아 있었다고 한다. "어머니, 마침내 여기까지 와 버렸어요."

역시 우물쭈물하다보니 예까지 오고 말았다는 얘기다. 집단주의적 특징이 강한 일본인들의 한 단면을 보는 듯하다. 자신의 의지가 아니라 주위에서 이렇게 말하니까, 남들도 그러니까 그저 따랐다는 식이다.

일찍이 일본문화학자인 이타사카 겐은 이러한 일본인들의 수동적인 모습을 "중간 눈금이 없는 문화적 특성 때문"이라고 갈파했다(『일본인의 논리구조』, 1971). 찬성과 반대만 있을 뿐 그 중간쯤에 위치한 사람들은 설자리가 없어 어쩔 수 없이 어느 한 쪽을 택해야 하는 이른바 일본 사회의 이치적(二値的) 압력론이다.

사실상 이치적 압력은 소조직을 비롯해 대부분의 일본 사회를 관통해오면서 조직(사회)의 통념이란 유일 가치로 구성원을 유도하는 장치다. 바로 대세순응형 인간의 탄생배경이다. 우리가 일본인 개개인의 예의바름을 칭송하면서도 일본 사회의 우경화를 우려하는 이유도 바로 여기에 있다.

이번 시마네현 의회의 '독도의 날' 조례안 통과 과정을 보면 36명이 투표에 임해 33명이 찬성했다. 조례안 추진에 무리가 있음을 그들 중에도 적지 않게 인식하고 있었겠지만 그들은 우르르 기립해 찬성표를 던졌다.

일본의 전후 민주주의는 분명 살아있기는 했다. 한 사람의 소극적 반대자(기권), 두 사람의 적극적인 반대자의 존재가 그것이다. 중간 눈금이 용인되기 어려운 일본 사회에서 그래도 반대를 제기하고 바른 주장을 펴는 소신파들이 있으니.

물론 반대자들의 의견이 우리와 같은지는 분명치 않다. 단지 한·일 관계 악화를 염려한 것인지, 반대론도 존재했다는 형식적 차원이었는지. 역시나 한·일 관계의 미래는 비관적인 것일까.

('한마당' 2005년 3월 18일자)

이니만큼 새로운 권리와 제도에 걸맞은 대응이 필요한 것이 사실이고 보면 헌법 개정 논의의 실체를 곧바로 부정적으로만 볼 수는 없는 대목이다. 중요한 것은 헌법 개정 논란 속에서도 9조를 옹호하는 여론이 되레 확산되고 있다는 사실이다. 전체적인 일본 사회의 보수화 속에서도 반전·평화의 소신을 지키려는 시민이 존재한다는 것은 값진 일이다(읽을거리 23 참조).

여전히 일본 사회의 장래를 낙관하기는 이르다. 상징천황제에 대한 무관심으로 상징되는 사실상의 천황제 옹호 분위기가 충만한 상황에서는 언제 어떤 모습으로 반전·평화·호헌 운동이 휘둘리며 좌절하게 될지 알 수 없기 때문이다. 상징천황제가 국민 대중이 의식하지 못한 사이에 뿌리를 내리고 있다는 사실은 천황과 국민 모두가 과거의 전쟁책임 문제를 불문에 부쳤다는 뜻이기도 하기 때문이다. 그만큼 천황제 코드는 뿌리가 깊다.

그럼에도 또 한 가지 기대되는 일본 사회의 변화 가능성은 고령 시민들의 마지막 불꽃이다. 2008년 7월 현재 일본은 65세 이상 인구비율이 전체 인구의 22.0%로 세계에서 고령인구비율이 가장 높다. 특히 일본의 제1차 베이비부머인 1947~1949년생들이 이미 60세를 넘어서고 있는 시점이 주목된다. 이들은 단카이団塊 세대[13]라고 불리며 일본의 고도성장기에는 회사에 매여 분골쇄신하던 '회사인간'이라는 별칭으로도 통했지만 2007년부터 퇴직하기 시작하면서 이전 퇴직자들과는 조금 다른 행태, 즉 사회를 위한 볼런티어 활동에 눈뜨기 시작했다. 물론 은퇴 고령 시민들의 활동이 이전에도 없었던 것은 아니다. 다만 단카이세대 그룹이 워낙 규모가 크기 때문에 도드라지게 보이는 측면도 있다.

• • •

[13] '단카이 세대'는 말 그대로 1947~1949년 3년 동안 출생자가 몰려 있다는 뜻으로 붙여진 이름이다. 약 700만 명이 여기에 속한다. 이들은 일본의 전후 학생운동의 영향을 받은 마지막 세대이며 고도성장의 주역이기도 했다.

여러 시민운동 집회에서 이들은 새로운 참가자로서 여생의 불꽃을 태우겠다는 의지적인 모습을 보이기도 한다. 예를 들면 일본시민들이 한·일간의 정상적인 관계회복을 목표로 2001년 12월 개관한 고려박물관[14] 볼런티어 회원들은 거의 대부분 60세 이상으로 구성되어 있으며 현재 이사장으로 봉사하고 있는 야마다 사다오山田貞夫 씨는 2008년 칠순을 맞았다. 일본 시민운동의 주류가 이제 60대 이상으로 시프트하고 있는 셈이다.

일본 시민운동의 주축이 고령화되고 있다는 사실은 운동 역량이 머지 않아 쇠약해질 것으로 보이기도 한다. 그러나 이해관계에 크게 좌우되지 않는 은퇴 고령 시민들의 활동은 일본 사회에 대한 따끔한 비판으로 작용하기에 부족함이 없다. 이러한 점을 감안할 때 세계 최고령 사회 일본에서 고령시민그룹을 통해 부는 새 바람은 큰 의미를 갖는다. 모든 은퇴 고령자들이 시민운동 활동에 적극적인 것은 아니지만 고령자들이 삶의 보람을 찾아 고민하고 있는 사이에 가깝게는 자신들이 거주하는 지역의 문제에서 크게는 일본 사회의 본질에 이르기까지 기꺼이 문제제기하고 서로 연대할 수 있는 길을 찾게 될 것으로 보인다. 이미 적지 않은 은퇴 고령 시민들이 크고 작은 시민운동단체에 모습을 드러내고 있기 때문이다.

냉전체제 붕괴 이후에 강화된 것은 글로벌 경쟁체제 만이 아니다. 세계 어느 나라에서나 시민운동이 활성화되고 있다. 시민운동은 과거 냉전체제에서의 이데올로기 대립에서 벗어나 생활운동으로서 변화하고 있으며 주

• • •

14 고려박물관(www.40net.jp/~kourai)은 과거 일본의 침략사를 비롯해 현재 진행 중인 재일교포에 대한 일본 사회의 차별·편견에 대해 일본인으로서 도의적 책임을 져야 한다는 반성과 일본·코리아 간의 신뢰관계를 새롭게 구축하자는 취지로 지난 2000년 9월 설립모임이 시작됐다. 2001년 12월 8일 개관했으며 '고려'라는 말은 나라이름이 아니라 한국(남)과 북한(북)을 모두 포함한다는 코리아를 지칭한다. 고려박물관은 개인 후원금과 입장료 수입으로 운영되고 있으며 연 2~3회의 특별전을 개최해오고 있다. 2008년 봄 후원회원수가 1000명을 돌파했다.

요 관심대상을 일상문제로 점차 좁혀오면서 일반시민들의 참여를 확대시키고 있다. 이러한 변화는 일본에서도 예외가 아니며 특히 고령자가 많은 일본 사회는 이전과 다른 새로운 시민운동 참여행태가 기대된다.

그렇다고 깊이 뿌리내려 있는 천황제 코드가 단숨에 해결될 수는 없을 것이다. 다만 일본 시민사회가 금과옥조로 중시해온 반전·평화·호헌의 흐름을 이어갈 수만 있다면 언젠가는 천황제·상징천황제의 심리적 지배구조는 더 이상 기능하기 어려운 상황으로 반전될 수 있을 것이다. 비뚤어진 지배구조로 등장해 일본 사회에 똬리를 틀고 앉아 있는 천황제 코드는 일본 사회의 성숙에도 장애가 되고 있는 만큼 이를 도려내는 것은 이웃나라 비판자들의 몫이 아니라 일본 사회가 스스로의 힘으로 해결해 가야하는 과제이다. 여기에 은퇴 고령시민들의 적극적인 태도와 다져진 경험에 입각해 자신들의 새로운 여생의 활동 목표로 삼는다는 것은 충분히 기대되는 방향이다.

일본·일본인·일본 사회의 문제는 과거 우리의 역사에서 아프도록 경험해왔던 것처럼 바로 한반도의 문제요, 동아시아 전체의 문제다. 결국 과거사 문제를 포함하여 우리가 추구해야 할 바는 지극히 간단하다. 대범하고 차분하게 일본 사회와 시민연대를 구축하고 이를 점차로 확대해 가는 일뿐이다. 일본의 본질, 숨어 있는 천황제 코드의 실체를 명백히 밝히는 일, 그것은 동아시아 연대의 첫걸음이 되어야 할 것이다.